03/17/17

D1572375

# ALIBABA Y JACK MA

DUNCAN CLARK

# Alibaba y Jack Ma

## El hombre que creó la tienda online más grande del mundo

indicios

Argentina – Chile – Colombia – España
Estados Unidos – México – Perú – Uruguay – Venezuela

Título: *Alibaba – The House that Jack Ma Built*
Editor original: ecco – An Imprint of HarperCollinsPublishers, New York
Traducción: Helena Álvarez de la Miyar


1.ª edición Octubre 2016

Copyright © 2016 by Duncan Clark
All Rights Reserved
Copyright © de la traducción 2016 *by* Helena Álvarez de la Miyar
Copyright © 2016 *by* Ediciones Urano, S.A.U.
   Aribau, 142, pral. – 08036 Barcelona
   www.indicioseditores.com

ISBN: 978-84-15732-20-4
E-ISBN: 978-84-16715-19-0
Depósito legal: B-19.180-2016

Fotocomposición: Ediciones Urano, S.A.U.

Impreso por: Rodesa, S.A. – Polígono Industrial San Miguel
Parcelas E7-E8 – 31132 Villatuerta (Navarra)

Impreso en España – *Printed in Spain*

# Índice

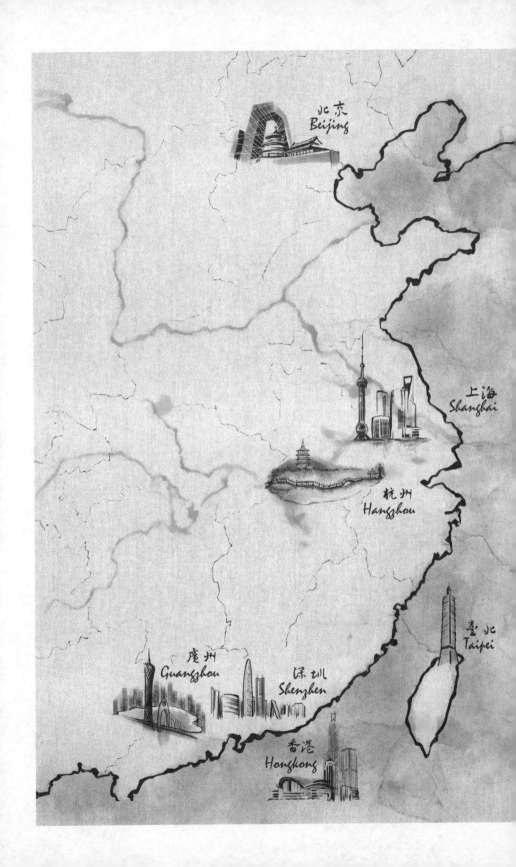

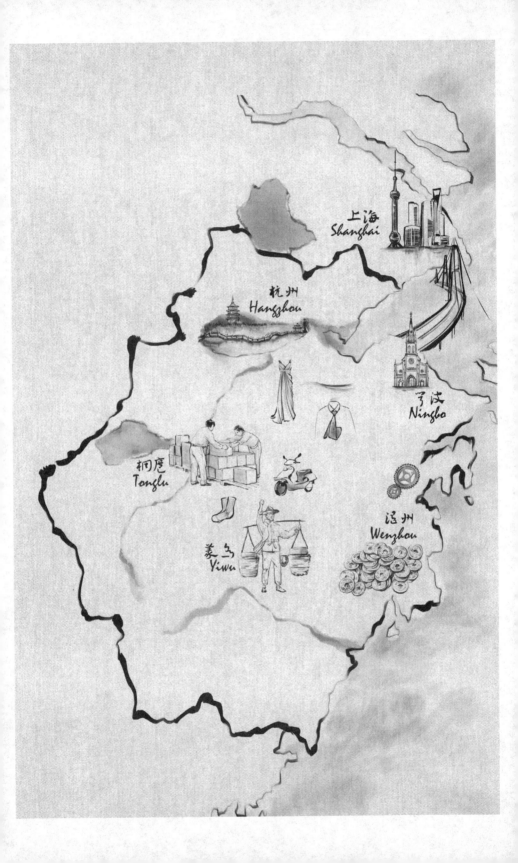

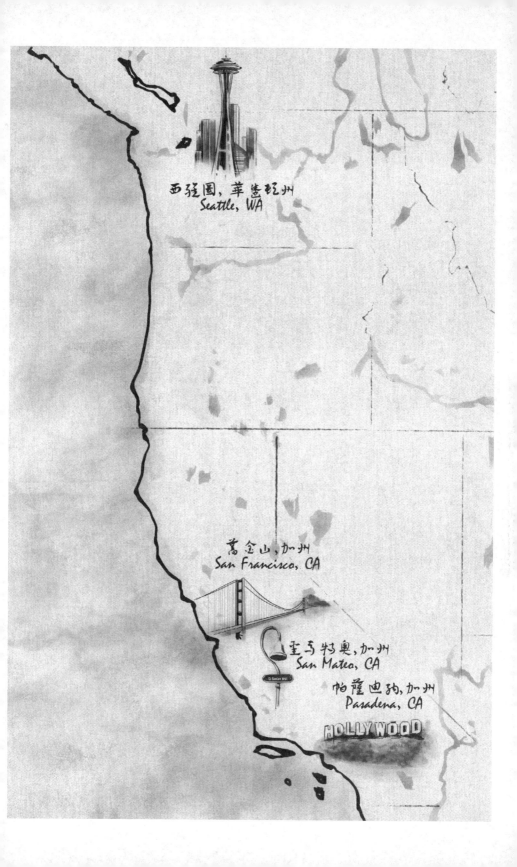

西雅圖，華盛頓州
Seattle, WA

舊金山，加州
San Francisco, CA

聖馬特奧，加州
San Mateo, CA

帕薩迪納，加州
Pasadena, CA

HOLLYWOOD

# Introducción

Alibaba es un nombre poco habitual para una empresa china. Su fundador, Jack Ma, antiguo profesor de inglés, es un gigante empresarial que nunca deja de sorprender.

Y, sin embargo, la «casa» que construyó Jack Ma alberga el mayor centro comercial del mundo y pronto sobrepasará a Walmart por volumen de ventas. Con su OPI en la Bolsa de Nueva York en septiembre de 2014 recaudó 25.000 millones de dólares, convirtiéndose en la mayor salida a bolsa de la historia. En los meses que siguieron, la cotización de Alibaba experimentó un vertiginoso ascenso que la convirtió en una de las diez empresas mejor valoradas del mundo, con un valor de casi 300.000 millones de dólares. Alibaba se convirtió en la empresa de mayor valor del sector de Internet solo por detrás de Google, y sus acciones pasaron a valer más que las de Amazon y eBay juntas. Nueve días antes de la OPI, Jack cumplió cincuenta años en un momento en que, gracias al valor creciente de su participación en la empresa, se convirtió en el hombre más rico de Asia.

Pero, a partir de ese máximo histórico, hay que decir que la vida de Alibaba como empresa cotizada no ha ido como estaba previsto. Su cotización se ha reducido a la mitad del máximo alcanzado en la OPI, cayendo incluso por debajo del precio inicial ofertado. La preocupación de los inversores se desencadenó a principios de 2015 a raíz de un contencioso con un organismo estatal en torno a una cuestión de propiedad intelectual, y luego la ralentización de la economía china y la volatilidad de las bolsas no han hecho sino alimentarla. Todo esto ha arrastrado la cotización de Alibaba a la baja.

Pese a las subidas y bajadas de la bolsa, con su posición predominante en el mercado del comercio electrónico, Alibaba cuenta con un posicionamiento inmejorable y único para beneficiarse del aumento de las clases consumidoras de China. Más de 400 millones de personas —que es más que la población de todo Estados Unidos— compran en la página de Alibaba todos los años. Las decenas de millones de paquetes diarios resultantes suponen casi dos tercios de todos los paquetes entregados en China.

Alibaba ha transformado la forma en la que los chinos compran, dándoles acceso a toda una gama de productos diferentes, además de unos niveles de calidad con los que las generaciones anteriores tenían que contentarse con soñar. De manera parecida a lo que ocurre con Amazon en Occidente, Alibaba ofrece a millones de personas la comodidad de la entrega a domicilio, pero dejar ahí la comparación es subestimar el impacto de Alibaba. Taobao, su tienda en línea, ha ofrecido a muchos chinos su primera experiencia de sentirse verdaderamente valorados como clientes. Alibaba está desempeñando un papel de pilar sobre el que pivota, al menos en parte, la reestructuración económica del país, ayudando así a dejar atrás el «Fabricado en China» del pasado en beneficio del actual «Comprado en China».

El modelo de crecimiento de la Vieja China ha durado tres décadas: basado en la producción industrial, la construcción y las exportaciones, ha sacado a cientos de millones de la pobreza, pero también ha dejado a China un amargo legado de sobrecapacidad, construcción excesiva y contaminación. Ahora está surgiendo un modelo nuevo que se centra en responder a las necesidades de una clase media que se espera que pase de 300 millones a 500 millones de personas en diez años.

Jack, más que ningún otro, es la cara de la nueva China: convertido en algo así como un héroe popular en su propio país, se encuentra en la intersección de los cultos recién descubiertos en China: el consumismo y el espíritu emprendedor.

Su fama se extiende mucho más allá de las fronteras de China. Presidentes, primeros ministros y príncipes, consejeros delegados, emprendedores, inversores y estrellas de cine, todos quieren una reunión (y un *selfie*) con Jack, que a menudo comparte escenario con la elite política y empresarial del mundo en distintos eventos, y además —como es un gran orador— suele ocurrir que brilla más que ellos. Si eres el ponente que habla justo después que Jack estás perdido. En lo que ha supuesto una notable inversión de los papeles que dicta el protocolo, el presidente Obama incluso se ofreció a hacer de moderador en una sesión de ruegos y preguntas a Jack durante la cumbre de la APEC de 2015 que tuvo lugar en Manila. Y durante el Fórum Económico Mundial de Davos celebrado en enero de 2016, Jack cenó con Leonardo DiCaprio, Kevin Spacey y Bono, junto con los consejeros delegados de Coca-Cola, DHL y JPMorgan Chase. El fundador de otra empresa china del sector de Internet me hizo este comentario: «¡Es casi como si el departamento de relaciones públicas de Alibaba le estuviera escribiendo el discurso a Obama!»

Tom Cruise y Jack Ma en Shanghái, 6 de septiembre de 2015, en el estreno en China de *Misión imposible - Nación secreta,* que fue financiada en parte por Alibaba Pictures. *Cortesía de Alibaba.*

El fundador de Facebook, Mark Zuckerberg, ha estado utilizando el mandarín en sus discursos desde 2014 —empezando por uno pronunciado en la Universidad Tsinghua de Pekín— como muestra de su determinación de aprender chino, mientras que Jack, antiguo profesor de inglés convertido en magnate de los negocios, ha estado seduciendo a las multitudes con sus discursos —tanto en inglés como en chino— en conferencias por todo el mundo durante los últimos diecisiete años.

Conocí a Jack en el verano de 1999, unos pocos meses después de que fundara Alibaba en un pequeño apartamento de Hangzhou, ciudad situada a poco menos de doscientos kilómetros al sureste de Shanghái. En mi primera visita, podía contar el número de cofundadores por el de cepillos de dientes en tazas apelotonadas en las estanterías del baño. Además de Jack, estaban su mujer Cathy y dieciséis personas más. Jack y Cathy habían invertido todo lo que tenían en la empresa, incluida su casa. La ambición de Jack entonces, y sigue siendo el caso en la actualidad, era impresionante: hablaba de crear una empresa de Internet que operaría durante ochenta años —la duración media de la vida de una persona—, pero al cabo de un tiempo aumentó la esperanza de vida de Alibaba hasta los «ciento dos años», de manera que cubriera tres siglos a partir de 1999. Desde el principio, Jack se propuso enfrentarse a los gigantes de Silicon Valley y ganarles la partida, algo que entre las cuatro paredes de su apartamento podía sonar a delirio, pero el hecho era que le ponía una pasión a su aventura empresarial que conseguía que sonara perfectamente plausible.

Fui asesor de Alibaba en los primeros años y ayudé a Jack y a su mano derecha, Joe Tsai, con la estrategia de expansión internacional de la empresa, además de recomendarles a algunos de sus primeros empleados extranjeros. Alibaba ha colaborado conmigo en el trabajo de investigación que he realizado para escribir este libro, organizando entrevistas con sus directivos de alto nivel y proporcionándome acceso a la empresa en distintos lugares, pero escribo este relato desde una posición completamente independiente de la compañía. Nunca he sido empleado de la empresa y no tengo ninguna relación profesional con esta en este momento. Mi análisis y mis apreciaciones sobre la misma se basan, en parte, en el papel que desempeñé durante el *boom* de las «puntocom» como asesor de Alibaba, y también en la proximidad que he mantenido con la empresa a raíz de ese contacto de los primeros tiempos. Ahora bien, a la hora de escribir este libro, también me he dejado guiar por mi experiencia personal de vivir en China desde 1994, cuando Internet llegó al país, y por mi trayectoria profesional. Con el apoyo de mi anterior empleador, Morgan Stanley[1], en el verano de 1994 fundé BDA China, una firma dedicada a la asesoría de inversiones con sede en Pekín, que hoy cuenta con más de cien profesionales y ofrece servicios de consultoría a inversores y participantes en los mercados chinos de tecnología y consumo.

Como parte de la remuneración recibida por mis servicios de asesoría prestados a principios de 2000, Jack y Joe me ofrecieron la posibilidad de comprar unos pocos cientos de miles de acciones de Alibaba a tan solo treinta céntimos la acción. Cuando se cumplía el plazo para la compra de acciones a principios de 2003, las perspectivas no eran excesivamente buenas para la empresa. La burbuja de las «puntocom» había explotado y el negocio (original) de Alibaba tenía dificultades. En lo que luego resultaría ser un error de una envergadura colosal, decidí no comprar acciones. En las semanas siguientes a la OPI de septiembre de 2014, ese error alcanzaría la dimensión de nada menos que 30 millones de dólares[2]. En fin, quisiera darle las gracias al lector por haber comprado este libro. Me ha resultado (en cierto sentido) catártico escribirlo e ir profundizando en las historias de otros, por ejemplo Goldman Sachs, que subestimaron la tenacidad de Jack y vendieron su participación de los primeros tiempos demasiado rápido, o eBay, que no le prestó demasiada atención como rival, para acabar viéndose en la obligación de abandonar el mercado chino al cabo de pocos años.

Jack no es como la mayoría de los otros multimillonarios del sector de Internet: a él le costaban las matemáticas en el colegio y casi se puede decir que luce orgulloso su poco conocimiento tecnológico como si fuera una condecoración. Su tremenda ambición y estrategias poco comunes le han ganado el sobrenombre de «Jack el Loco». En este libro

---

1. La firma BDA surgió como BD Associates: el nombre viene de las iniciales de mi socio chino en esta aventura, el doctor Bohai Zhang, y de mi primer nombre, Duncan. El presidente de Morgan Stanley Asia, Jack Wadsworth y Theodore S. Liu, antiguo jefe del equipo de banca de inversiones en China, fueron piezas clave en el lanzamiento de mi proyecto al concederme un anticipo de un año para que montara la empresa en Pekín.

2. Una aclaración: pese a no ser ya accionista de la empresa, Alibaba me ha permitido comprar acciones acogiéndome al programa «amigos y familia», en la OPI de Alibaba.com de 2007 y en la OPI de Alibaba Group en Nueva York en 2014.

exploraremos su pasado y su extravagante personalidad para descubrir el método que se observa en su locura.

El mercado del comercio electrónico de China se diferencia de modo significativo del de Estados Unidos y otras economías occidentales, habida cuenta del legado de décadas de planificación centralizada de la economía y el importante papel que todavía desempeñan las empresas públicas. Alibaba se ha propuesto identificar y explotar las deficiencias que esto ha creado, primero en el comercio electrónico y ahora también en las esferas de los medios de comunicación y las finanzas. La visión de Jack para la empresa —y sus propias aspiraciones filantrópicas— se extienden ahora hasta los principales problemas a que se enfrenta China: la reforma sanitaria y educativa y el enfoque de las cuestiones medioambientales.

Ahora bien, el principal negocio de Alibaba en la actualidad sigue siendo el comercio electrónico, un mercado que ha ayudado a crear y que en estos momentos domina. ¿Todavía le queda espacio para crecer a esta empresa? Los competidores están al acecho en las lindes del camino. Y, además, el gobierno chino la vigila de cerca. A medida que Alibaba consolida en el mercado un poder mayor que el que jamás haya poseído ninguna otra empresa privada, ¿podrá Jack mantener al gobierno de su lado?

Pese a que la mayoría de sus operaciones se producen en China, Alibaba está desarrollando un ambicioso plan de expansión internacional. Su recién nombrado presidente Michael Evans lo explica así: «Nos gusta decir que Alibaba nació en China pero que nosotros hemos sido creados para el mundo entero».

Antes de pasar a la fascinante historia de cómo surgió Alibaba y sus objetivos de cara al futuro, empecemos con una visita guiada por lo que Jack llama el «triángulo de hierro», los pilares fundamentales de la actual posición dominante de la empresa: sus fortalezas a nivel de comercio electrónico, logística y finanzas.

# 1
# El triángulo de hierro

*China ha cambiado por nuestra causa
en los últimos quince años. Y ahora esperamos
que, en los próximos quince, sea el mundo
el que cambie por nuestra causa.*

JACK MA

El 11 de noviembre de 2015, en Pekín, en la icónica estructura con forma de burbuja iluminada de azul y conocida popularmente como el «cubo de agua», la sede de las competiciones de deportes acuáticos durante las Olimpiadas de Pekín celebradas siete años antes, lo que fluía no era el agua sino ríos de datos pues, durante veinticuatro horas ininterrumpidas, una inmensa pantalla digital mostraba mapas, gráficos y una franja de últimos titulares actualizados en tiempo real, anunciando las compras de millones de consumidores de toda China en la páginas web de Alibaba. A ojos de cientos de periodistas que retransmitían el evento por toda China y el mundo entero, el «cubo de agua» se había reposicionado como sede de control de la misión para las clases medias chinas y los comerciantes que les venden. Se retransmitió un programa especial de televisión de cuatro horas, la Gala del Festival Mundial de las Compras del 11/11/15 para mantener a los consumidores despiertos hasta la medianoche, contando para ello con la presencia de actores como Kevin Spacey, que apareció en un montaje de vídeo como su personaje de la serie *House of Cards*, el presidente Frank Underwood, recomendando Alibaba como el sitio donde comprar teléfonos de tarjeta prepago desechables, los típicos que usan los narcos y gentes similares —políticos sin escrúpulos como su personaje— para evitar que les localicen por el número del móvil. La gala culminó con una parodia corta en la que se mostraba la cara de Jack como la nueva chica Bond, antes de que este apareciera de esmoquin en el escenario en compañía de Daniel Craig, el actor que encarnaba al personaje en aquel momento, para protagonizar la cuenta atrás hasta la medianoche.

En los primeros ocho minutos del 11/11/15, los clientes de Alibaba realizaron compras por valor de más de 1.000 millones de dólares. Y siguieron comprando. Mientras la caja registradora más grande del mundo contabilizaba las ventas, Jack —sentado junto a su amigo, el actor y artista de artes marciales Jet Li— no pudo resistir la tentación de tomar una foto de la gigantesca pantalla con su móvil. Al cabo de veinticuatro horas, 30 millones de personas habían realizado compras por valor de 14.000 millones de dólares[1], cuatro veces más que el equivalente estadounidense del 11/11, el Cyber Monday [Ciberlunes], que tuvo lugar unas semanas después, tras el día de grandes descuentos coincidente con el de Acción de Gracias conocido como Black Friday [viernes de descuentos].

En China, el 11 de noviembre es el Día de los Solteros[2], en el que tradicionalmente se ofrecen promociones especiales todos los años[3]. En

---

1. Debería evaluarse el volumen final con cierta cautela, ya que los clientes tienen un día para devolver los artículos y solicitar su pleno reembolso, algo que suele ocurrir por razones legítimas como que el producto se dañe con el transporte o que el cliente cambie de idea, y además porque existe una práctica entre ciertos comerciantes de la plataforma que inflan sus ventas, pagando a terceros para subir puestos en la clasificación de comerciantes de la plataforma (un fenómeno conocido como *brushing*, que se comenta en el Capítulo 12).

2. Surgido como Día del Hombre Soltero en la década de 1990, cuando los estudiantes solteros crearon el «día de anti San Valentín» se escogió la fecha del 11/11 para simbolizar a los solteros.

3. Se puede profundizar sobre el negocio B2C de Alibaba en www.tmall.com.

Occidente, es el día en que se recuerda a los veteranos de las dos guerras mundiales pero, en China, el 11 de noviembre es el día más importante del año para los comerciantes que luchan por el bolsillo de la flamante clase consumidora china.

Poco después de medianoche; los medios chinos informan sobre la cifra de ventas registrada en la promoción del Día de los Solteros de Alibaba que tuvo lugar el 11 de noviembre de 2015. *Cortesía de Duncan Clark.*

Ese día, también conocido como Doble Once (*shuang shiyi*)[4], los chinos se entregan al más puro y genuino hedonismo. Jack resumió así el evento de 2015: «Es un día único. Queremos que todos los fabricantes y propietarios de comercios vean cómo se disparan sus ventas y que los consumidores pasen un día estupendo».[5]

De una base de tan solo veintisiete comerciantes en 2009, en la actualidad se ha pasado a cuarenta mil comerciantes y treinta mil marcas que participan en el Día de los Solteros. Las ventas totales en 2015 aumentaron un 60% respecto de los 9.000 millones de dólares del año

---

4. Un término propiedad de Alibaba, que lo registró en 2012 para distinguir su propio festival del anterior nombre popular de «la fiesta de los palillos» (*guanggun jie*) porque el 11/11 recuerda a dos pares de palillos.

5. En una entrevista televisiva con Emily Chang de Bloomberg West en Bloomberg TV.

anterior. En esa ocasión, la celebración tuvo lugar en las instalaciones de Alibaba en la zona de humedales de Hangzhou, donde tiene su sede, y el director de estrategia de la empresa, Dr. Zeng Ming, describió la escena en términos que recordaban al Dr. Frankenstein contemplando cómo su creación cobraba vida: «El ecosistema crece por voluntad propia». El vicepresidente ejecutivo de Alibaba, Joe Tsai, se hizo eco de esa sensación: «Estamos asistiendo a la liberación de la potencia consumidora del consumidor chino».

Esta potencia lleva mucho tiempo contenida. El gasto por parte de los hogares en Estados Unidos es el que impulsa dos tercios de la economía estadounidense, pero en cambio, en China, la demanda interna apenas supone un tercio. En comparación con los países desarrollados, los chinos no consumen lo suficiente. ¿Por qué? Ahorran demasiado y gastan demasiado poco. Muchas familias acumulan grandes cantidades de dinero «debajo del colchón» pensando en gastos futuros de educación, atención médica o en el momento de la jubilación a modo de «ahorro preventivo». Además, como carecen de la amplitud de gama y calidad de productos que suele ser habitual en Occidente, los consumidores chinos, hasta hace relativamente poco, han tenido poco aliciente para gastar más.

En una conferencia que dio en la Universidad de Stanford en septiembre de 2015, Jack apuntó que «en Estados Unidos, cuando la economía se ralentiza la gente no tiene dinero para gastar. Pero —bromeó—, hay que reconocer que vosotros sí que sabéis gastaros el dinero que ganaréis mañana o en el futuro o el dinero de los demás. China ha sido pobre durante tanto tiempo que nosotros metemos el dinero en el banco».

Aunque las viejas costumbres no se abandonan así como así, una nueva costumbre —comprar por Internet— está cambiando la conducta de los consumidores chinos. Alibaba se encuentra a la cabeza de este cambio: su página web más popular es Taobao.com, la tercera página más visitada de China y la que ocupa el decimosegundo puesto en la clasificación mundial. Hoy en día, hay un dicho muy frecuente en China: «*wanneng de taobao*»[6], que quiere decir «en Taobao hay de todo».

---

6. La frase se hace eco del dicho chino «*wannegng de shangdi*», que describe a un dios omnipotente.

Amazon ha recibido el sobrenombre de «la tienda de todo» y Taobao también vende —prácticamente— de todo en todas partes. De manera similar a como Google es sinónimo de búsquedas en línea, en China «*tao*»[7] es como decir búsqueda de un producto en línea.

Alibaba tiene mucho más impacto en el sector del gran consumo de China que Amazon en el de Estados Unidos. Gracias a Taobao y su página «hermana» Tmall, Alibaba es de hecho el mayor comercio de toda China. Amazon, en cambio, no se convirtió en uno de los diez comercios detallistas más importantes de Estados Unidos hasta 2013.

A pesar de que Alibaba lanzó Taobao en 2003, la página no empezó a despegar hasta cinco años más tarde. Hasta entonces, un sinfín de fábricas repartidas por toda China producía sin parar productos, principalmente para compradores de otros países y por tanto destinados a terminar en las estanterías de los comercios situados en la otra punta del mundo, como Walmart y Target. Pero entonces se produjo la crisis financiera de 2008, que lo cambió todo. Los mercados de exportación tradicionales de China empezaron a caer en picado y Taobao optó por abrir la puerta de las fábricas a los consumidores chinos para compensar la pérdida. La respuesta del gobierno chino a la crisis de 2008 fue redoblar su apuesta por el modelo tradicional de China: meter dinero en la economía con el que alimentar una burbuja inmobiliaria, exceso de capacidad y todavía más contaminación. A medida que llegaban las facturas, se fue viendo cada vez más claro que ya no se podía posponer más la muy necesaria maniobra de reequilibrado de la economía china en beneficio del consumo. Y Alibaba es uno de los grandes beneficiarios de ese movimiento.

A Jack le gusta decir que el éxito de su empresa fue un accidente: «Alibaba también podría llamarse "los mil y un errores"». En los primeros tiempos, Jack mencionaba tres razones de por qué la empresa había sobrevivido: «No teníamos dinero, no teníamos tecnología y no teníamos un plan».

Pero, consideremos los verdaderos tres factores que sustentan el éxito actual de Alibaba: su ventaja competitiva en comercio electrónico, en logística y en finanzas, que es lo que Jack describe como el «triángulo de hierro».

---

7. El significado original del carácter «tao» —batear oro— casi se había perdido.

Las páginas de comercio electrónico de Alibaba ofrecen al consumidor una variedad de productos sin precedentes. Su oferta logística se asegura de que esos productos se entreguen de manera rápida y fiable, y la subsidiaria financiera de la empresa garantiza que comprar en Alibaba resulte una operación fácil y libre de preocupaciones.

## La ventaja competitiva en comercio electrónico

A diferencia de Amazon, las web de consumidor de Alibaba —Taobao y Tmall— carecen de inventario[8]. Sencillamente sirven de plataforma para que otros comerciantes vendan sus productos. Taobao está formada por nueve millones de escaparates virtuales gestionados por pequeños comerciantes e individuos. Atraídos por la tremenda base de usuarios de la página web, estos «microcomerciantes» eligen establecer sus puestos en Taobao, en parte porque no les cuesta nada hacerlo. Alibaba no les cobra ninguna comisión, pero Taobao gana dinero —y mucho— con la venta de espacios publicitarios, para la promoción de los comerciantes que quieren distinguirse de la masa.

Los comerciantes pueden hacer publicidad a través de ofertas de producto de pago o con anuncios. En el modelo de ofertas de producto de pago, parecido al AdWords de Google, los anunciantes pujan por palabras clave que les permitan posicionar sus productos en un lugar más prominente dentro de Taobao y le pagan a Alibaba en base a la cantidad de veces que los consumidores hacen clic en sus anuncios. Los comerciantes también pueden usar un método publicitario más tradicional, en el que se paga en función del número de veces que sus anuncios se muestran en Taobao.

Hay una vieja broma que se suele oír en los ambientes publicitarios: «Sé que la mitad de mi inversión en publicidad funciona... Solo que no sé qué mitad». En cambio, con publicidad de «pago por resultados» —y un mercado potencial de cientos de millones de consumidores—, Taobao resulta tremendamente atractiva para los comerciantes pequeños.

---

8. Tmall mantiene inventario para ciertas categorías escogidas como Tmall Supermarket.

Quienes mantienen el orden en los pasillos virtuales de Taobao son los responsables de atención al cliente de Alibaba o *xiaoer*[9]. Miles de *xiaoer* median en cualquier conflicto que pueda surgir entre comerciantes y clientes. Estos árbitros, empleados jóvenes de una media de veintisiete años, trabajan muchas horas, teniendo que quedarse hasta muy tarde enviando mensajes a los vendedores.

Los *xiaoer* tienen mucho poder para hacer cumplir las normas, pudiendo llegar incluso a cerrar un comercio virtual. También pueden ofrecer alguna que otra zanahoria a los comerciantes: la posibilidad de participar en campañas de marketing. De manera inevitable, ha habido casos de comerciantes que se habían propuesto corromper a los *xiaoer* ofreciéndoles sobornos. Cada cierto tiempo, Alibaba les cierra las puertas a comerciantes a los que se ha pillado con las manos en la masa y existe una unidad de disciplina interna que está constantemente alerta para erradicar la corrupción entre los empleados.

Pero el éxito de Taobao no se explica únicamente gracias a los *xiaoer*. La página funciona porque el cliente está por encima de todo, y traslada el dinamismo de los mercados callejeros a la experiencia de la compra en línea, que resulta tan interactiva como la de la calle. Los clientes pueden utilizar el chat de Alibaba[10] para regatear; asimismo, un vendedor puede sujetar un producto en alto delante de su webcam para mostrarlo; y no es disparatado que los compradores esperen que les ofrezcan descuentos o portes gratuitos. La mayoría de los paquetes llegan con unas cuantas muestras adicionales o peluches de regalo, algo a lo que yo personalmente me he acostumbrado tanto que, cuando recibo los pedidos de Amazon en Estados Unidos, acabo agitando cajas vacías en vano, por si queda algo dentro. Los comerciantes de Taobao defienden con uñas y dientes su reputación ante los clientes; así es la naturaleza darwiniana de la competencia en la plataforma. Cuando los clientes publican comentarios negativos sobre un comerciante o un producto, pueden esperar recibir un mensaje y ofertas de reembolso o sustitución gratuita del producto en cuestión de minutos.

---

9. En línea con la pasión de Jack por la tradición china, el nombre es un término antiguo para decir sirvientes.

10. El desafortunado nombre en inglés *ali wangwang* (*wang* en inglés es un término familiar que significa pene) (*N. de la T.*).

La ventaja competitiva de Alibaba en el ámbito del comercio electrónico también se pone de manifiesto en otra de sus páginas web, Tmall[11]. Si Taobao es algo así como un montón de puestos callejeros, Tmall es un deslumbrante centro comercial. Grandes cadenas de la distribución e incluso marcas de lujo venden sus productos en Tmall y, con los clientes que todavía no se pueden permitir los productos que se ofrecen, al menos van generando reconocimiento de marca. A diferencia de Taobao, que es gratuito para compradores y vendedores, en este caso los comerciantes pagan a Alibaba una comisión por los productos que venden en Tmall, entre el 3% y el 6% dependiendo de la categoría de producto[12]. En la actualidad, Tmall.com ocupa el séptimo puesto de la clasificación de páginas web más visitadas en China.

En chino, la página se llama *tian mao*, o sea, «gato del cielo», y su mascota es un gato negro, para distinguirla del muñeco alienígena de Taobao. Tmall es cada vez más importante para Alibaba y la página está generando un volumen bruto de transacciones valorado en 136.000 millones de dólares[13], cada vez más cerca de los 258.000 millones de dólares que se venden en Taobao. Alibaba obtiene un beneficio de casi 10.000 millones de dólares al año a través de estas dos webs, prácticamente el 80% de sus ventas totales.

Tmall incluye tres tipos de tiendas en su plataforma: tiendas emblemáticas gestionadas por una marca; tiendas autorizadas, establecidas por comerciantes a quienes la marca ha dado permiso para hacerlo; y tiendas especializadas que ofrecen productos de más de una marca. Estas tiendas especializadas suponen el 90% de los comerciantes de Tmall, donde pueden encontrarse más de setenta mil marcas chinas y extranjeras.

Las promociones de Tmall para el último Día de los Solteros incluyeron marcas extranjeras como Nike, Gap, Uniqlo y L'Oréal, así como las marcas nacionales de teléfonos móviles Xiaomi y Huawei, y la empresa de electrónica de consumo y electrodomésticos Haier.

---

11. Lanzado por primera vez en 2008 como Taobao Mall, luego se convertiría en Tmall.com

12. Tmall también cobra una comisión anual.

13. En el año fiscal 2015.

Tmall es un verdadero compendio de marcas de la A a la Z, de Apple a Zara. Las marcas de lujo también venden en esta web, aunque con cuidado[14] de no canibalizar las ventas de sus tiendas físicas. La presencia de Burberry en la web es señal de que Alibaba ha dejado de vender solo productos baratos.

El comercio al detalle estadounidense, con nombres como Costco y Macy's a la cabeza, también está presente en Tmall como parte del impulso de Alibaba para conectar a estos grandes nombres de la distribución, junto con otros comerciantes extranjeros, con el cliente chino. La tienda de Costco en Tmall recibió más de 90 millones de visitas en sus primeros dos meses.

Hasta Amazon está en Tmall, donde vende alimentos de importación, zapatos, juguetes y artículos de cocina desde 2015. Amazon lleva tiempo con la mirada puesta en el mercado chino, pero se ha tenido que conformar con tan solo un 2% de este.

Además de Taobao y Tmall, Alibaba también opera una web del estilo de Groupon[15], Juhuasuan.com[16]. Juhuasuan es el sitio web centrado en el producto de compras en grupo más grande de China. Aprovechando el enorme volumen de mercancías que se intercambian a través de las otras dos webs de Alibaba, ha conseguido superar los 200 millones de suscriptores, convirtiéndose así en la web de compras en grupo en línea más grande del mundo. Juntos, Taobao, Tmall y Juhuasuan han llegado a acuerdos con más de 10 millones de comerciantes para poner a la venta más de mil millones de artículos.

La popularidad de las páginas web de Alibaba se debe en parte a que, al igual que ocurre en Estados Unidos, comprando desde casa se puede ahorrar tiempo y dinero. Más del 10% de las compras a minoristas que se realizan en China se producen en línea, un porcentaje superior al 7% de Estados Unidos. En alguna ocasión, Jack ha comparado el comercio electrónico en Estados Unidos con un «postre», mientras que el de China es más bien «el plato principal». ¿Por qué? Porque ir de

---

14. Ofreciendo una selección limitada de artículos, sobre todo a los precios de entrada.

15. Groupon mismo entró en China en 2011, pero se encontró rápidamente con problemas y no acabó de despegar.

16. Se traduce como «Super Buen Trato».

compras en China nunca fue una experiencia agradable: hasta la llegada de multinacionales como Carrefour y Walmart, había pocas cadenas de tiendas y pocos centros comerciales. La mayoría de los comerciantes minoristas nacionales empezaron como empresas de propiedad estatal (SOE por sus siglas en inglés) que, como disponían de financiación ofrecida por los gobiernos locales o los bancos propiedad del Estado, tendían a ver al cliente como una mera molestia. Otros comerciantes detallistas surgieron de empresas inmobiliarias a las que les preocupaba más el valor del suelo sobre el que se encontraban sus instalaciones que los clientes que había en el interior de estas.

Un factor clave del éxito del comercio electrónico en China es la carga inmobiliaria que soportan los comercios tradicionales. El suelo es caro en China porque es una fuente clave de ingresos para el gobierno: la venta de terrenos supone un cuarto de todos los ingresos fiscales del Estado y, a nivel de gobierno local, supone más de un tercio. Un importante ejecutivo del sector del comercio electrónico me lo resumió así: «Debido a la forma en que está estructurada nuestra economía, el gobierno dispone de muchos recursos. El gobierno decide el precio del suelo. El gobierno decide qué recursos se canalizan, dónde y qué dinero se gasta. El gobierno depende excesivamente de los impuestos y los gravámenes asociados a la venta de terrenos. Todo esto ha estado a punto de destruir el comercio minorista en China y ha desplazado gran parte de la demanda hacia las transacciones en línea. Les quitaron a los comerciantes del mundo físico la oportunidad de beneficiarse del incremento de la demanda de los consumidores, que han dirigido de manera muy eficaz hacia el sector del comercio electrónico». Los comerciantes de éxito que tienen tiendas físicas —de los grandes almacenes a los restaurantes— pagan caro ese éxito pues, si atraen a mucha gente a sus instalaciones, pueden estar seguros de que cuando les toque renegociar el alquiler les aplicarán una fuerte subida.

En consecuencia, ha habido mucha menos inversión en marketing, atención al cliente, recursos humanos o logística en el sector minorista tradicional de China que en su equivalente occidental. ¿Y cuál ha sido el resultado? El mercado minorista chino está altamente fragmentado y es muy poco eficiente. En Estados Unidos, las tres cadenas de supermercados más importantes acaparan un 37% de las ventas. En China, tan solo el 7%. Los principales grandes almacenes estadounidenses representan el 44% de las ventas totales del sector. ¿Y los de China? Solo el 6%.

Pese a la construcción masiva de centros comerciales, supermercados y tiendas de proximidad, la penetración del comercio minorista no vinculado a Internet en China sigue siendo extremadamente baja: tan solo hay algo más de un metro cuadrado de espacio comercial minorista por habitante, menos de un cuarto de lo que corresponde a un estadounidense[17].

Es probable que China nunca llegue a los niveles de Estados Unidos. ¿Y por qué iba a tener que hacerlo? El comercio minorista no es precisamente un dechado de eficiencia. Acuciadas por el peso del inventario y los alquileres, en muchas categorías de producto, las tiendas físicas están además perdiendo ventas rápidamente ante la competencia de los comerciantes en línea.

En la actualidad, en China hay comerciantes que están demasiado ocupados atendiendo las ventas en línea como para ocuparse de los clientes que cruzan la puerta de su establecimiento. Muchos vendedores chinos sencillamente han sacado la tienda física de la ecuación: ¿para qué alquilar un local carísimo que solo permanece abierto —como mucho— medio día, cuando puedes tener tu puesto de Taobao funcionando las 24 horas de los 7 días de la semana?

A la naturaleza le espantan los vacíos y, en China, Internet está llenando el hueco creado por el legado de la propiedad estatal y la planificación centralizada. Por ese motivo, comprar en línea en China es incluso más popular que en Occidente. Jack lo resume así: «En otros países, el comercio electrónico es una forma de comprar; en China es un estilo de vida».

Taobao dio paso al comercio en línea en China y Tmall ha abierto esa puerta aún más. Los usuarios tempranos de Taobao eran jóvenes nativos digitales pero, cada vez más, sus padres y sus abuelos también están comprando en línea. A medida que ha ido aumentando el abanico de personas que compran en línea, también se ha ido ampliando la gama

---

17. Algo más de 2,5 m² per cápita en Estados Unidos, 1,5 en Alemania y 1,3 en el Reino Unido.

de productos. Los artículos más populares en las webs de Alibaba son la ropa y los zapatos, desde calcetines y camisetas de algodón hasta vestidos que cuestan decenas de miles de dólares. El día después de la retransmisión televisiva más importante del país, la Gala del Festival de Primavera que emite la televisión central china, los vestidos que llevan las estrellas —o versiones parecidas— están ya a la venta en las páginas web de Alibaba. Muchos escaparates virtuales muestran fotos de gente, incluidos los mismos comerciantes, mostrando una amplia variedad de tallas para hacer la compra en línea lo más fácil posible. Los clientes saben que, si la ropa no les sienta bien o si tiene algún defecto, pueden devolverla sin cargo alguno.

La alimentación es otra categoría que tiene mucha popularidad porque, tal y como explica Jack, «los supermercados de China eran terribles, por eso hemos ganado esa partida». En China ya hay un 40% de consumidores que hacen la compra en línea, comparado con tan solo un 10% en Estados Unidos. En 2014, las ventas en línea de la categoría de alimentación crecieron un 50%, mientras que el crecimiento en las tiendas físicas fue solo del 7%. Tmall sirve estos productos en más de 250 ciudades de todas las provincias de la China continental salvo de seis, por lo general a precios más baratos que en el supermercado físico. Alibaba ya ofrece entrega al día siguiente de productos refrigerados en más de sesenta ciudades y también cuenta con una amplia selección de productos importados. En colaboración con la comisión estatal de productores de manzanas del estado de Washington, la Washington State Apple Commission, Alibaba se ha asegurado el suministro de ochenta y cuatro mil pedidos individuales de manzanas recogidas, empaquetadas y enviadas a China en un plazo de setenta y dos horas, lo que supone 167 toneladas métricas de manzanas y un volumen equivalente a la capacidad de un Boeing 747.

Las madres jóvenes son una pieza fundamental de la base de clientes de Alibaba. James Chiu, un representante de la empresa holandesa de leche para bebés Friso, que se promocionó en Alibaba en el Día de los Solteros de 2015, declaró que, para las madres jóvenes chinas «el comercio electrónico no es un canal, es un estilo de vida, un ecosistema». Para cuando dieron las seis de la mañana del Día de los Solteros, el grupo ya había vendido productos por valor de casi 10 millones de dólares, más que el total alcanzado en 2014.

Otros productos populares en Taobao son los ordenadores, los artículos de comunicación y la electrónica en general, es decir, secadores, microondas, televisiones y lavadoras, entre otros. En este caso, el impacto en los comerciantes de tiendas físicas ha sido particularmente dramático. Las ventas de electrodomésticos de Alibaba en el Día de los Solteros suelen superar la mitad de las ventas anuales de las principales cadenas minoristas del país. En agosto de 2015, Alibaba adquirió el 20% de la cadena minorista Suning por 4.600 millones de dólares. Suning vende electrodomésticos y gama blanca, así como libros y productos para bebés, y cuenta con más de mil seiscientas tiendas en casi trescientas ciudades. El acuerdo con Alibaba —parte de la tendencia «omnicanal» u «*online to offline*» (O2O) [en línea a tienda física]— significa que, incluso si los clientes acuden a Suning únicamente a probar los productos, la empresa puede captar parte de los ingresos cuando compren un producto en línea.

Alibaba también vende coches en línea. Marcas de General Motors como Chevrolet y Buick, ambas tienen tienda en Tmall, donde se ofrecen asimismo préstamos sin intereses para la compra de los vehículos, una herramienta competitiva de importancia crítica en un mercado que ya es el más grande para GM. Los automóviles son otra categoría popular el Día de los Solteros, pues los compradores saben que contarán con descuentos y unas condiciones de pago favorables. Otra categoría interesante es el sector inmobiliario. Los superricos pueden consultar listas de islas enteras a la venta en Canadá, Fiji o Grecia.

Taobao es además famosa por ofrecer todo tipo de productos extravagantes. Un estudiante universitario se hizo muy famoso por ofrecer unos pendientes hechos con mosquitos muertos: al igual que los insectos, cada par es único. Otro comerciante vendía pedos embotellados en línea…

Taobao no gira únicamente en torno a los productos. Los clientes también pueden comprar servicios. Artistas y músicos consiguen encargos en línea. De hecho, la amplia variedad de servicios ofrecidos proporciona un revelador dato sobre los rápidamente cambiantes usos sociales de China: un joven puede alquilar una novia ficticia por Internet para asistir a un acontecimiento social, o externalizar el momento de la ruptura con su actual novia real y encargárselo a un especialista de Taobao. Las esposas preocupadas por las andanzas de sus maridos pueden suscribirse a un servicio de asesoría que ofrece técnicas para defenderse de las amantes. Los atareados urbanitas pueden alquilar un sustituto en Taobao que vaya a visitar a sus padres por ellos. Para superar una escasez crónica de donantes, la página web de grupos de compra de Alibaba, Juhuasuan, incluso se ha asociado con bancos de esperma de siete provincias para atraer a donantes que cumplan los requisitos ofreciéndoles más de ochocientos dólares, que también es la tarifa habitual del comercio tradicional, pero el poder del marketing en línea ha hecho posible reclutar a más de veintidós mil hombres en cuarenta y ocho horas.

Productos con una componente de gratificación, como por ejemplo los cosméticos y las joyas, también gozan de gran popularidad en Taobao. Los comerciantes se sienten atraídos hacia la categoría porque sus márgenes son de los más altos de todos los productos vendidos en línea. Se estima que en la actualidad un 42% de todos los productos para el cuidado de la piel que se venden en China se comercializan en línea, una cifra que se ha visto impulsada por la amplia disponibilidad de productos vendidos por comerciantes que han encontrado así la manera de soslayar los altísimos aranceles.

Se estima que el negocio de las imitaciones es el sector económico ilegal más grande del mundo, más rentable incluso —según calculan algunos— que el de las drogas. Las ventas de productos falsos en Taobao contribuyeron a incrementar su popularidad en un primer momento y continúan siendo uno de los grandes contenciosos con las marcas. Los productos de imitación chinos pueden ser de tanta calidad que incluso a la marca legítima le puede resultar difícil detectar que son falsos, pues se confeccionan en las mismas plantas que los verdaderos en «turnos extra», por lo general utilizando materiales sobrantes. Como gran planta de producción del mundo que es, China es en gran medida responsable del problema de la piratería pero, a medida que se convierte en la mayor base de clientes mundial, tiene que ser parte de la solución también.

En una ocasión, durante una intervención suya en una feria de comerciantes en Cantón, Jack abordó así el tema[18]: «¿Hay falsificaciones en Taobao? Claro que las hay. Esta es una sociedad complicada. Taobao

---

18. En 2009.

en sí no es quien fabrica las falsificaciones pero Taobao está proporcionando un cierto grado de comodidad a los que las producen. Taobao es una plataforma digital». Y entonces Jack instó a los comerciantes que venden productos auténticos en Taobao a unirse, hacer cumplir las reglas y echar a los comerciantes que venden productos falsos diciéndoles: «Estamos al tanto de todo lo que hacéis los que vendéis falsificaciones y vuestro comportamiento acarreará consecuencias».

Pero los esfuerzos de Alibaba no siempre han convencido a las marcas. En noviembre de 2011, el mismo mes en que Baidu salía de la lista de mercados de productos pirateados y falsificados (la «Notorious Markets List»)[19] de la Oficina de Comercio de Estados Unidos (USTR) —el principal negociador comercial de Estados Unidos—, entraba en ella Taobao. La inclusión en la lista de mercados dados a la piratería no solo amenazaba con perjudicar la reputación de Alibaba entre los comerciantes, sino que además complicaba sus planes de lanzar una OPI, así que la compañía reaccionó redoblando los esfuerzos tendentes a eliminar de Taobao a los principales comerciantes que vendían falsificaciones, lo que llevó a unos cuantos de ellos a crear la «Alianza anti Taobao» que organizó una marcha de protesta hasta la sede de Alibaba en Hong Kong. Alibaba también elevó las exigencias a los vendedores de Tmall, incrementando tarifas de servicio y los depósitos exigidos, lo cual provocó la respuesta airada de miles de comerciantes que acusaron a Taobao de prácticas monopolísticas y protagonizaron una marcha de protesta, en Cantón esta vez.

Para apaciguar a la USTR, Alibaba también incrementó sus esfuerzos por ejercer como grupo de presión[20] y en diciembre de 2012 logró que se eliminara de la lista a Taobao, si bien hay toda una serie de fabricantes estadounidenses de software, ropa y calzado que llevan pidiendo desde entonces que se impongan de nuevo las sanciones contra Taobao.

Tal y como ponen de manifiesto las perennes tensiones, el mero volumen de productos en venta en su plataforma hace imperativo que

---

19. La lista detalla los mercados que supuestamente «participan y facilitan una sustancial piratería en contra de los derechos de autor y en los que se da un volumen notable de falsificaciones de marcas registradas».

20. Incluyendo contratar a su antiguo consejero general.

Alibaba logre un delicado equilibrio entre servir a los intereses de los consumidores y los comerciantes y proteger su propia reputación. El segundo lado del triángulo de hierro que mantiene fuerte toda la estructura de Alibaba es la logística.

## La ventaja competitiva en logística

En el Día de los Solteros de 2015, los pedidos recibidos en las páginas web de Alibaba se tradujeron en 467 millones de paquetes para los que hicieron falta más de 1,7 millones de envíos y cuatrocientos mil vehículos para entregarlos. China posee un verdadero ejército de mensajeros en la actualidad: se desplazan a pie, en bicicleta, en ciclomotores eléctricos, en camión o en tren, y son los verdaderos héroes anónimos de la revolución del comercio electrónico que protagoniza el país.

Los consumidores chinos gastaron más de 32.000 millones en entregas de paquetes en 2014. En doce meses, ese número había aumentado en más del 40% y además se anticipa que el volumen crecerá de forma exponencial en los próximos años: la media por habitante actualmente es de menos de un paquete por mes.

Sin los servicios de mensajería de bajo coste, Alibaba no sería el gigante que es hoy. Para sobrevivir en un sector donde la competencia es despiadada, algunas de las empresas de mensajería han adoptado inteligentes métodos para mantener los costes al mínimo. En Shanghái, por ejemplo, los mensajeros van de acá para allá en metro y le pasan los paquetes por encima de los torniquetes de entrada a otro mensajero, para así evitarse pagar el viaje cada vez que entran y salen.

No obstante, ninguno de estos mensajeros es empleado de Alibaba. En China, la mayoría de los paquetes los entregan mensajeros privados. En aquellos lugares donde los servicios profesionales de mensajería no se han establecido todavía, fundamentalmente en las zonas rurales, es el servicio de Correos público el que se encarga de las entregas.

En 2005, Alibaba se puso en contacto con Correos de China para proponerles una colaboración en el ámbito del comercio electrónico, pero el director de estrategia Zeng Ming recordaría después que Jack «era el hazmerreír. De hecho, le dijeron que se metiera en sus propios asuntos. No creían en las entregas urgentes». Las empresas chinas de mensajería, en cambio, sí han identificado las mismas oportunidades que llevaron a compañías como Wells Fargo a lanzar sus propios servicios de entregas y banca durante la Fiebre del Oro en la California de mediados del siglo XIX, en respuesta a la ineficacia de lo que era entonces el servicio de Correos de Estados Unidos. En China, la fiebre del oro del comercio electrónico ha estimulado la aparición de más de ocho mil empresas privadas de mensajería, entre las que cabe destacar a veinte muy importantes.

La provincia donde nació Alibaba, Zhejiang, es donde tienen su sede casi todas las grandes empresas chinas de mensajería. Estas desempeñan un papel fundamental en la entrega de mercancías por todo el país. Más de la mitad del mercado de servicios de paquetería de China se lo reparten entre cuatro empresas conocidas como las «tres tongs; un da»: Shengtong (STO Express), Yuantong (YTO Express), Zhongtong (ZTO Express) y Yunda. Y lo más sorprendente es que todas surgieron en la misma ciudad, Tonglu, que no queda lejos de Hangzhou. Más de dos tercios de su negocio proviene de Taobao y Tmall. Junto con dos o tres empresas de paquetería más pequeñas, forman lo que se conoce como la «Banda de Tonglu».

Los integrantes de la Banda de Tonglu, junto con una empresa llamada SF Express[21], han desempeñado un papel fundamental en el éxito de Taobao. Lai Jianfa, cofundador de ZTO describió la relación de este modo: «Las empresas de mensajería son algo así como la hélice del barco. Somos la principal fuerza que impulsa el rápido desarrollo de Alibaba».

Alibaba ha invertido junto con estas empresas y otras cuantas más en una compañía llamada China Smart Logistics o «Cainiao»[22]. El poder de transporte combinado de los quince socios logísticos que conforman Cainiao es increíble. Juntos, manejan más de 30 millones de paquetes por día y dan trabajo a más de 1,5 millones de personas repartidas por seiscientas ciudades[23]. Cainiao está creando una plataforma de

---

21. Fundada en Shenzhen en 1993 y descrita a veces como la «FedEx de China».

22. La palabra *cainiao* es originaria de Taiwán y significa literalmente «pájaro verde», pero también tiene una connotación militar de «soldado sin experiencia».

23. A través de 1.800 centros de distribución y 97.000 puntos de entrega.

información propia que vincula a proveedores logísticos, almacenes y centros de distribución por todo el país. Alibaba posee el 48% de Cainiao que, con la participación de la Banda de Tonglu y otros multimillonarios hechos a sí mismos de la provincia, da a la empresa un inconfundible sabor a Zhejiang[24]. Shen Guojun[25], el multimillonario oriundo de Zhejiang, es el principal inversor en Cainiao y de hecho fue su primer consejero delegado. Fosun, más conocida fuera del país por haber adquirido Club Med, posee el 10% de las acciones. El presidente de Fosun, Guo Guangchang, también es oriundo de Zhejiang. En diciembre de 2015, parece ser que las autoridades detuvieron a Guo para someterlo a un interrogatorio y al cabo de varios días lo dejaron en libertad sin mediar explicación, lo que hizo que la cotización de Fosun se desplomase.

Con motivo de su lanzamiento en 2013, Cainiao anunció que entre sus planes se encontraba, para 2020, una inversión de más de 16.000 millones de dólares en desarrollar la red «China Smart Technologies Network», que a su vez integraría tres redes distintas: Peoplenet[26], Groundnet[27] y Skynet. Cainiao no ha fusionado las empresas de mensajería, sino que su estrategia es integrar los datos que genera cada una de ellas, centrándose en los paquetes de datos y no en los paquetes físicos. La idea es que, al compartir pedidos, estados de entrega y los comentarios de los clientes, cada empresa miembro puede mejorar en eficacia y calidad de servicio, al tiempo que se mantiene la propiedad independiente.

---

24. La empresa misma está registrada en Shenzhen.

25. Shen, un buen amigo de Jack Ma, amasó una fortuna en el China Yintai Group, un grupo con intereses en la minería, la distribución al detalle y el sector inmobiliario que incluye la emblemática torre Yin Tai de sesenta y seis pisos en Pekín, donde se encuentra el hotel Park Hyatt de la ciudad, en el que Shen solía recibir a Jack para eventos sociales. Shen también controla una filial de distribución minorista que cotiza en Hong Kong, llamada InTime Department Stores, en la que Alibaba ha invertido 700 millones de dólares.

26. Una red local de mensajeros en ciudades de primer a tercer nivel, complementada en zonas menos densas y con menor nivel de desarrollo por más de 20.000 puntos o estaciones de «autorrecogida».

27. Una red logística de alcance nacional.

Invirtiendo en Cainiao, Alibaba se propone garantizarse una colaboración de vital importancia con sus socios logísticos y a la vez identificar inversores externos que financien la expansión de las nuevas redes propiamente dichas. Cainiao no es la propietaria de la infraestructura física de las redes ni es quien contrata al personal que realiza las entregas, sino que son los socios y los miembros del consorcio los que aportan esos activos, lo que permite a Alibaba optar por una estrategia «ligera a nivel de activos».

Hay mucho en juego en la adopción de este enfoque. El principal competidor en comercio electrónico de Alibaba, JD.com[28], está siguiendo una estrategia muy «intensiva a nivel de activos», invirtiendo directamente en su propia infraestructura logística. La mascota de JD, Joy, es un perro metálico de color gris, elegido sin duda para ilustrar la persecución simbólica del gato negro de Tmall. En la actualidad, JD es la empresa china del sector del comercio electrónico con la mayor capacidad de almacenamiento[29] y ofrece servicios de entrega urgente que incluyen la entrega en el mismo día[30] en cuarenta y tres ciudades diferentes. JD.com es un verdadero sistema completo de extremo a extremo, controla directamente sus sistemas de compras, inventario, distribución y almacenamiento, y sus clientes reciben los productos de manos de mensajeros uniformados que llegan a bordo de vehículos identificados con la marca JD.

Con una facturación anual superior a 11.000 millones de dólares, JD detenta una cuota creciente del mercado del comercio electrónico orientado al consumidor. La empresa es particularmente fuerte en ciudades de primer nivel como Pekín y en categorías de producto tales como electrodomésticos y electrónica.

La inversión de Alibaba en la cadena minorista del sector de la electrónica Suning, a la que vigila muy de cerca, ilustra perfecta-

---

28. *JD* es la abreviatura de Jing Dong. *Jing* significa «capital», como Beijing, y *Dong* es el carácter para «este», pero también se deriva del nombre del fundador de la empresa, Liu Qiangdong, conocido en inglés como Richard Liu. Liu fundó su empresa de discos duros de ordenador en 1998, y luego en 2004 lanzó una web B2C llamada 360buy.com, que luego rebautizó como JD.com.

29. 1,5 millones de metros cuadrados en total comparados con el millón de Cainiao.

30. Para pedidos realizados antes de las 11 de la mañana y al día siguiente para pedidos realizados después pero antes de las 11 de la noche.

mente su preocupación. Tanto Alibaba como JD compiten por garantizar las entregas en tan solo dos o tres horas en toda una serie de ciudades.

Alibaba está intentando crear un terreno de juego completo y totalmente nuevo al canalizar la tecnología de datos, incluidos los Big Data. Es decir, la capacidad de analizar e impulsar decisiones empresariales en base a los ingentes volúmenes de información que se generan a diario en sus páginas web. En el Día de los Solteros, se analizaron los itinerarios de entrega de la mayoría de las empresas que forman parte de la red Cainiao y se redirigieron en caso de que hubiera un atasco de tráfico. Alibaba justifica su inversión en Cainiao argumentando que, de no haberlo hecho, la demanda habría superado la capacidad de las empresas de mensajería para hacer frente a las entregas. Todo esto se basa en los comentarios recibidos de comerciantes que vendieron electrodomésticos de cierta envergadura (como neveras) durante el Día de los Solteros de 2015, quienes informaron de que menos de un 2% de las entregas gestionadas por Cainiao llegaron tarde o se produjeron daños en el transporte; esta cifra se compara con el 15% de los envíos gestionados por otras empresas de transportes. Los 30 millones de paquetes que se mueven en un día típico en la actualidad, Alibaba espera que, para 2020, se hayan convertido en más de 100 millones de pedidos al día.

Se estima que un 30% de las rutas de entrega son ineficientes o no resultan económicamente rentables. Al igual que Amazon en Estados Unidos, las empresas que forman parte de Cainiao están experimentando con las entregas con drones, aunque la mayor densidad de población de China, sobre todo en las zonas costeras, hace que no sea una gran prioridad como en Estados Unidos. En 2015, YTO, una de las empresas de la Banda de Tonglu, hizo una prueba de tres días en la que entregó con drones las compras de té de jengibre de unos cientos de clientes residentes dentro de un radio de una hora de vuelo desde los centros de distribución de Alibaba en Pekín, Shanghái y Cantón. Por el momento, los drones siguen siendo un ardid publicitario más que otra cosa en China, y las innovaciones a nivel de logística —como por ejemplo reducir los plazos o los costes de entrega— es probable que sean incrementales más que revolucionarias.

Ahora bien, con Cainiao, Alibaba ha hecho aflorar el activo más importante de todos: la confianza. Clientes y comerciantes saben que pueden contar con que los productos lleguen donde tienen que llegar a tiempo.

## La ventaja competitiva en finanzas

La ventaja competitiva final que cierra el triángulo de hierro es la de las finanzas. En términos de servicios financieros, el activo más importante que posee Alibaba es Alipay, su respuesta a PayPal y sin duda el método de pago en línea más popular en China. Alipay gestiona más de tres cuartos de las transacciones en línea por valor de un billón de dólares que tienen lugar cada año[31], tres veces más que el volumen que maneja PayPal y un tercio de los 2,5 billones de dólares en que está valorado el mercado mundial de los pagos en línea. En los primeros minutos de hora punta del Día de los Solteros, Alipay gestionó más de ochenta y cinco mil pagos por segundo.

En tanto que una forma de *escrow* o depósito en garantía, Alipay reparte la confianza por todo el imperio de comercio electrónico de Alibaba: los consumidores saben que cuando pagan con Alipay el cargo en cuenta solo se realizará una vez hayan recibido y estén conformes con el pedido. Solo entonces, tras haber congelado la cantidad en la cuenta, Alipay libera los fondos para que el comerciante cobre. Los clientes que compran en las webs orientadas al consumidor de Alibaba pueden devolver los productos hasta siete días después de la compra, siempre y cuando no estén dañados.

Alipay, que ya no es propiedad de Alibaba[32], es el activo más importante de una empresa controlada por Jack, que un analista ha llegado a valorar en 45.000 millones de dólares. Las páginas web de Alibaba suponen más de un tercio de sus ingresos, pero otras webs también dependen en gran medida de Alipay para procesar los pagos en línea. La gente

---

31. 778.000 millones de dólares los doce meses hasta junio de 2014.

32. Una historia que se explora en el Capítulo 11.

usa Alipay para realizar transferencias, poner saldo al móvil y realizar compras sin efectivo utilizando códigos de barras en tiendas y restaurantes como KFC. Un 20% de todas las transacciones con Alipay corresponden al pago de suministros básicos como el agua, la electricidad y el gas. Los clientes también pueden comprar billetes de tren, pagar multas de tráfico o contratar un seguro utilizando Alipay y convirtiéndolo en una moneda de facto en una China cada vez más digital. Gracias a las comisiones de los pagos que tramita, se espera que Alipay, que ya es altamente rentable, ingrese casi 5.000 millones anuales[33] para 2018.

Con el crecimiento de los teléfonos inteligentes en China, que ya utilizan más de 830 millones de personas, el valor de Alipay va mucho más allá de ser una mera herramienta de pago. Como los consumidores mantienen un saldo de efectivo en sus cuentas, Alipay se ha convertido en un monedero virtual para más de 300 millones de personas y la punta de lanza de la incursión que Alibaba está liderando para introducirse en el mercado chino de servicios financieros.

De modo parecido a como Alibaba ha explotado la ineficacia del comercio al detalle de las tiendas físicas, la banca con oficinas físicas también ha dado muestras de ser fruta madura esperando a que alguien la recoja y se la coma. Al igual que las tiendas de propiedad estatal prestaban poca atención a los clientes, los bancos estatales chinos no se preocupan por las necesidades de las personas ni las pequeñas empresas. Hasta hace poco, ni las unas ni las otras tenían más remedio que depositar su dinero en estos bancos que estaban enfocados a las empresas de propiedad también estatal. Los jefes políticos de las empresas y la banca de propiedad estatal coinciden.

Los «cuatro grandes» bancos estatales —el Banco Industrial y Comercial de China (ICBC), el Banco de la Construcción de China, el Banco de China y el Banco de la Agricultura de China— controlan aproximadamente el 70% del mercado. El desdén con que tratan al cliente estos bancos ha dado pie a todo tipo de bromas populares como una sobre la coincidencia de las iniciales del ICBC con la expresión «*ai cun bu cun*» que, a grandes rasgos, se traduce como «a quién le importa si nos traes tus ahorros o no,

---

33. En 2014 se generaron 11.000 millones de yuanes (1.800 millones de dólares) de ingresos.

qué más da». Tradicionalmente, este y otros bancos estatales pagan un interés muy bajo por los depósitos, a veces incluso por debajo de la tasa de inflación. Esta «represión financiera» ha escorado la economía China, provocando una transferencia de riqueza de los consumidores a las empresas de propiedad estatal, malgastándose al final gran parte de esos fondos en inversiones ruinosas conforme al viejo modelo chino.

El gobierno de China ve la necesidad de una reforma y una asignación del capital más racional, pero tiene que hacerlo respondiendo a unos intereses creados muy poderosos: los propios. Alibaba ya está atrapada en el medio: ofrece rendimientos mucho más altos para los depósitos en comparación con las tímidas ganancias que se obtienen en los bancos oficiales; el fondo de inversiones en línea Yu'e Bao de Alibaba ha alcanzado tal popularidad que, cuando se lanzó en 2013, causó una revolución en el anquilosado sector de los servicios financieros de China, desatándose una contratación frenética. El nombre Yu'e Bao, que se traduce más o menos como «tesoro del saldo de ahorros» suena bastante inofensivo: un lugar donde depositar el efectivo que te sobra. Ahora bien, cuando lo lanzó, Alibaba no estableció ningún límite a la cantidad que los clientes podían depositar. No era solo cuestión de que los tipos fueran mucho más altos que los de los bancos —hasta dos puntos porcentuales por encima— sino que además Yu'e Bao permitía a los clientes realizar retiradas de efectivo en cualquier momento sin penalización alguna. En consecuencia, los clientes individuales transfirieron decenas o incluso centenares de miles de dólares al fondo. Los bancos se alarmaron ante semejante nivel de retiradas de fondos. Para febrero de 2014, Yu'e Bao[34] había atraído más de 93.000 millones de dólares de 80 millones de inversores, más que el total conjunto de las cuentas de todos los demás gestores de dinero de China. La entrada de fondos fue tan impresionante que, en tan solo diez meses, Yu'e Bao era la cuarta entidad de gestión de dinero del mundo, acortando la distancia que la separaba de los grandes pesos pesados del sector tales como Vanguard, Fidelity y J.P. Morgan.

Antes del lanzamiento del fondo, Jack dio un paso poco habitual en un emprendedor privado: escribir un artículo de opinión en la revista

---

34. Bajo gestión de Tian Hong Asset Management, que Ant Financial había comprado recientemente.

*Pueblo* en el que argumentaba que «el sector financiero necesita agentes dinamizadores, necesita gente que venga de fuera y lleve a cabo una transformación». Poco después, el imperio de las empresas de propiedad estatal contraatacó acusando a los gestores del Yu'e Bao de ser «vampiros que chupan la sangre a los bancos». A partir de marzo de 2014, los bancos estatales, que en su conjunto detentaban más de 100 billones de dólares en depósitos, impusieron límites a las cantidades que sus clientes podían transferir a cuentas de pago en línea de entidades terceras. No tardaron en seguir otras restricciones impuestas por el gobierno pero Jack, lejos de amedrentarse, publicó un mensaje en las redes sociales criticando a los bancos por nombre y echándoles la culpa de no haber participado en la liberalización financiera orientada al mercado que se había producido en China. «La decisión de quién gana y quién pierde en el mercado no debería depender de un monopolio ni de una autoridad sino de los clientes». Poco después, Jack borró el mensaje, pero para entonces ya lo había compartido mucha gente. Alibaba ha seguido estirando los límites de la participación de la empresa privada en el sector financiero, incluidos los microcréditos a comerciantes y clientes usuarios de sus plataformas. Ya que todavía es un sector relativamente nuevo, la proyección es que el negocio del préstamo financiero crezca hasta alcanzar los mil millones de dólares en unos pocos años. Ofrecer crédito también implica cierta fidelización de los clientes de las plataformas de comercio electrónico de Alibaba.

Como tiene acceso a todo el historial de transacciones de los clientes, Alibaba se encuentra en una posición mucho mejor que la de los bancos para evaluar el riesgo crediticio. Además, un nuevo negocio, Sesame Credit Management, ofrece calificación crediticia de consumidores y comerciantes por parte de terceros.

Entre el resto de servicios financieros que se ofrecen[35] se encuentran la gestión de riqueza y patrimonios privados, préstamo entre iguales, y seguros[36]. En 2015, Jack lanzó un banco que opera exclusivamente en

---

35. A través de Ant Financial.

36. En 2013, Jack Ma se unió a otros dos Ma (aunque no están emparentados): Pony Ma, amigo de Jack y consejero delegado de Tencent, rival de Alibaba, y Ma Mingzhe, el presidente de Ping An Insurance. Juntos, lanzaron la primera aseguradora en línea de China, Zhong An, captando más de 150 millones de clientes en un año.

Internet llamado MYbank, que elimina completamente las sucursales. MYbank planea utilizar el teléfono inteligente para verificar la identidad del cliente[37].

El triángulo de hierro ha sido un factor fundamental a la hora de convertir Alibaba en agente dominante del mercado chino del comercio electrónico, pero el carisma de su fundador —la «magia de Jack»— es lo que ha mantenido unidos el capital y las personas que construyen sobre esos cimientos.

---

37. El sistema verifica las caras de los potenciales clientes y las compara con las bases de datos de la policía, aunque esto ha llevado a que se produzcan retrasos en el despliegue del servicio debido a la preocupación de los reguladores.

# 2
# La magia de Jack

*Tener una idea, hacerla divertida e infundirle algo que la lleve*
*más allá de ser una simple idea. Esa es la magia de Jack.*

JAN VAN DER VEN

La mayoría de las empresas llevan la marca de sus fundadores, pero en pocas es más patente que en Alibaba. La tremenda influencia que ejerce Jack Ma surge de su pasión por la enseñanza pues, a pesar de haber abandonado la profesión hace ya dos décadas, en realidad nunca ha dejado de ser un educador. Jack solía bromear diciendo que, en su caso, el acrónimo CEO no equivalía a Chief Executive Officer sino a «Chief Education Officer» [director de educación]. Catorce años después de fundar su empresa, Ma abandonó ese título para convertirse en presidente, pero ese movimiento sencillamente sirvió para reforzar su autoridad. Su sucesor en el puesto de CEO o consejero delegado apenas duró dos años en el cargo.

## E.T.

Jack es, sin lugar a dudas, la cara de Alibaba. De baja estatura y muy delgado, se le ha descrito en los medios a lo largo de los años como «diablillo» u «hombrecillo diminuto de pómulos marcados, cabello revuelto y sonrisa pícara», y se ha hablado de su aspecto de «búho», «golfillo» y «elfo». Jack ha sabido sacar partido de su apariencia inconfundible: en el lanzamiento de MYbank, que propone gestionar el registro en la página de los clientes únicamente a través de tecnología de reconocimiento de los rasgos faciales, Alibaba bromeaba en su comunicación con la idea de que «Jack, que hasta entonces no había conseguido vivir de su cara, se proponía vivir por la cara».

En China, hay a quien le gusta referirse a Jack como «E.T.», en alusión a su supuesto parecido con la criatura fantástica de la película del mismo título de Steven Spielberg. Incluso su multimillonario amigo nacido en Zhejiang, Guo Guangchang[1], ha hablado de Jack como un «alienígena», pero no sin antes haberse referido a sí mismo como «sencillamente un tipo normal..., nada comparable con la inteligencia de Jack Ma».

Así pues, Jack no tiene el aspecto típico de gran empresario. Sí que posee todos los símbolos que se asocian al cargo, es decir, las mansiones de lujo por todo el mundo y el jet privado pero, aparte de eso, Jack tampoco actúa de manera típica. En una de las imágenes que más han circulado por Internet del empresario se le ve con cresta, pendiente en la nariz y maquillaje, incluidos los labios pintados de negro, una instantánea de una ocasión en la que, para celebrar el décimo aniversario de Alibaba, Jack cantó la canción de Elton John *Can You Feel the Love Tonight* [¿Sientes el amor esta noche?], en un estadio abarrotado con sus diecisiete mil empleados que lo animaban entusiasmados y otros diez mil espectadores más.

Jack aúna el amor por el espectáculo con la pasión por desafiar los estereotipos. En ocasiones en las que a otros grandes magnates les gusta hablar de sus conexiones o sus credenciales a nivel académico, Jack disfruta quitando importancia a las propias: «No tengo un padre rico ni poderoso, ni siquiera un tío». Nunca ha estudiado fuera de China y le gusta describirse como «Cien por cien Made in China [hecho en China]». También destaca por ser fundador de una empresa de tecnología sin tener conocimientos tecnológicos. En 2013, en una conferencia en la Universidad de Stanford confesó que: «Incluso en la actualidad, sigo

---

1. Propietario del Club Med y presidente de Fosum Group.

sin entender de qué va todo el tema de la codificación, sigo sin comprender la tecnología que hay detrás de Internet».

Jack ha forjado su carrera a base de ser subestimado: «Soy un tipo muy sencillo. No soy inteligente. Todo el mundo cree que Jack Ma es muy inteligente y puede que tenga cara de listo pero el cerebro lo tengo de tonto».

## Cotorreo y osadía se funden en China

Sus logros ilustran más bien lo contrario y este discurso de quitarse mérito no es más que una finta. Jack explicó[2] en una ocasión que le encanta el personaje protagonista de *Forrest Gump* porque «la gente cree que es idiota pero él sabe lo que hace». En sus primeros discursos para promocionar Alibaba, Jack hablaba tan a menudo de Forrest Gump que acabé por pensar que su manera de hablar entrecortada era algo así como un homenaje a la particular forma de expresarse de Gump. Hay muchas cosas que han cambiado en Alibaba, pero la fascinación con Gump permanece. El primer día en bolsa de la empresa, CNBC entrevistó a Jack en directo en el parqué de Nueva York. Cuando le preguntaron quién era la persona que más lo había inspirado, Jack respondió sin dudarlo: «Forrest Gump». El entrevistador hizo una pausa y luego le preguntó: «Sabe que es un personaje de ficción, ¿verdad?»

La habilidad de Jack para engatusar y camelar ha desempeñado un papel fundamental a la hora de atraer talento y capital a su empresa, así como de forjar su propia fama. Jack posee una combinación única, versión china, de cotorreo y osadía. Uno de sus primeros empleados extranjeros[3] me hizo un resumen de sus cualidades en tres palabras: la «magia de Jack». En este sentido, Jack comparte una característica con Steve Jobs, cuyo carisma y habilidad para salirse con la suya fueron legendariamente descritos por un miembro del equipo que diseñó el Macintosh original como un «Campo de Distorsión de la Realidad».

---

2. En una conversación con el periodista Charlie Rose.

3. Jan «Jens» Vann der Ven.

Un elemento fundamental del particular campo de distorsión de la realidad de Jack es su gran habilidad a la hora de comunicar. El estilo de oratoria de Jack es tan eficaz porque su mensaje es uno con el que resulta fácil estar de acuerdo, además de ser fácil de recordar y digerir. Hay compilaciones de citas suyas —tanto en inglés como en chino— circulando por Internet, y la mayoría de ellas son mensajes inspiradores «tamaño bocado», palabras que no estarían fuera de lugar en el típico póster con mensaje, tales como «Cree en tu sueño y cree en ti mismo» o «Aprende las tácticas y las habilidades de los demás, pero no cambies tu sueño». Otra de sus citas más famosas es más bien como una fábula de Esopo: «Si hay nueve liebres en el campo y quieres atrapar una, céntrate solo en esa. Cambia tu táctica si te hace falta pero no cambies de liebre... Consigue esa primero, métela en el saco y luego ve a por las demás». La gente incluso ha empezado a inventarse citas estilo *carpe diem* que atribuyen a Jack para justificar, por ejemplo, la compra de un par de zapatos caros.

Jack siempre habla sin notas ni papeles, su habilidad para la oratoria es tan grande porque su repertorio es muy limitado. Jack puede pasar sin las notas porque ya se sabe gran parte de su material: un repertorio sólido y bien escogido de historias, en su mayoría relatos de cuando era niño o de la propia infancia de Alibaba. Si se analizan con cuidado sus discursos se puede ver que, básicamente, lleva los últimos diecisiete años dando el mismo una y otra vez. Ahora bien, al adaptar sutilmente sus intervenciones en función del ambiente y las expectativas del público, de algún modo se las ingenia para que siempre suene fresco.

Jack es un maestro en lo que respecta a llegar a las emociones de la gente, que no es algo que cabría esperar del fundador de una empresa que empezó enfocándose al comercio internacional. En ocasiones, cuando lo he oído empezar a contar una historia que me resultaba conocida, me he dado la vuelta para observar las caras del público, en un intento de comprender cuál es el secreto de su inagotable atractivo.

El humor es un ingrediente fundamental. Un vistazo rápido a los cientos de vídeos disponibles en YouTube de sus discursos más populares revela que Jack es muy gracioso. En los primeros tiempos, cuando se bajó del escenario en un evento en el que los dos habíamos participado como ponentes, bromeé con él diciéndole que si al final no le iba bien con Alibaba siempre tendría ante sí una carrera prometedora como monologuista[4]. Y es que los elementos recurrentes de su discurso, las frases pegadizas y las anécdotas, no distan mucho de los «fragmentos» que utilizan los humoristas para montar sus actuaciones.

Con sus relatos sobre cómo superar las dificultades y los retos contra todo pronóstico, Jack suele provocar las lágrimas en alguno de los presentes, aunque se trate de duros hombres de negocios. Al final de una charla que dio a un grupo de estudiantes en Corea del Sur, Jack mismo pareció conmoverse cuando le preguntaron cuáles eran las cosas de las que más se arrepentía en la vida y respondió que se arrepentía de no haber pasado más tiempo con su familia y luego se recompuso y añadió: «Por lo general, soy *yo* el que hace llorar a los demás».

Los discursos de Jack, como este de Seúl que acabo de mencionar, llegan a un público mucho mayor que los de otros muchos personajes públicos de China, en parte porque él es capaz de hablar inglés de corrido. Hay otros líderes chinos del sector de las tecnologías que también hablan inglés porque han estudiado en el extranjero, pero el mensaje de Jack produce mucho más eco tanto en chino como en inglés. El socio de años de Jack, Joe Tsai, me dijo en una ocasión: «Hoy por hoy, Jack es uno de los pocos hombres de negocios con proyección internacional que cuando da un discurso consigue captar la atención, tanto si habla en chino como si habla en inglés».

Para entablar una conexión con un público extranjero, Jack suele intercalar en sus intervenciones referencias a la cultura pop, incluidas citas de películas más recientes que *Forrest Gump*, algunas de las cuales ahora financia Alibaba. A medida que va aumentando la presencia de su empresa en Hollywood, Jack suele buscar el apoyo de actores famosos como Daniel Craig, Kevin Spacey o Tom Cruise, la estrella de la saga de la Paramount Pictures *Misión imposible,* en sus apariciones públicas. En 2015, Alibaba invirtió en *Misión imposible - Nación secreta*, la última entrega de la serie. Para el público de China, Jack a menudo recurre a historias de sus novelas favoritas de artes marciales o la historia de la revolución china. Un colega estadounidense le preguntó una vez a Jack

---

4. Un monologuista de Shanghái supuestamente obtiene parte de su material de los discursos de Jack.

sobre sus referencias a Mao en sus discursos en China, y Ma le respondió: «Para motivarte a ti hablaría de George Washington y el cerezo».

## El mantra de Jack

Tal vez todos los empleados de Alibaba se sepan de memoria la lección más famosa del Jack profesor: «Los clientes, lo primero; los empleados, lo segundo; y los accionistas, lo tercero». Jack describe así la filosofía de Alibaba.

Los clientes, sobre todo los que él llamaba «camarones», ocupan el primer lugar en este mantra. Cuando el periodista Charlie Rose le preguntó a Jack en una ocasión si se veía como una «apóstol para los negocios pequeños» (a los que él se refiere como camarones), Jack le dio la razón: «Creo firmemente en ellos. Son mi religión». En China, muchos negocios pequeños no se limitan a utilizar las webs de Alibaba como canal de marketing, sino que dependen por completo de estas para ganarse la vida. Jack siempre ha insistido en ofrecer la mayoría de los servicios de Alibaba de forma gratuita.

Puede que los empleados sean los segundos, por detrás del cliente, pero la capacidad de Jack para motivar a su equipo para que superen los obstáculos ha sido determinante en el éxito de Alibaba. Joe Tsai no dudó un minuto en describirme a los empleados como «discípulos» al rememorar su primera impresión de los primeros empleados de Alibaba allá por 1999, algunos de los cuales ya llevaban años siguiendo a Jack. En cualquier caso, Ma no se anda con paños calientes a la hora de describir los retos a sus empleados, de hecho uno de sus mensajes favoritos en ese contexto y desde luego un «fragmento» al que recurre con frecuencia en sus intervenciones públicas es: «El día de hoy es brutal y el de mañana será todavía más brutal, pero pasado mañana será maravilloso. Ahora bien, la mayoría de la gente no pasará de mañana por la noche». El objetivo de Alibaba de sobrevivir hasta cumplir los 102 años puede sonar raro desde fuera, pero no a sus empleados, sobre todo a los Aliren (la «gente Ali»), o sea, los que llevan más de tres años en la empresa. Para ellos es parte integral de la cultura de Alibaba.

Los accionistas van los terceros en la lista de Jack porque se niega a que las presiones a corto plazo para generar beneficio lo desvíen de su ambición superior. En público, a Jack le gusta hacer bromas a costa de accionistas e inversores, una forma de cimentar sus credenciales de empresario inconformista a ojos de sus empleados y el público en general. Cuando, en 2009, la cotización de la acción del primer negocio de Alibaba, alibaba.com, languideció, en el evento estilo concierto de rock que reúne cada año a todos los empleados de la empresa, Jack exclamó: «¡Que los inversores de Wall Street nos maldigan si quieren!», que no es precisamente el comportamiento habitual de un ejecutivo de máximo nivel de una empresa que cotiza en bolsa.

Ahora bien, a pesar de la retórica populista, Jack ha ido creando asiduamente oportunidades a intervalos regulares —de media cada cuatro años más o menos— para que empleados y accionistas a largo plazo saquen un beneficio con la venta de algunas acciones. Los inversores que apoyaron a Alibaba al principio y permanecieron fieles durante años han sido ampliamente recompensados, mucho más que los inversores que compraron acciones en bolsa tras el pico de cotización de la OPI.

## Instalaciones y cultura de empresa

La huella de Jack también se deja sentir en el diseño de los más de 240.000 metros cuadrados de instalaciones con que cuenta Alibaba en la zona de humedales de Hangzhou. Por la puerta principal del sur, los visitantes entran en un inmenso complejo de torres de cristal de aspecto futurista. En la base de esas torres de oficinas se encuentran el gimnasio, un Starbucks y una tienda de estilo campestre donde se puede comprar fruta y verdura orgánica, contribuyen a crear un conjunto que bien podría estar situado en el corazón de Silicon Valley. Más al norte se encuentra un inmenso lago artificial salpicado de flores de loto y lirios acuáticos, con juncos bordeando sus orillas; a un lado, domina el lago un conjunto de elegantes villas de paredes blancas y cubiertas curvas de tejas negras, una escena que recuerda a las novelas clásicas que tanto le gustan a Jack, como por ejemplo la obra del siglo XVI *A la orilla del agua*.

El lago es un reflejo de la reciente pasión de Jack por la protección del medio ambiente. Cuando el presidente Obama le preguntó en Manila qué era lo que había despertado su interés en el medio ambiente, Jack contó la historia de un lago en el que había nadado por última vez cuando tenía doce años: «La primera vez que fui a nadar al lago casi me ahogo por lo profundo que era, mucho más de lo que me esperaba. Al cabo de cinco años volví y estaba completamente seco».

Durante una visita a las instalaciones de Alibaba en la primavera de 2015 tuve que ir fijándome mucho dónde ponía el pie para no pisar a las crías de rana que saltaban del lago artificial al sendero que conducía hasta los edificios de oficinas. De camino hacia allí, también hice una parada en la inmensa biblioteca y librería de Alibaba. Jack es muy aficionado a la lectura, sobre todo de las novelas de artes marciales del escritor nacido en Hong Kong (Louis) Cha Leung-yung, conocido en China por su seudónimo, Jin Yong. En la biblioteca pueden encontrarse tanto sus libros como otras obras clásicas, junto con las últimas novedades sobre teoría de gestión o los grandes iconos de Silicon Valley, como Steve Jobs y Elon Musk.

No obstante, más allá del diseño de las instalaciones, donde más claramente se ve la influencia de su principal fundador es en la cultura de Alibaba. Para moverse por todo el complejo, los empleados suelen utilizar unas bicicletas de uso gratuito que la empresa proporciona, un atractivo más, claramente inspirado en el ejemplo de la flota con que cuenta Google en sus cuatro colores corporativos: azul, amarillo, verde y rojo. Las bicicletas de Alibaba, en cambio, son naranjas, y también hay tándems, para enfatizar con la bici de dos plazas la importancia del trabajo en equipo por encima de los logros individuales.

Una de las piedras angulares sobre las que se erige la cultura corporativa de Alibaba es un cierto espíritu que anima a someter las necesidades propias al interés del cliente. De manera similar a como Disney se refiere a todos sus ejecutivos y empleados como «miembros del reparto», Alibaba hace mucho hincapié en la camaradería y el compromiso en pos del bien general.

Todos los 10 de mayo, con motivo del «Aliday» [día Ali], un aniversario de la empresa en el que esta celebra el espíritu de equipo del que hicieron gala los empleados superando los tiempos difíciles de la amenaza del virus SRAG (síndrome respiratorio agudo grave), Jack preside como principal testigo una ceremonia en la que se celebran las bodas recientes de empleados. Alibaba corre con los gastos de alojamiento y comida de los familiares directos, que también están invitados. Inevitablemente, las fotografías de las más de cien parejas celebrando su boda todos a la vez en la empresa para la que trabajan han suscitado las comparaciones con sectas como la Iglesia Unificada del reverendo Sun Myung Moon, pero Alibaba se esfuerza por señalar que el evento es pura y simplemente una fiesta que en modo alguno sustituye a la ceremonia oficial en las oficinas del registro civil.

Un beneficio más tangible para las parejas y otros empleados de Alibaba es el préstamo de hasta 50.000 dólares a tipo de interés cero que se ofrece para financiar la entrada para la compra de un apartamento nuevo, otra ventaja cada vez más apreciada por los empleados que trabajan en ciudades donde el coste de vida es muy alto, tales con Hangzhou y Pekín. Miles de empleados se han beneficiado de estos créditos cuyo total asciende a varios cientos de millones de dólares en la actualidad.

Alibaba fomenta una cierta relajación en el trabajo: se pide a todos los empleados que utilicen un apodo. La práctica está tan extendida que puede llevar a la confusión cuando tienen que investigar cuál es el verdadero nombre de un colega para comunicarlo a gente de fuera de la empresa. En un primer momento, los apodos se escogían entre los personajes de las novelas de Jin Yong y otras historias de artes marciales y eras pasadas pero, a medida que Alibaba crecía, esta fuente de nombres se agotó. Utilizando sus apodos, los empleados publican comentarios sobre los productos de la empresa o la cultura de esta en Aliway [estilo o senda Ali], el tablón de anuncios de la empresa. Hasta pueden iniciar encuestas o invitar a sus colegas a que apoyen las críticas que compartan sobre valoraciones o decisiones de los ejecutivos de la empresa, y dirigir sugerencias o quejas directamente a Feng Qingyang (ese es el nombre del personaje en línea de Jack, un espadachín de una de sus novelas favoritas de artes marciales).

A los empleados se les anima a que, en vez de quejarse —uno de las cosas que más rabia le dan a Jack—, asuman ellos su responsabilidad personal, desarrollando o delegando tareas en vez de esperar a que lleguen las órdenes de arriba.

La terminología militar se utiliza mucho en Alibaba: a las personas con mejores rendimientos se las conoce como Rey de Soldados (*bing wang*). El personaje de ficción Xu Sanduo es a veces utilizado para ilustrar el mensaje de la dirección: en la serie de televisión de 2007 *Soldier's Sortie* [Soldados con una misión], Xu, un tímido chico de pueblo supera todo tipo de obstáculos hasta convertirse en un soldado de elite en el Ejército Popular de Liberación.

## Espada del Espíritu de Seis Vetas

Alibaba ha codificado hasta sus propios valores de empresa en algo que llama Espada del Espíritu de Seis Vetas, un término que aparece en una de las novelas del autor favorito de Jack, Jin Yong. Según describe este en uno de sus libros, la espada no es un arma en realidad, sino el arte de desarrollar las propias fortalezas internas para vencer a cualquier adversario. En el caso de Alibaba, las fortalezas que forman su Espada del Espíritu de Seis Vetas son similares a las descritas en la «Misión, Visión y Valores» del gurú empresarial favorito de Jack, el antiguo consejero delegado de General Electric (GE) Jack Welch.

En su libro de 2005 titulado *Winning* [Ganar], Welch recomienda una cultura poco menos que mesiánica en el lugar de trabajo: «Los líderes deben asegurarse, no solo de ver la visión, sino de vivirla y respirarla». Jack (Ma) siempre ha admirado mucho a GE como empresa.

Las «Seis Vetas» de la «Espada del Espíritu» de Alibaba son «el cliente lo primero, trabajo en equipo, acoger el cambio con los brazos abiertos, integridad, pasión y compromiso». Por muy genéricas que suenen, la empresa se las toma muy en serio. El compromiso con la Espada del Espíritu de Seis Vetas supone la mitad de la evaluación de los empleados.

«El cliente lo primero» se refleja en el poder que se confiere a los árbitros o *xiaoer* de Taobao y la composición de la fuerza de trabajo de Alibaba. La mayoría de sus empleados trabajan en ventas, en una proporción muy superior a la de sus competidores más orientados a los aspectos técnicos como Tencent y Baidu. Las visitas cara a cara son una pieza clave del método de venta de Alibaba[5].

---

5. Rivales como Baidu dependen más de las televentas.

El «trabajo en equipo» en Alibaba significa participar con regularidad en juegos en grupo, canciones y salidas. Este puede ser un choque cultural bastante grande para empleados que lleguen a Alibaba procedentes de empresas de Silicon Valley, pero para los recién salidos de la universidad, el sistema de aprendices y mentores tiene buena acogida, incluida la costumbre de celebrar reuniones regulares para «ponerse en marcha por la mañana y compartir por la noche». Un antiguo empleado lo resumía así: «Hay muchas empresas que se centran solo en los resultados: tienes que conseguir determinado número de pedidos. Alibaba adopta el enfoque opuesto: si quieres llegar a determinado número de pedidos este mes, ¿qué es lo que tienes que hacer a diario? Al desglosarlo en fases, cada día puedes dedicarte a un paso clave en el proceso y, al final, no quedas demasiado lejos de tu objetivo». El reconocimiento de los empleados de alto rendimiento en comunicaciones que llegan a toda la empresa también ayuda, al igual que los premios que se dan a los «equipos A» (*lao A*, una referencia militar), que van desde una cartera de Louis Vuitton, un cinturón o una serie limitada de deportivas, hasta bonificaciones mensuales de decenas de miles de yuanes o incluso un coche.

El llamamiento a «acoger el cambio con los brazos abiertos» se refleja en la frecuente rotación de empleados de Alibaba, que los cambia regularmente de puesto (para que trabajen en nuevos productos) o de región dentro del país, independientemente de su rendimiento. Todo esto genera infinidad de retos diversos, pero aun así Alibaba pide a sus empleados que «acojan los reveses con los brazos abiertos», un cambio radical en comparación con la cultura tradicional china en la que el fracaso se ve como algo vergonzoso. El enfoque de Alibaba está en consonancia con la práctica común en Silicon Valley de que los emprendedores celebren sus anteriores aventuras empresariales fracasadas en las camisetas que llevan, reconociendo que en las primeras líneas de fuego de Internet en China, donde los cambios se producen a velocidad vertiginosa, un cierto grado de fracaso es inevitable e incluso deseable.

La veta de la «integridad» de la espada subraya el hecho de que la corrupción es un riesgo constante para Alibaba. Millones de comerciantes están constantemente buscando formas de promover sus artículos en Taobao, supervisados por tan solo unos cuantos miles de árbitros *xiaoer*. El Partido Comunista de China utiliza con regularidad la rotación de personal para evitar que se desarrollen centros de poder alternativos, en un esfuerzo por mantener la corrupción bajo control. David Wei, que fue consejero delegado de Alibaba.com, experimentó la tendencia a la rotación de Jack incluso antes de unirse a la empresa. En los nueve meses entre el momento de dejar su trabajo anterior y empezar a trabajar para Alibaba, David recordaba que «la descripción de mi puesto y mi título cambiaron cuatro veces: primero iba a estar al frente de Taobao, luego de Alipay; no supe bien qué iba a estar haciendo hasta un mes antes de entrar a trabajar en la empresa por fin». Una vez que se unió a Alibaba como consejero delegado de la parte B2B del negocio, David bromeó con Jack: «Me has cambiado tantas veces el puesto antes de que lo ocupara que ya no me lo puedes cambiar más».

Sea cual sea la inspiración que impulsa la rotación regular del personal por la empresa, Alibaba confiere mucha autonomía a sus unidades de negocio, en un intento de mantener una jerarquía de gestión relativamente plana y minimizar la tentación de avergonzar y culpar a los demás.

Un empleado resumió la necesidad de demostrar «pasión» cuando trabajas en Alibaba equiparándolo a cómo «ser un espadachín gira en torno a ser pasional». En comparación con otras empresas, «la gente de Alibaba se apasiona más con su trabajo, es más honesta y más trabajadora». El énfasis que hace Jack en el «compromiso» se refleja en el hecho de que mencione con frecuencia la frase «trabajar con alegría pero vivir con seriedad». El enfoque antojadizo que preconiza en Alibaba contrasta —como él mismo dice— profundamente con el de la mayoría de las empresas que hacen hincapié en «trabajar con seriedad pero vivir con alegría».

Medir hasta qué punto ponen en práctica los empleados la Espada del Espíritu de Seis Vetas es un cometido que corresponde al departamento de recursos humanos de Alibaba, que desempeña un papel fundamental de supervisor de la contratación de doce mil personas al año. Recursos Humanos, que en algunas empresas es un departamento relegado a funciones meramente administrativas, en Alibaba es muy influyente en lo que a promociones y contrataciones de personal respecta. Por el énfasis constante que hace Recursos Humanos en las cuestiones de cultura e ideología, la gente de Alibaba se refiere en broma a este departamento como el «comisario político» (*zheng wei*). El departamento de recursos humanos también supervisa la amplia formación que se da a los nuevos empleados, con manuales de más de mil páginas y una sofisticada base de datos que encaja al milímetro rendimiento con promociones y subidas de sueldo.

La cultura de Alibaba perdura incluso en los empleados que han dejado la empresa. Habida cuenta la larga trayectoria y rápido crecimiento de la compañía, la cifra de antiguos empleados ya asciende a veinticinco mil; muchos se han unido para formar una organización sin ánimo de lucro que han bautizado como el Club de los Antiguos Naranjas (*quian cheng hui*) para ayudar a sus miembros a compartir oportunidades de inversión y ofrecerse consejos profesionales mutuamente. Uno de sus miembros, Hu Zhe, que dejó Alibaba en 2010 tras cinco años en la compañía, describía[6] así los motivos por los que se unió al grupo: «Los antiguos empleados de Alibaba tiene una conexión muy cercana, como si hubiera algo que nos vincula a todos. El club es una plataforma muy importante para nosotros a la hora de comunicar e intercambiar ideas».

Un buen número de miembros del club han creado sus propias empresas de Internet[7] u otros vehículos de inversión, y algunos han

---

6. Al *China Daily*, 11 de mayo de 2015.

7. Entre unos cuantos ejemplos seleccionados se encuentran: Chen Qi, fundador de juandou.com y moguije.com, fue responsable de producto en Taobao y trabajó en diseño de experiencia de cliente (UED por sus siglas en inglés). De los cuatro miembros del equipo fundador de Moguie, tres venían de Taobao. Además de Chen Qi, los otros dos son el director técnico de Moguije, Yue Xuqiang, y el director de marketing, Li Yangzhu. Chen Xi es la fundadora de la emisora de música ambiente LavaRadio y trabajaba en Yahoo, que abandonó al cabo de un año de que Alibaba comprara Yahoo China. Cheng Wei es el cofundador de Didi Dache y trabajó en la unidad B2C de Taobao. Gu Dayu es el fundador y consejero delegado de www.bong.cn, una pulsera inteligente para hacer deporte, y trabajó en la unidad de Experiencia Internacional de Usuario de Alibaba, Laiwang, y en YunOS. Jiang Haibing fue el segundo empleado de Alipay y es el fundador de mabole.com, un servicio en línea de reclutamiento de empresas. Lai Jie es el fundador de Treebear, un proveedor comercial de Wi-Fi. Alibaba lideró la ronda de financiación de la Serie A para Treebear en agosto de 2014 y se quedó una participación del 10%. Lan Lan es el fundador y consejero delegado de 1kf.com una plataforma de servicios O2O para encontrar terapeutas y masajistas, que se lanzó en marzo de 2015. Li Liheng es cofundador y consejero delegado de chemayi.com, una platafor-

establecido colaboraciones entre sí. Estas empresas operan en diversos sectores que incluyen el comercio electrónico, reservas de viajes en línea, música en línea, contratación de personal en línea, O2O (*online to offline* [en línea a comercio tradicional]), capital riesgo y atención sanitaria. Una búsqueda en una base de datos[8] de empresas emergentes o *start-ups* con sede en China revela que los antiguos empleados de Alibaba han estado participado de algún modo en 317 empresas emergentes, lo cual se compara con 294 en el caso de antiguos empleados de Tencent y 223 de Baidu. Si bien no todas estas empresas emergentes tendrán éxito, y de hecho algunas ya han fracasado, la red de actividad emprendedora que se teje es importante para Alibaba como fuente de innovación y de potenciales objetivos de adquisición de cara al futuro.

---

ma de seguros de vida y automóvil. Li trabajó en Alibaba ocho años a partir de 2002. Los otros dos cofundadores de chemayi.com son también veteranos de Alibaba, Lin Yan y Fan Qinglin. Li Zhiguo, el principal desarrollador de TrustPass, se marchó de Alibaba en 2004 para fundar koubei.com, una lista clasificada y una página web comunitaria. Alibaba invirtió en koubei.com en octubre de 2006 y adquirió la empresa en 2008, incorporándola a Yahoo China. Li, cuyo alias en Alibaba era «Bug Li» [Bicho Li], se pasó a AliCloud en febrero de 2009 antes de dejar Alibaba de nuevo en septiembre de 2010. Se convirtió en inversor providencial y ahora es el consejero delegado de wacai. com, una plataforma financiera en línea. Toto Sun (Sun Tongyu) es el antiguo presidente de Taobao y cofundador de www.hezi.com, una comunidad virtual de entretenimiento y educación para niños de seis a catorce años y sus padres. Wang Hao es cofundador y consejero delegado de xiaom.com, un sitio web de música en tiempo real o *streaming*. Alibaba compró Xiaom en 2013 y la integró en AliMusic. David Wei, (Wei Zhe) es el cofundador de visión Knight Capital. Xu Ji es fundador y consejero delegado de mangguoyisheng.com, una *app* para médicos de cabecera. Xu fue el empleado número setenta y dos de Alibaba. Wu Zhixiang es el fundador y consejero delegado de ly.com, una página de reserva de viajes en línea. Wu trabajó en el departamento comercial de Alibaba durante un año, de 2001 a 2002. Ye Jinwu es el fundador y consejero delegado de yingyinglicai.com, una *app* de compra de productos financieros, y trabajó en Alipay. Zhang Dou es el fundador y consejero delegado de yinyuetai.com. Zhang Hang es el cofundador de Didi Dache. Zhang Lianglun es cofundador y consejero delegado de mizhe.com y fundador de BeiBei, un sitio web de productos para madres y bebés. Zhou Kaicheng es confundador y consejero delegado de Xingkong Qinang (www.xkqh.com) una plataforma O2O de clases de piano. Vision Knight Capital de David Wei participó en su ronda de financiación de Serie C en octubre de 2015. Zhu Ning es el fundador de youzan.com, una plataforma para abrir tiendas WeChat, y cofundador de guang.com, un sitio web de comercio electrónico (ya cerrado), y cofundador también de cafebeta.com, y trabajó como diseñador jefe de producto en Alipay.

8. itjuzi.com

Un hilo común en muchas de las aventuras empresariales emprendidas por veteranos de Alibaba es lo que algunos han descrito como una cultura de «Marcha Larga», una ambiciosa filosofía de gestión que implica sacrificio personal y una fuerte inversión en personal y tiempo. En cambio, los rivales de los veteranos de Alibaba, por ejemplo los de Tencent, se caracterizan por centrarse más en reducir el «tiempo de llegada al mercado» en sus nuevos negocios, lanzando productos que pueden perfeccionar después y adoptando un enfoque que en ocasiones se ha descrito como «correr con pasos cortos».

Alibaba ha sido un esfuerzo de equipo desde el principio. Jack ha repartido mucho más capital, y mucho antes, que muchos de sus colegas fundadores de empresas de Internet. Pero también ha mantenido un control firme de la compañía a través de su talento para la comunicación y sus ambiciosas aspiraciones. Jack es una especie de Quijote contemporáneo que se deleita en enfrentarse a molinos de viento, ya sea en el ámbito de la distribución minorista o el de las finanzas, el entretenimiento, la atención sanitaria y mucho más allá. Para comprender la posibilidad que tiene Alibaba de triunfar en estos nuevos ámbitos, consideremos los acontecimientos que han convertido a Jack y su empresa en lo que son en la actualidad.

# 3
# De alumno a profesor

*Si eres uno entre un millón en China,*
*eres uno entre 1.300 personas.*

Bill Gates

## Vendedor ambulante

Jack Ma nació el 10 de septiembre de 1964, el Año del Dragón, en Hangzhou, una ciudad a unos 160 kilómetros al suroeste de Shanghái. Sus padres le pusieron el nombre de «Yun», que significa «nube». Su apellido, «Ma», coincide con la palabra china para «caballo».

La madre de Jack, Cui Wencai, trabajaba en una línea de ensamblado en una fábrica. Su padre, Ma Laifa, era fotógrafo de la Agencia de Fotografía de Hangzhou. Ambos compartían la pasión por el *pingtan*, una forma de arte folclórico chino que implica cantar baladas y representar números cómicos al ritmo de una especie de castañuelas de madera de estilo chino. La exposición a esta manifestación artística podría ayudar a explicar la habilidad de Jack como comunicador. El *pingtan*, sin duda, supuso para los padres de Jack una grata vía de escape de la dura vida de la China postrevolucionaria, una ventana a un pasado más rico y colorido.

Jack, destinado a convertirse en un icono del emprendimiento en China, vino al mundo en un momento en el que la empresa privada se había extinguido casi por completo. El noventa por ciento de la producción industrial había pasado a manos del Estado. China estaba sola en el mundo, luchando por recuperarse del Gran Salto Adelante. Ante la hambruna que padecían millones de personas por todo el país, Mao Zedong se había visto obligado a hacer «autocrítica» y acabó siendo relegado a las márgenes del poder. Deng Xiaoping estaba entre los que recibieron el encargo de reconsiderar los aspectos más perjudiciales de la colectivización, un anticipo de su papel fundamental a la hora de propiciar el posterior milagro económico que protagonizaría el país que, dos décadas más tarde, proporcionaría a Jack la oportunidad de iniciar una carrera empresarial.

Pero, cuando Jack tenía dos años, Mao estaba en el poder en China y el país padecía los estragos de la Revolución Cultural. Mao lanzó un ataque contra los «Cuatro Antiguos» —usos, cultura, costumbres e ideas antiguos— y la Guardia Roja avanzaba con paso firme, destruyendo a su paso lugares de interés cultural y antigüedades, también en Hangzhou, donde atacó y dañó gravemente la tumba de Yue Fei, un famoso general de la dinastía Song. Pero ni tan siquiera los miembros de la Guardia Roja eran inmunes a los encantos de la ciudad y, en los momentos de descanso de la violencia que ellos mismos provocaban, hacían viajes en barca por el Lago del Oeste. El mismo Mao desarrolló una particular afición por Hangzhou, que visitó en más de cuarenta ocasiones y donde se quedó hasta siete meses seguidos. Y, además, a Mao le gustaban las funciones de *pingtan*. Ahora bien, a pesar de la afición por esta forma de arte que profesaba Mao en privado, las costumbres antiguas, como el *pingtan*, se convirtieron en el blanco de los ataques de la Guardia Roja y se denunciaba a quienes las practicaban. La familia de Jack se arriesgaba por tanto a la persecución, sobre todo porque su abuelo había sido funcionario local[1] con el gobierno nacionalista del KMT. Durante la Revolución Cultural, Jack sufrió las burlas de sus compañeros de clase pero, por suerte, la familia permaneció unida, a diferencia de lo que ocurrió con muchas en aquellos tiempos.

---

1. Un «*baozhang*».

En febrero de 1972, el presidente Nixon visitó Hangzhou como parte de su histórico viaje a China para entrevistarse con Mao. Casi una centena de periodistas acompañaron a Nixon en su viaje; entre ellos se encontraban Walter Cronkite, Dan Rather, Ted Koppel y Barbara Walters. Sus crónicas en directo generaron una corriente de apoyo a la normalización de las relaciones con China, lo que llevaría finalmente a que ciudades como Hangzhou resurgieran como destinos turísticos.

Siendo un niño, Jack se enamoró del inglés y la literatura en este idioma, sobre todo de las historias del clásico de Mark Twain *Las aventuras de Tom Sawyer*, que escuchaba en un programa de onda corta en la radio. Luego empezaron a llegar los turistas extranjeros a China, algo que abrió los ojos de Jack al mundo exterior. A finales de 1978, cuando Jack tenía catorce años, China emprendió una nueva política de «puertas abiertas» iniciada por Deng Xiaoping para captar la inversión y el comercio extranjeros. Tras una década de agitación, el país estaba al borde de la bancarrota y necesitaba desesperadamente entradas de una moneda fuerte.

En 1978, tan solo 728 turistas visitaron Hangzhou, pero al año siguiente la ciudad recibió a más de cuarenta mil. A Jack le encantaba tener oportunidades de practicar su inglés y no dejaba escapar ni una: empezó a levantarse antes de que amaneciera para hacer en bici el viaje de cuarenta minutos hasta el Hotel Hangzhou para dar la bienvenida a los turistas. Tal y como él mismo recuerda: «Cada mañana a las cinco, me ponía a leer en inglés delante del hotel. Había muchos turistas de Estados Unidos y Europa. Yo les hacía de guía y los acompañaba a dar una vuelta por el Lago del Oeste sin cobrarles, a cambio de que me enseñaran inglés. ¡Así estuve nueve años! Practicaba inglés todas las mañanas, aunque nevara o tronara».

Una turista estadounidense cuyo padre y marido se llamaban Jack le sugirió el nombre y así fue como, a partir de ese momento, Ma Yun empezó a ser conocido en inglés como Jack. Él le quita importancia a lo bien que habla inglés —«sencillamente me manejo, pero tengo una gramática horrible», suele decir, pero a lo que nunca le quita importancia es a lo mucho que le ha ayudado el hecho de aprender el idioma: «El inglés me ayuda mucho; me permite comprender mejor el mundo, me ayuda a la hora de entrevistarme con los consejeros delegados y líderes más importantes del mundo, y me permite comprender la distancia que separa a China del mundo».

Entre los muchos turistas que vinieron a Hangzhou en 1980 se encontraba la familia australiana de los Morley. Ken Morley, un ingeniero eléctrico que acababa de jubilarse, se había apuntado a un tour por China que ofrecía la delegación local de la Sociedad de Amistad entre Australia y China. Lo acompañaban su mujer, Judy, y sus tres hijos, David, Stephen y Susan, para quienes era su primer viaje al extranjero. Aquella visita cambiaría la vida de Jack para siempre.

En la actualidad, David dirige un estudio de yoga en Australia, donde conseguí dar con él, y accedió muy amablemente a compartir conmigo sus recuerdos y las fotos de la visita familiar a China y la amistad de por vida que surgió con Jack.

El 1 de julio de 1980, el grupo de australianos de viaje por China con el que iban los Morley llegó en avión a Hangzhou procedente de Pekín y los llevaron a todos en autobús al Hotel Shangri-La en el Lago del Oeste, el mismo hotel (por aquel entonces Hotel Hangzhou) donde Richard Nixon y su séquito se había hospedado ocho años antes. David recuerda que les enseñaron la suite donde se había alojado la pareja presidencial, que era la que ocupaba el guía de su grupo, equipada con asientos de inodoro forrados en mullido terciopelo rojo que fascinaron completamente a los tres niños Morley.

El itinerario del grupo australiano para el día siguiente incluía un viaje en barco por el Lago del Oeste, seguido de una visita a las plantaciones de té cercanas y luego a la Pagoda Liuhe (Seis Armonías) antes de volver a cenar al hotel alrededor de las 6 y media de la tarde. Aprovechando que tenían la «tarde libre», David y una joven llamada Keva, de la que se había hecho amigo en el viaje, cruzaron la calle del hotel para ir al parque que había al otro lado, que tenía vistas al Lago del Oeste. Se pusieron a jugar con cerillas, para perfeccionar el arte de encenderlas con un toque de la uña que ella acababa de enseñarle e implicaba colocar una cerilla cabeza abajo en la superficie en la que querías encenderla, y hacer efecto catapulta con la yema del pulgar para lanzarla por los aires describiendo una espiral hasta que «con un poco de suerte —según recuerda David— se extinguía sin incidentes». Por suerte, ese día no prendieron fuego al parque, pero las ocurrencias de David y Keva *sí* que prendieron la curiosidad de un muchacho de quince años: Jack Ma.

David recuerda que «fue esa noche libre que jugábamos con las cerillas en el parque cuando se me acercó un chaval que quería practicar conmigo sus nuevas habilidades con el inglés: se presentó; intercambiamos las habituales fórmulas de cortesía y acordamos que volveríamos a vernos en el parque».

El 4 de julio, su último día en Hangzhou, David le presentó a Jack a su hermana, Susan, y lo invitó junto con otros niños chinos a jugar al Frisbee en el parque. David me describió la escena: marcamos el terreno de juego con zapatos y cosas así «y al poco estamos rodeados por un centenar de espectadores». El padre de Jack, Ma Laifa, tomó una foto del partido.

El padre de David, Ken Morley, en una ocasión me dijo que la primera vez que vio a Jack le recordó al típico vendedor ambulante o a un buhonero. «Quería practicar su inglés de verdad, y era muy simpático. A nuestros hijos los impresionó mucho».

Así me contó David cómo fue que siguieran en contacto: «Después de esa reunión empezamos a escribirnos cartas y así estuvimos unos años hasta que mi padre empezó a interesarse por ayudar a aquel jovencito». Jack y Ken se escribían a menudo y Jack lo llamaba «papá». Ken le pidió que le mandara las cartas «a doble espacio para poder escribir las correcciones» pues, según cuenta David, «le mandaba a Jack de vuelta la carta original corregida para que pudiera aprender de los errores que había cometido. Creo que fue algo que ayudó mucho a Jack y lo animó a seguir estudiando inglés».

Jack Ma, a los quince años, con su nuevo amigo australiano David Morley junto al Lago del Oeste. David lleva en la camiseta su acreditación de la Sociedad de Amistad entre Australia y China. *Cortesía de la familia Morley.*

Armado con un inglés cada vez mejor, amplios conocimientos de la historia de la zona y su habilidad para contar historias, Jack aprovechó la oportunidad para acompañar a más turistas en su visita de la zona del Lago del Oeste. Le encantaba ir a las casas de té de Hangzhou donde la población local se reunía a jugar al ajedrez y contar «historias llenas de fantasía».

Jack también solía acompañar a su abuela a los templos budistas a quemar incienso y adorar a los dioses. Así fue como desarrolló verdadera pasión por el *tai chi* y la lectura de *A la orilla del agua*, un clásico de la literatura china en el que aparecen 108 héroes, el número de empleados que luego establecería como objetivo en los primeros tiempos de Alibaba.

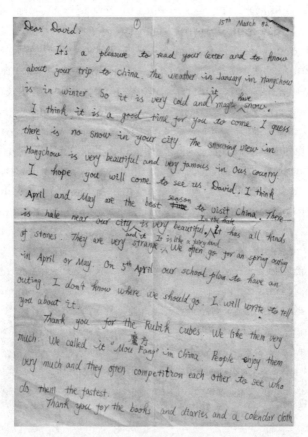

Una de las cartas que Jack envió a su amigo David Morley cuando eran niños.
*Cortesía de la familia Morley.*

Pero, sin lugar a dudas, sus obras favoritas eran las del autor de Hong Kong Louis Cha, que escribe con el seudónimo de Jin Yong. Nacido en la provincia de Zhejiang en 1924, Jin Yong cofundó el periódico hongkonés *Ming Pao*, que publicó muchas de sus primeras obras. En total, escribió quince libros, todos del género *wuxia*, que mezcla relatos históricos y ficticios de artes marciales y caballería. Jin Yong goza de gran popularidad entre los hablantes de chino. Las ventas a nivel mundial de sus novelas superan los 100 millones de ejemplares. Además se han hecho más de noventa adaptaciones para series de televisión y largometrajes.

Ambientadas entre el siglo VI a. de C. y el XVIII d. de C., las novelas de Jin Yong contienen altas dosis de patriotismo chino, enfrentando a sus heroicos personajes contra los invasores del norte como los mongoles y los manchúes.

Yi Zhongtian, un conocido escritor y catedrático de la Universidad de Xiamen, resume la enorme popularidad de las historias tradicionales y las artes marciales del siguiente modo: «En la sociedad tradicional china, la gente sueña con tres cosas. En primer lugar, con un emperador sabio. La gente confía en tener un buen líder para que haya paz en el país. El segundo sueño es que los funcionarios sean honestos. Si no lo son, entonces viene el tercer sueño: héroes caballerescos. La gente aspira a tener héroes que se enfrenten y maten a los malvados funcionarios avariciosos en nombre del pueblo y traigan la justicia de vuelta a la sociedad. Ahora bien, si no hay héroes, la gente solo puede buscar consuelo en las novelas de artes marciales. Por eso les gustan tanto a los chinos las historias de kung-fu».

Las obras de Jin Yong rezuman elementos tradicionales de la cultura china, así como del budismo, el taoísmo y el confucionismo. Jack se inspiró en el legendario guerrero de las novelas de Jin Yong, Feng Qingyang. Feng era profesor. Sus movimientos de artes marciales nunca se ajustaban a ningún plan.

En cuanto a su propia práctica de artes marciales, Jack aprendió *tai chi*[2] de una mujer que ya había cumplido los setenta años y que, según

---

2. El trabajo implica cinco elementos: *taolu* (rutinas solo con la mano y con armas/formas), *neigong* y *qigong* (respiración, ejercicios de movimiento y consciencia, y meditación), *tuishou* (simulacros de respuesta) y *sanshou* (técnicas de autodefensa).

Chen Wei —un antiguo alumno de Jack que ahora es su asistente personal—, era tan buena que se podía defender hasta de dos o tres hombres más jóvenes que la atacaran. Todas las mañanas, esta mujer cerraba los ojos para meditar antes de practicar *tai chi* y «escuchaba el sonido de las flores abriéndose». En la actualidad, Jack suele viajar con un entrenador personal de *tai chi*.

No obstante, todas estas habilidades eran de escasa utilidad ante uno de los primeros enemigos a los que tuvo que enfrentarse Jack: las matemáticas. En China, todos los alumnos de instituto que aspiren a ir a la universidad tienen que superar un examen competitivo de ámbito nacional de acceso a la universidad que se conoce como el *gaokao*, literalmente la «prueba superior». El *gaokao* tiene lugar a lo largo de dos o tres días. Las matemáticas, junto con el chino y los idiomas extranjeros, son materias obligatorias.

El *gaokao* está considerado como una de las pruebas más exigentes del mundo y requiere muchísima preparación y un considerable esfuerzo de memorización. En la actualidad, cada vez se critican más las consecuencias sociales negativas que acarrea, incluidos la depresión e incluso el suicidio.

Jack se presentó al *gaokao* pero fracasó estrepitosamente, ya que sacó un 1 sobre 120 en matemáticas. Tras ver cómo sus esperanzas de seguir estudios superiores se evaporaban, se dedicó a trabajos de poca monta como repartidor de pesados fardos de revistas que transportaba de las imprentas a la estación de tren de Hangzhou en una bici con remolque, un trabajo que Jack consiguió únicamente gracias a los contactos de su padre. En otros muchos trabajos lo rechazaron, incluido el de camarero en un hotel donde le dijeron que era demasiado bajo.

En su biografía de Jack, titulada *This is Still Ma Yun* [Este sigue siendo Ma Yun], Chen Wei explica que su jefe encontró inspiración en *Life* [Vida] del autor chino Lu Yao. Publicado en 1982 y adaptado para el cine en 1984, el libro cuenta la historia de Gao Jialin, un joven con mucho talento que vive en un pequeño pueblo y lucha por escapar de las garras de la pobreza, pero al final fracasa en su intento. Jack decidió que él correría distinta suerte y volvió a presentarse al *gaokao*. En esa segunda ocasión su puntuación en matemáticas mejoró algo, a 19 sobre 120, pero su puntuación general bajó considerablemente.

Una vez más, Jack se puso a buscar trabajo para poder pagar las facturas: envió once solicitudes para diferentes puestos pero lo rechazaron en todos. A Jack le gusta contar la historia de cómo, en el caso de KFC: fue el único de los 24 candidatos que no les gustó.

Inasequible al desaliento, Jack empezó a ir todos los domingos a la biblioteca de la Universidad de Zhejiang, donde se aprendió de memoria las fórmulas y las ecuaciones que tendría que dominar para pasar el examen.

Jack nunca consiguió entrar en una universidad de prestigio como las de Pekín o Shanghái, pero en 1984, cuando tenía diecinueve años, logró mejorar su nota de matemáticas lo suficiente como para que lo aceptaran en la universidad local, la Escuela Universitaria de Magisterio de Hangzhou. En su tercer intento de pasar el *gaokao*, sacó un 89 en matemáticas, una nota que se situaba varios puntos por debajo del mínimo exigido por otras universidades para poder cursar estudios de una titulación completa de cuatro años[3]. Lo normal habría sido que lo relegaran a unos estudios medios asociados de dos o tres años[4], pero la Escuela Universitaria de Magisterio de Hangzhou tenía unas cuantas plazas disponibles para estudiantes varones y Jack pudo colarse. No se trataba de una escuela universitaria de gran prestigio. Jack recuerda que «en la ciudad se la consideraba de tercera o cuarta». En sus intervenciones públicas, Jack suele hablar con orgullo de haber suspendido el *gaokao* dos veces.

## Profesor

En su segundo año en la universidad, Jack fue elegido presidente del sindicato de estudiantes de la escuela universitaria y organizó el Concurso de los Diez Mejores Cantates del Campus, y más adelante acabaría convirtiéndose en el presidente de la Federación de Estudiantes de Hangzhou.

En 1985, Jack también recibió una invitación de Ken Morley para que visitara a la familia en su casa de New Lambton, (Australia) una zona

---

3. «Benke».

4. «Zhuanke».

residencial de Newcastle, en Nueva Gales del Sur. Era la primera vez que Jack salía de China. Se quedó un mes y volvió completamente cambiado.

«Lo único que había aprendido en China era que China era el país más rico del mundo —comentaría Jack después—, y cuando llegué a Australia me di cuenta de que era completamente diferente, y empecé a pensar que hay que usar la propia cabeza para juzgar, para pensar».

Stephen Morley, Jack y Anne Lee, prima de los Morley. *Cortesía de Louis y Anne Lee.*

Jack nunca se ha mostrado tímido en absoluto con los extranjeros. Durante su estancia en Australia, hizo una demostración de *tai chi* para un grupo pequeño de practicantes de un barrio residencial, enseñándoles sus habilidades de kung-fu a la hora de ejecutar el estilo del mono y las variantes borrachas de ese y otros estilos. «Yo solía pedirle que hiciera el estilo en versión borracha, era genial verlo», recuerda Stephen Morley.

La amistad de Jack y los Morley floreció. Al cabo de un tiempo de la visita de Jack a Australia, Ken Morley se la devolvió con una estancia en Hangzhou con Stephen. Como la residencia de los Ma era demasiado pequeña para alojar a invitados, Jack organizó la estancia de los Morley en una residencia universitaria. «Cenábamos en casa de los Ma y luego volvíamos en bici a la residencia a dormir —recuerda Stephen—. Jack siempre ayudaba a preparar la cena, y siempre nos hacía sentir especiales».

*Louis y Anne Lee.*

Durante las vacaciones, Jack planeó un viaje al campo con sus dos amigos australianos, para que no se fueran sin una buena ración de aventuras en China. Para los desplazamientos, Jack se hizo con una camioneta «*pick-up*»: él y el conductor iban dentro y Ken y Stephen se instalaron en unas sillas que Jack había colocado sin particular sujeción en la parte posterior (abierta) de la camioneta. Un día, cuando salían de Hangzhou, el conductor tuvo que frenar en seco para no atropellar a un ciclista que se había caído de la bici, y Ken y Stephen salieron disparados contra la parte trasera de la cabina. Por suerte no se hicieron daño. De vuelta en la ciudad esa noche, Jack les organizó a sus amigos australianos un banquete con unos cuantos funcionarios y personalidades locales, en un lugar en alto con vistas a una calle situada a menos altura, donde tenía lugar una celebración popular. Stephen recuerda que «nunca había visto a tanta gente abarrotando un lugar. Ya se veía claramente que Jack tenía mucha facilidad para hacer contactos, organizar el transporte y la cena con las conexiones municipales adecuadas…»

De vuelta en Hangzhou, la vida universitaria de Jack no estaba precisamente exenta de complicaciones, ya que el dinero era una preocupación constante. Una vez más, Ken Morley acudió al rescate: la matrícula era gratuita pero la familia de Jack no podía permitirse las cuotas mensuales obligatorias de manutención. «Cuando volvimos a Australia nos pusimos a pensarlo —recuerda Morley— y decidimos que podíamos ayudar un poco al menos (no con mucho, eran unos cinco o diez dólares a la semana si no recuerdo mal), así que le enviaba un cheque cada seis meses».

Ma Yin (la hermana de Jack), Stephen Morley, Ken Morley y Jack en Hangzhou. *Cortesía de la familia Morley.*

En la Escuela Universitaria de Magisterio de Hangzhou, Jack conoció y se enamoró de Zhang Ying, compañera de estudios y oriunda de Zhejiang, que había adoptado Cathy como nombre occidental. Jack no le habló a su familia de la relación y Stephen Morley recuerda que, durante una cena en Hangzhou con su padre, Jack y los padres de este, «se me escapó la palabra *nü peng yu* (novia) hablando de Jack, que puso cara de total espanto y seguramente en esos momentos tenía ganas de matarme. Aquello desató una animada conversación en mandarín entre Jack y sus padres. Jack todavía me recuerda aquella vez que de niños me chivé».

Jack en la cocina del apartamento nuevo que Ken Morley le ayudó a comprar en Hangzhou. *Cortesía de la familia Morley.*

Pese a que su joven amigo australiano lo había delatado, la relación entre Jack y Cathy siguió adelante y se casaron al cabo de poco tiempo. De nuevo los Morley hicieron gala de una gran generosidad y le dieron a la pareja 22.000 dólares australianos (unos 18.000 dólares estadounidenses) para ayudarles a comprar su primera casa: dos apartamentos situados uno encima del otro que unieron por una escalera para hacerse un dúplex.

Jack dice que no puede expresar con palabras todo lo que Ken y Judy Morley han hecho por él.

Ken Morley murió en septiembre de 2004 a la edad de setenta y ocho años. Su obituario en un periódico local recoge que llevó «a sus hijos a China y Cuba y los animó a adquirir una educación, a viajar y a tener opinión política. Este generoso enfoque de mentalidad abierta no se quedó solo en la familia, al contrario: Ken es conocido por haber ayudado a un joven chino de origen humilde. Ese joven es ahora un empresario de éxito». En el funeral, un sacerdote leyó un mensaje de Jack a la familia Morley en el que revelaba su plan de viajar algún día en el ferrocarril transiberiano con Ken, a quien describía como su «Padre" australiano y mentor». Su hijo David me escribió que «tal vez ahora se quede en una idea y, con la popularidad de Jack, sea imposible que viaje de incógnito, pero me encantaría poder hacer ese viaje en nombre de mi padre algún día».

Jack y un compañero también profesor, preparados para la charla a cargo del mentor de Jack, Ken Morley, en abril de 1991 en los locales de la YMCA (Asociación Cristiana de Jóvenes) de Hangzhou. *Cortesía de la familia Morley.*

La ironía del caso es que Ken Morley, que fue fundamental a la hora de brindar oportunidades para un joven que acabaría por convertirse en uno de los hombres más ricos de China, era un socialista comprometido. Hijo de un minero y una costurera, fue activista político durante mucho tiempo y miembro del Partico Comunista de Australia, incluso llegó a presentarse a las elecciones locales de la Alianza Socialista. En los años anteriores a su muerte, asistió a los primeros tiempos del éxito de Jack y solía hablar del apuro que le daba todo el dinero y los regalos que Jack y Cathy le hacían. También comentaba que, en vez de todo eso, lo que más valor tenía para él era que la pareja le hubiera puesto su nombre a su primer hijo, al que llamaron «Kun», que suena parecido a Ken. China también influyó profundamente en los Morley: Susan Morley estudió chino en la Universidad de Sidney durante años. Las familias Ma y Morley siguen siendo muy amigas en la actualidad y continúan yéndose de vacaciones juntos.

Jack y Ken Morley tomándose una cerveza.
*Cortesía de la familia Morley.*

## Es maravilloso hacerse rico

En 1992, Deng Xiaoping realizó su famosa «gira por el sur» que pasó a la historia[5] por sus declaraciones de que «Es maravilloso hacerse rico». Para los emprendedores del país, relegados a la periferia de la sociedad, el respaldo de Deng supuso una clara invitación a volver al redil.

Pero Jack todavía no era empresario entonces. Se graduó en 1988 y, con su título de Estudios Ingleses bajo el brazo, empezó a dar clases de inglés y comercio internacional en el Instituto de Ingeniería Electrónica de Hangzhou. Mientras sus compañeros acabaron enseñando inglés en los últimos cursos de primaria, Jack fue el único que empezó a dar clases en una institución de educación superior. No obstante, ya empezaba a pensar en un futuro más allá de la enseñanza. Jack recuerda así la lección que aprendió de la gira por el sur de Deng: «Puedes ser rico; puedes ayudar a otros a hacerse ricos». Aunque quería acabar los dos años de contrato que le quedaban como profesor, Jack empezó a aprovechar las oportunidades que se le presentaban fuera del ámbito de la educación.

---

5. Pese a que probablemente acuñó la frase mucho antes.

Después de su trabajo de día en el instituto, empezó a enseñar inglés en las instalaciones de la YMCA de Hangzhou. Según Chen Wei, que asistió a su primera clase con Jack en 1992, las clases de inglés de Jack tenían mucha fama porque se pasaba muy poco tiempo enseñando gramática y vocabulario o leyendo textos. En vez de eso, Jack prefería elegir un tema e iniciar una conversación. Sus alumnos venían de trasfondos muy variados: estudiantes de secundaria que querían ir a estudiar al extranjero, alumnos de escuelas universitarias, obreros de fábrica y jóvenes profesionales. Jack solía pasar tiempo con ellos después de clase, «tomando té, jugando a las cartas y charlando».

Hangzhou tenía un «rincón del inglés» habitual, una reunión de residentes de la localidad que querían practicar lo que sabían del idioma entre sí, y que se reunían todos los domingos por la mañana en el sexto parque junto al Lago del Oeste. Jack solía ir con sus alumnos de las clases nocturnas pero, como estos querían reunirse con más frecuencia, decidió organizar su propio «rincón del inglés» los miércoles por la noche, pues Jack se dio cuenta de que, en el anonimato de la penumbra nocturna los alumnos eran menos tímidos a la hora de practicar su inglés imperfecto.

Pero los días de Jack como profesor estaban contados: alentado por el entusiasmo que la gira por el sur de Deng Xiaoping había generado, decidió montar su propio negocio después de clase. A su primera empresa la llamó «Esperanza».

# 4
# Esperanza y temporada en Estados Unidos

*China tiene un millón de empresas que quieren vender*
*en el extranjero pero no saben cómo.*

JACK MA

En enero de 1994, a punto de cumplir veintinueve años, Jack fundó la Hangzhou Haibo [Esperanza] Translation Agency [Agencia de Traducción Haibo de Hangzhou], también conocida como Hope Translations [Traducciones Esperanza]. Al principio, la empresa solo tenía cinco empleados, la mayoría profesores jubilados de instituto. Jack alquiló un par de oficinas en Qingnian Road, en una iglesia reconvertida en la que había tenido en otro tiempo su sede la YMCA y que se encontraba bastante cerca del Lago del Oeste. En la actualidad, todavía sigue allí el cartel de Hope Translations, donde la agencia conserva una sala de reuniones contigua a lo que se ha convertido en un albergue juvenil internacional de la YMCA.

Jack convenció a algunos alumnos de sus clases nocturnas de inglés para que le echaran una mano con el negocio, ayudándole a encontrar los primeros clientes. El día de la inauguración de la empresa, sus alumnos fueron a la plaza Wulin con banderolas para hacer publicidad.

Unos cuantos de estos estudiantes acabarían trabajando para la empresa a tiempo completo. Entre los primeros empleados estaba Zhang Hong, que conoció a Jack en 1993 cuando este todavía daba clases de nivel avanzado de conversación en inglés en la YMCA y recuerda: «Nadie más vio la oportunidad en este negocio... Al principio no ganábamos mucho pero (Jack) perseveró... Lo respeto mucho porque posee una gran habilidad para motivar a la gente y es capaz de ver las posibilidades en situaciones que en principio parecen causas perdidas. Se las ingenia para hacer que cuantos lo rodean se entusiasmen con la vida».

El primer negocio de Jack se centraba en ayudar a las empresas locales a encontrar clientes en el extranjero. Jack recordaría más tarde que «todavía daba clases durante el día, así que no tenía tiempo para ayudar a los demás con las traducciones, pero había muchos profesores jubilados en casa sin nada que hacer y con una pensión mísera, así que me propuse montar una agencia de traducción para hacer de intermediario». Con ese enfoque tan específico en servicios de traducción, Jack no logró el éxito económico con Haibo/Hope, pero esa primera aventura empresarial le proporcionó una exposición directa a la revolución emprendedora que estaba transformando Zhejiang y le permitió dar sus primeros pasos tentativos como emprendedor.

La palabra china para esperanza, *haibo,* en su más puro sentido literal se traduce como «vasto como el mar». Curiosamente, por aquel entonces la expresión popular para dejar un trabajo de funcionario para pasarte al sector privado era *xia hai* o «saltar al mar».

Jack quería mojarse los pies y emprender, pero no estaba precisamente preparado para zambullirse y abandonar su trabajo de profesor en la escuela pública. Emprender es un aspecto tan firmemente establecido de los negocios y la cultura chinos en la actualidad que es fácil olvidar cuánto han cambiado las cosas en las últimas décadas.

En los primeros tiempos de las reformas económicas en China, emprender se veía como una actividad altamente arriesgada e incluso ilegal. Por aquel entonces, la población todavía tenía frescas en la memoria las imágenes de gente encarcelada o incluso ejecutada durante la Revolución Cultural por realizar actividades comerciales.

Desde 1978, el establecimiento de un «sistema de responsabilidad conforme a contrato doméstico» permitía a los agricultores vender el excedente de las cosechas en el mercado abierto. Los primeros brotes de empresa privada surgieron a raíz de las empresas municipales (conocidas en inglés como TVEs o *township and village enterprises* [empresas de municipios y pueblos]), que en teoría controlaba el Estado pero que a efectos prácticos eran empresas rurales de gestión privada. Estas empresas hicieron saltar la chispa de una rápida expansión del empleo en el sector privado en China.

Desde principios de la década de 1980, el gobierno empezó a reconocer a empresarios[1], primero a los empresarios individuales y después los negocios gestionados por empresarios.

Los primeros emprendedores, los *getihu*, no fueron gente que dejaba un trabajo estable de funcionario, sino más bien los que no tenían nada que perder, principalmente trabajadores del medio agrícola que ocupaban una posición muy baja en la escala social, lo que incitaba a tomarlos como «mercachifles». A medida que fueron haciéndose más ricos se fueron convirtiendo en blanco de resentimientos y burlas por culpa de su éxito y por ser patanes. Uno de los primeros *getihu* incluso llegó a empapelar las paredes de su casa con billetes.

Algunos de los empresarios más ricos de China empezaron como humildes *getihu*, muchos en la provincia de Zhejiang. Para comprender el ascenso de Alibaba resulta útil entender cómo la provincia de la que viene Jack se convirtió en fuente de tanta riqueza.

## Zhejiang: el crisol del emprendimiento en China

Hangzhou, el puerto cercano de Ningbo y otros núcleos industriales diseminados por el norte de la provincia de Zhejiang y el sur de la de Jiangsu forman un centro neurálgico de increíble potencia económica en el delta del río Yangtsé, con Shanghái en el centro.

Sede del imperio del comercio electrónico de Alibaba, Hangzhou posee una larga tradición como foco comercial. La ciudad fue en otro tiempo el punto más meridional del Gran Canal de casi 1.800 kilómetros

---

1. Clasificados como *getihu* (literalmente «unidades de un único cuerpo») o empresas individuales, y *siying qiye*, o negocios de propiedad privada.

cuyo nombre completo en chino es Jing Hang Da Yun He, o sea, el Gran
Canal de Pekín a Hangzhou. Durante más de un milenio, el Gran Canal
fue la principal arteria comercial entre el norte y el sur de China, haciendo de Hangzhou una de las ciudades más prósperas de China[2].

Hangzhou y el puerto cercano de Ningbo se encuentran en una
zona relativamente llana, pero gran parte de la provincia de Zhejiang es
montañosa y sus elevaciones y ríos tejen un tapiz de comunidades aisla-
das con sus correspondientes dialectos. La necesidad de comerciar y la
distancia que los separa de los gobernantes han contribuido a hacer de
Zhejiang la cuna de la empresa privada en China. En la actualidad, muchos de los emprendedores de la provincia ocupan los primeros puestos
en las listas de las mayores fortunas de China y la mayoría de ellos, como
Jack, comparten orígenes extremadamente humildes.

Zong Qinghou, cuya fortuna asciende a más de 11.000 millones de
dólares, es el fundador de Wahaha, el mayor productor de bebidas de
China. Zong se crio en Hangzhou desde los cuatro años donde, antes
de terminar la secundaria, trabajó en unas salinas situadas en una isla
costera frente al puerto de Ningbo. Y en la década de los ochenta, se
dedicó a la venta ambulante de polos de hielo a menos de un penique.
Li Shufu, cuyos negocios se valoran en más de 2.000 millones de dólares, fundó Geely, el primer fabricante de coches chino no estatal; empezó ensamblando frigoríficos con piezas de repuesto y en 1988 fundó la
empresa automotriz. En 2010 Geely adquirió la marca sueca de automóviles Volvo. Lu Quanqiu, con una fortuna valorada en 7.000 millones de dólares, es el fundador del Grupo Wanxiang, el fabricante de
repuestos para automóviles con sede en Hangzhou. Lu empezó como
agricultor y luego cambió de actividad para dedicarse a comprarles cha-
tarra a los habitantes de los pueblos.

Tal y como hemos visto al hablar de la logística en el triángulo de
hierro, un grupo de emprendedores de Zhejiang ha desempeñado un

---

2. Antiguamente conocido como Lin'an, fue la capital de la dinastía Song del Sur,
desde 1138 hasta 1276. En el siglo XIII, cuando Europa estaba todavía envuelta en las
tinieblas de la Edad Media, se cree que Hangzhou era la ciudad más densamente pobla-
da del planeta, con más de un millón y medio de habitantes. También existe la creencia
de que tanto Marco Polo como el famoso aventurero árabe Ibn Battuta la visitaron.

importante papel en el éxito de Alibaba. La Banda de Tonglu de empresas logísticas con sede en la ciudad de Tonglu, al suroeste de Hangzhou, mueve más de la mitad del total de paquetes entregados en China. Tonglu es el lugar de nacimiento del difunto Nie Tengfei, fundador del gigante de la mensajería Shengtong (STO Express). Nacido en la pobreza, Nie empezó cuidando cerdos, también plantó cereales y vendió leña antes de mudarse a Hangzhou para trabajar en una imprenta. Además, tenía un segundo trabajo de mensajero entregando pan con su triciclo, hasta que un día, a la edad de veinte años, vio la oportunidad de ganarle la partida a Correos de China[3] entregando formularios de aduanas para empresas que comerciaban desde Hangzhou a través del puerto de Shanghái. Nie murió en un accidente de coche en 1998, pero Shengtong siguió prosperando. Dos parientes de Nie y uno de sus compañeros de clase también fundaron cada uno sus propias empresas que se cuentan entre las tres más importantes de la Banda de Tonglu[4].

Hangzhou, la capital de la provincia, y Ningbo, su puerto más importante, llevan tiempo siendo centros muy prósperos, pero otras dos ciudades de Zhejiang, Wenzhou y Yiwu, aunque menos conocidas en el extranjero, son muy famosas en China por el reciente incremento de riqueza que han experimentado. Wenzhou ha ayudado a legitimar el papel de los emprendedores en la sociedad, y Yiwu ha establecido los mercados mayoristas que han ampliado su alcance hasta los confines del país y desde luego del mundo. Wenzhou y Yiwu han desempeñado un papel importante en la revolución emprendedora de China, similar al de los telares de algodón de Lancashire en la Revolución Industrial británica.

Wenzhou y Yiwu proporcionaron un dinamismo que inspiró a Jack a lanzar su propia carrera de emprendedor. Las innovaciones de Wenzhou abrieron la puerta a las incursiones futuras de Alibaba en el ámbi-

---

3. El servicio público de Correos de China solo garantizaba la entrega en tres días, pero los exportadores necesitaban los formularios de expedición para el puerto de un día para otro. Tomando el tren de medianoche desde Hangzhou, Nie entregaba los formularios a tiempo, cobrando a un buen número de exportadores 100 yuanes por cada formulario, mientras que él solo pagaba una vez los 30 yuanes del billete de tren.

4. Yunda, YTO y ZTO.

to de los servicios financieros, y el inmenso mercado mayorista de Yiwu sirvió de inspiración para el primer modelo de negocio de Alibaba, conectando a los comerciantes chinos con los compradores a nivel mundial. Hagamos una breve visita guiada.

## Wenzhou

Wenzhou se encuentra a unos 320 kilómetros al sureste de Hangzhou. Rodeada por las montañas a un lado y el mar de China Oriental por el otro, Wenzhou siempre ha tenido la mirada puesta en el comercio, incluidas las exportaciones de té, para sobrevivir. Pero, después de 1949, su proximidad al nacionalista Taiwán se convirtió en una desventaja. Con Shanghái, conectada por ferri, a una distancia de 180 millas náuticas, la ciudad sufrió el aislamiento.

Wenzhou tenía muy poco terreno arable y muchos trabajadores agrícolas con poco o ningún trabajo. No obstante, cuando Deng Xiaoping lanzó sus reformas económicas en 1978, el sector privado empezó a florecer. Los emprendedores de Wenzhou, a menudo trabajando con miembros de su familia, iniciaron una intensa actividad en el ámbito de la industria ligera. En la década de los ochenta fueron de los primeros comerciantes en expandirse por toda China ofreciendo sus artículos, incluidas copias de marcas occidentales. Para muchos, los productos chinos de Wenzhou fueron los primeros que compraron que no estaban producidos por una empresa de propiedad estatal (SOE por sus siglas en inglés).

Wenzhou ha desempeñado un papel fundamental en la legitimación del emprendimiento en China. En 1984, el gobierno municipal de Wenzhou invitó a los empresarios privados de más éxito de la ciudad a una conferencia. Pese a que la intención del gobierno municipal era ayudar a las empresas a mostrar sus logros, muchos emprendedores declinaron la invitación por temor a ser arrestados si acudían. Tan solo dos años antes, un buen número de empresarios de la ciudad habían sido arrestados, acusados de especulación, y todavía seguían en prisión. De entre los que sí acudieron a la cita con el gobierno, bastantes se llevaron a la cita el cepillo de dientes en previsión de que los arrestaran.

Pero nadie fue detenido. Tras liberar a los arrestados dos años antes, el gobierno de Wenzhou publicó en el periódico local una declaración sin precedentes, admitiendo haberse equivocado. El catedrático Yasheng Huang del Instituto de Tecnología de Massachusetts (MIT) escribe que «muchos emprendedores citaban estos dos episodios como fundamentales para convencerse de que no corrían ningún peligro».

Durante décadas, en China, los bancos de propiedad estatal estuvieron ignorando a los individuos y las empresas privadas, dedicándose a conceder préstamos[5] en base a consideraciones políticas a empresas propiedad del Estado.

En su desesperación por conseguir financiación, el sector privado de Wenzhou empezó a crear su propio mercado privado de crédito, a menudo adoptando estructuras ilegales. El gobierno local apoyó de manera activa el establecimiento de asociaciones de crédito privadas, cooperativas y las llamadas casas de dinero —una forma de intermediario financiero local que obtiene beneficio del diferencial entre la tasa de interés de los depósitos y la de los créditos—, formando así un sistema que se acabó conociendo como el «modelo Wenzhou». Wenzhou sentó las bases para las posteriores incursiones de Alibaba en el sector de las finanzas. Cuando Alibaba recibió su licencia bancaria en 2014, dos de las otras cinco entidades que recibieron una eran de Wenzhou.

El espíritu emprendedor en estado puro, más el acceso al capital, resultaron en una explosión del sector privado en la ciudad, que pasó a dominar de tal modo la economía de Wenzhou que el Estado acabó relegado a un papel marginal. Enfrentándose a una inmensa demanda de carreteras y puentes nuevos, los emprendedores de Wenzhou no esperaron a recibir fondos ni instrucciones de Pekín; sencillamente se los hicieron ellos mismos en lo que fue una gran oleada de construcción que rayó en la anarquía, al no responder a ningún plan coordinado.

En 1990, actuando en solitario, los emprendedores llegaron incluso a financiar la construcción del aeropuerto de la ciudad. Un año más

---

5. Como el Partido Comunista nombraba a los funcionarios de más alto rango del banco y a los altos ejecutivos de las SEO o empresas de propiedad estatal, para bien o para mal, no había necesidad de una evaluación del crédito ni unos controles independientes.

tarde, se creaba la primera línea aérea privada, hoy conocida como Juneyao Airlines. En 1998, se creó en Wenzhou la primea línea de ferrocarril de financiación privada.

En la actualidad, en China, Wenzhou es sinónimo de riqueza. Hay quien critica a los residentes en la ciudad por sus arrebatos compradores masivos en los que siempre pagan en metálico, que han provocado que suban los precios de los apartamentos en Pekín, Shanghái, Hong Kong, Nueva York y por doquier.

## Yiwu

Yiwu es una ubicación poco habitual para uno de los centros comerciales más importantes del mundo. Se encuentra en el interior, lejos de Hangzhou y el mar de China Oriental. Al igual que Wenzhou, padecía una pobreza rayana en la miseria, con poco terreno cultivable. A falta de alternativas, desde el siglo XVI los agricultores locales optaron por dedicarse al comercio. Su principal producto era el azúcar moreno, que cocinaban con jengibre y luego cortaban en bloques; lo intercambiaban por plumas de gallina que a su vez utilizaban para hacer plumeros para quitar el polvo o que utilizaban como fertilizante.

En invierno, cuando los agricultores tenían poco que hacer y escaseaba la comida, los hombres de la zona se echaban sobre los hombros un palo con cestas de bambú en los extremos y se marchaban a recorrer el país como vendedores ambulantes. Llevaban bloques de azúcar, agujas de coser e hilo, y traían de vuelta a Yiwu plumas de gallina. En su camino, iban haciendo sonar un pequeño tambor con un par de bolitas colgadas a ambos lados para atraer a la clientela. Se les empezó a conocer como «Hombres del azúcar con palo sobre los hombros», ni más ni menos que los precursores de la gran fuerza de trabajo que forman millones de mensajeros en la actualidad.

Al cabo de poco tiempo, había tantos comerciantes ambulantes en Yiwu que formaban un verdadero ejército móvil. Para proporcionarles productos, allá por el siglo XVIII empezaron a surgir los primeros mercados mayoristas en la ciudad. El comercio floreció y prosperó durante siglos hasta que la invasión japonesa y la revolución comunista lo trastocaron todo.

Cuando las reformas de Deng Xiaoping empezaron a surtir efecto, el comercio mayorista salió de las sombras. En septiembre de 1982, a los comerciantes de Yiwu se les permitió acceder a una parcela de terreno —una zanja a la que le habían echado cemento encima— sobre la que se les daba permiso para montar un puesto. Casi inmediatamente surgieron setecientos puestos y Yiwu se convirtió en uno de los primeros mercados al por mayor de su clase en la China postrevolucionaria.

Hoy en día, esta ciudad alberga el mayor mercado mayorista del mundo y su población ha experimentado un dramático crecimiento hasta superar los dos millones de personas. Se estima que 40.000 personas visitan el mercado mayorista todos los días. Los 700 puestos originales son hoy 70.000 establecimientos en el Centro Internacional de Comercio de Yiwu, un edificio de proporciones colosales que ocupa una extensión de más de 3,5 km² y donde se mueven más de 6.000 millones de dólares anuales.

Se estima que son más de 1,7 millones de productos de todo tipo los que pueden encontrarse en su interior, desde juguetes hasta flores de plástico, joyas o maletas, ropa o electrodomésticos, cualquier cosa «Made in China» que se te pueda ocurrir. Sin saberlo, gran cantidad de lo que consumimos en Occidente ha pasado por Yiwu. Hasta la Navidad es «Made in Yiwu»: más del 60% de los adornos navideños del mundo se fabrican en esta ciudad. Pese a que los comerciantes acuden a esta por lo increíblemente baratos que son allí los artículos, parte del atractivo de Yiwu ha sido también su oferta de falsificaciones, por ejemplo bolsos de marcas que suenan terriblemente familiares, como «Gussi». El periodista del *Financial Times* James Kynge viajó a la ciudad en 2005 para investigar el problema de las falsificaciones y descubrió que hasta los hoteles eran imitaciones en Yiwu, pues se hospedó en el «Hiyat», que no el Hyatt.

Yiwu atrae comerciantes de los lugares más alejados del planeta. Por ejemplo, la ciudad es uno de los destinos preferidos de los del Próximo Oriente, lo que contribuye a que la comunidad musulmana de Yiwu sea la que más rápido crece de toda China. Con una población musulmana que se estima alcanza en todo momento una media de 35.000 personas —chinos, del sur de Asia y árabes—, Yiwu cuenta con decenas de restaurantes para musulmanes y una ornamentada mezquita hecha con mármol iraní que costó 4 millones de dólares.

Desde 2014, Yiwu es el punto de partida de la línea de trenes de mercancías más larga del mundo: se tardan veintinueve días en recorrer de principio a fin los 13.000 kilómetros de vías que unen Yiwu y Madrid.

Lo que hace de Yiwu un centro neurálgico tan importante es el papel fundamental que desempeña en la comercialización de los productos de los innumerables centros industriales que salpican toda la provincia de Zhejiang y otras zonas del delta del Yangtsé. Estas ciudades dedicadas en exclusiva a la producción de un único artículo pueden llegar a representar el 80% o más de la producción de determinados productos básicos, no solo para China, sino para el mundo entero. Shaoxing es la «ciudad del textil» y Yongkang es la «ciudad de la maquinaria», de la que salen a diario 30.000 puertas de acero y 150.000 escúteres. Taizhou es conocida como la «ciudad de la máquina de coser» y Shenzhou como la «ciudad de la corbata de pajarita». Haining se llama a sí misma la «ciudad del cuero». Hay hasta una «ciudad del cepillo de dientes» —por si unos inquietos emprendedores reciben una invitación de las autoridades locales—, que es Hangji.

Yiwu misma se declara la «ciudad del calcetín» y produce cada año más de 3.000 millones de pares de calcetines para empresas como Walmart y Disney, aunque Datang, cerca de Hangzhou, también se autodenomina la «ciudad del calcetín» y produce más de 8.000 millones de pares al año.

Para mediados de la década de 1990, cuando Jack empezó su propia carrera en el mundo de los negocios, Zhejiang ya era un potente foco de emprendimiento económico. Pero las empresas de la provincia eran altamente intensivas en capital y su tamaño medio bastante reducido. Para 1994, en Zhejiang se había pasado de no tener apenas emprendedores a principios de la década de los ochenta a poco menos que tener demasiados: una provincia con una población de 44 millones aproximadamente era la sede de 10 millones estimados de entidades económicas.

Muchos fabricantes tenían dificultades para encontrar clientes suficientes como para sacar beneficio a su empresa. A diferencia de las fábricas del sur de China, creadas por chinos ricos de Hong Kong y Taiwán, las pequeñas fábricas de Zhejiang tenían que dejarse la piel para encontrar clientes y financiación[6]. Los bancos chinos de propiedad estatal les negaban cualquier tipo de préstamo, así que esa escasez crónica de crédito despertó la innovación en el terreno de la financiación privada, como por ejemplo el modelo de Wenzhou, y también contribuyó a la expansión de agrupaciones industriales que aglutinaban a deudores y acreedores, que podían aportar capital en base al beneficio esperado de un contrato en concreto. Para 2004, de las cien empresas privadas más importantes de China, la mitad procedía de la zona de Zhejiang.

Jack supo reconocer desde muy pronto tanto las fortalezas como las debilidades de la región y es un orgulloso defensor de la provincia. Desde octubre de 2015, ocupa el cargo de presidente inaugural de la Asociación General de Emprendedores de Zhejiang; en su discurso de aceptación del cargo, Jack habló de los aproximadamente seis millones de emprendedores de Zhejiang repartidos por toda China y los dos millones que están por todo el mundo: «La cifra total de más ocho millones de emprendedores oriundos de Zhejiang bien podría constituir la mayor asociación empresarial del planeta. Han añadido otra identidad económica a la economía local de Zhejiang». Ahora bien, el éxito no les ha venido fácilmente. En un discurso anterior en la Cámara de Comercio de Zhejiang, Jack resumió el dinamismo de su provincia natal así: «Como emprendedores de Zhejiang, nuestra mayor ventaja es que somos trabajadores y valientes y que se nos da bien aprovechar las oportunidades. Poseemos estas cualidades excelentes porque empezamos sin nada. No somos como otras provincias que tienen recursos, como por ejemplo carbón o minerales. Nosotros, los emprendedores de Zhejiang, lo que tenemos es mercados… Siempre y cuando estemos en un lugar donde haya gente, encontraremos las oportunidades. Y así seguirá siendo en el futuro».

---

6. A finales de la década de 1990, Hong Kong y otros emprendedores chinos en el extranjero habían establecido más de 50.000 fábricas en la provincia de Cantón, un hecho vinculado a una diáspora de chinos en el extranjero que asciende a 20 millones de personas. Tras la gira por el sur de Den Xiaoping, que estableció toda una serie de zonas económicas especiales —incluida Shenzhen—, los chinos en el extranjero, incluidos muchos emprendedores ricos, proporcionaron una fuente disponible de financiación y mercados de exportación. La ubicación de Cantón, cercana a Hong Kong y las líneas de transporte marítimo con más tráfico del mundo, le proporcionó una ventaja adicional frente a Zhejiang.

No obstante, el primer intento de Jack por aprovechar esa «chispa» empresarial característica de Zhejiang no tuvo éxito. En 1994, su empresa Traducciones Haibo [Esperanza] no empezó demasiado bien: el alquiler mensual de la oficina ascendía a 300 dólares pero los ingresos del primer mes se quedaron en algo más de 20 dólares. Tal vez la fuente de la esperanza sea infinita, pero el dinero manda. Jack tenía un serio problema. Para financiar su empresa empezó a vender productos en las calles de Hangzhou, incluidos algunos que compraba en Yiwu. Así, su agencia de traducción se convirtió en una comercializadora también. La Hangzhou Hope Translation Agency empezó a vender regalos, flores, libros e incluso alfombras de plástico, toda una gama de productos que. prefiguraba Taobao. Jack recuerda que «lo hacíamos todo nosotros, y con esos ingresos mantuvimos la agencia de traducción durante tres años, ingeniándonoslas como fuera para llegar a fin de mes. Creíamos que, si seguíamos así, sin duda tendríamos un futuro».

Pero Jack veía cada vez más claro que con los servicios de traducción únicamente no iba a saciar sus ambiciones empresariales. Poco después, un viaje inesperado, que al principio parecía ir camino de resultar un desastre, se convertiría en un verdadero golpe de suerte para Jack.

La reputación de que hablaba inglés a la perfección, avalada por la popularidad de su clase nocturna de inglés y su agencia de traducción, le valió a Jack una solicitud del gobierno municipal del condado de Tonglu —a unos 80 kilómetros al suroeste de Hangzhou y localidad que luego se convertiría en la sede de las empresas logísticas de la Banda de Tonglu— para que prestara servicios de intérprete y ayudara a resolver una disputa con una empresa estadounidense en relación a la construcción de una nueva carretera.

En 1994, la empresa había sugerido invertir en una nueva carretera entre Hangzhou y Tonglu pero, tras un año de negociaciones, no se había llegado a ningún acuerdo y la financiación prometida inicialmente por el socio estadounidense no se había materializado. El gobierno local acudió a Jack para que averiguara qué estaba pasando y, con un poco de suerte, desbloqueara la situación.

Primero, Jack viajó a Hong Kong, donde le informaron de que los fondos de la empresa estaban retenidos en Estados Unidos, así que Jack hizo su primer viaje a ese país. Pasó allí un mes. Su misión al servicio del gobierno de Tonglu resultó un fracaso, pero el viaje lo expondría por primera vez a Internet. Volvió a China completamente transformado.

## Viaje a Estados Unidos

Su primer viaje a Estados Unidos suena más a emocionante trama de película de delincuentes al más puro estilo de *Ocean's Eleven* que a viaje de trabajo de un intérprete, por lo menos según la versión de este que circuló al cabo de cinco años durante el *boom* de las puntocom, cuando los medios empezaron a interesarse por el trasfondo de Jack. Según cuenta la historia, a su llegada a Los Ángeles, Jack se reunió con el jefe anónimo del antiguo socio estadounidense del gobierno de Tonglu. Jack enseguida se dio cuenta —según relata *The Economist*— de que la «empresa que estaba investigando no existía, su anfitrión era un farsante y él, de hecho, corría un serio peligro». Jack nunca ha mencionado el nombre del interlocutor en cuestión, que ha sido posteriormente descrito en la prensa local como un «californiano corpulento», pero tras negarse a aceptar un soborno, Jack recuerda haber permanecido encerrado en una casa en la zona de la playa de Malibú donde su captor había llegado a sacar un arma. Luego se lo llevaron a Las Vegas, donde lo retuvieron en una especie de arresto domiciliario en una habitación del típico hotel con casino en la planta baja. En los últimos años, Jack no ha querido dar detalles de aquel episodio y su asistente personal, Chen Wei, ha escrito que se trata de un incidente que Jack prefiere olvidar. Unos pocos años después del suceso, cuando Alibaba estaba empezando a ganar reconocimiento a nivel mundial, Jack sí contó una historia parecida a Melinda Liu, la directora de la oficina de *Newsweek* en Pekín que confirma: «Volé a Hangzhou para hacerle una entrevista a Jack, que tuvo la generosidad de dedicar bastante tiempo a acompañarme en una visita por las oficinas de la sede central de Alibaba, y hablamos largo y tendido sobre su vida. Me contó que, en su primer viaje a Estados Unidos, un antiguo contacto de negocios (un estadounidense) lo había "prácticamente secuestrado" en un intento fallido de conseguir que Jack trabajara para él. Jack habló de aquello de manera bastante directa y natural y la anécdota fue tan solo una de las muchas que contó. Al poco yo me puse en contacto para pedirle más información y me indicó que no quería darle demasiada importancia al tema y no quiso entrar en más detalles». La rocambolesca historia termina con Jack escapando de la habitación del hotel y ganando 600 dólares en las tragaperras del casino. Dejó sus cosas abandonadas en la habitación, huyó del casino y se compró un billete de avión a Seattle. En un artículo del *Hangzhou Daily*[7] de septiembre de 1995 se detallaba una versión menos colorida de los hechos en la que Jack se había llevado 4.000 dólares de sus ahorros y dinero que le habían prestado la madre de su mujer Cathy y su cuñado.

En cualquier caso, fue en Seattle donde Jack navegó por Internet por primera vez. Había oído hablar de Internet un año antes a otro compañero, profesor de inglés en Hangzhou como él, llamado Bill Aho. El yerno de Bill estaba trabajando en un negocio relacionado con Internet que Bill le describió a Jack. Este recuerda que fue Bill el primero que le habló de Internet pero que «no fue capaz de explicarlo con demasiada claridad, todo sonaba muy raro… No conseguí entenderlo, la verdad».

En Seattle, Jack se hospedó en casa de unos familiares de Bill Aho, Dave y Dolores Selig.

Jack fue con sus anfitriones a dar una vuelta por los barrios más ricos de la ciudad, incluido Queen Anne. Dolores Selig recordaba en una entrevista para la BBC que a Jack le impresionaron mucho algunas de las casas que había en la colina: «Jack iba señalando algunas casas y decía: "Voy a comprar esa, y esa otra, y esa", y que nos reímos mucho los tres porque eran casas muy caras. Desde luego se quedó muy impresionado». Bill Aho recuerda que «entonces estaba sin blanca».

Entonces Jack conoció al yerno de Bill Aho, Stuart Trusty, que había montado una consultoría en línea llamada Virtual Broadcast Network (VBN), que tenía las oficinas en el quinto piso del edificio de U.S. Bank en la Quinta Avenida, cerca de la calle Pike en el centro de Seattle.

«Jack vino a verme y le enseñé lo que era Internet —recuerda Trusty— en aquellos tiempos: fundamentalmente un directorio para gobiernos y empresas, pero él parecía entusiasmado».

---

7. Cuyo autor es el periodista Zhou Jishan.

Para Jack, la visita a Seattle fue una experiencia transformadora: «Fue mi primer viaje a Estados Unidos, la primera vez en mi vida que toqué un teclado o un ordenador, que me conecté a Internet, y la primera vez en mi vida que pensé en dejar mi trabajo de profesor y montar una empresa».

Jack me describió así su primera sesión en línea: «Mi amigo Stuart... me dijo: "Jack, esto es Internet. Aquí puedes encontrar de todo". Y yo le contesté: "¿En serio?" Así que busqué la palabra *beer* [cerveza]. Una palabra muy sencilla. No sé por qué busqué *beer*. Pero el caso es que encontré entradas sobre cerveza americana y cerveza alemana, pero nada sobre cerveza china... Me picó la curiosidad y busqué "China" y no obtuve ni un solo resultado».

Lleno de intriga, Jack le pidió a Stuart ayuda. «Hablé con mi amigo: "¿Y si hacemos algo que hable de China?" Así que hicimos una paginita bastante fea... para que apareciera la agencia de traducción».

La página de Traducciones Haibo/Hope era únicamente texto, sin imágenes, e incluía el número de teléfono y las tarifas de traducción.

Al cabo del tiempo, Jack rememoraría en conversación con el periodista Charlie Rose: «Fue verdaderamente increíble, activamos la página a las diez menos veinte de la mañana y para las doce y media me estaba llamando mi amigo: "Jack, te han llegado cinco correos electrónicos". Y yo le contesté: "¿Qué es un correo electrónico?"» Tres de esos correos electrónicos eran de Estados Unidos, uno de Japón y otro de Alemania.

Jack se puso a desarrollar una idea para un nuevo negocio —ayudar a las empresas chinas a encontrar canales de exportación en línea— y planteó la posibilidad de asociarse con VBN.

Stuart, que se aficionó al *tai chi* a través de Jack —y sigue practicándolo en Atlanta— me contó que Jack se concentraba con la misma intensidad en el trabajo.

«Íbamos a la oficina, trabajábamos, comíamos algo, volvíamos a casa, igual practicábamos un poco de *tai chi* y así... todos los días. Nada de actividades fuera de esa rutina».

La relación de Jack con VBN no fue fácil. Stuart pidió un depósito por adelantado de 200.000[8] dólares por conceder a Jack el derecho en exclusiva para hacer páginas web en China. Cuando Jack le explicó que había pedido dinero prestado para viajar a Estados Unidos y que estaba sin un centavo, Stuart accedió a firmar el acuerdo sin el depósito pero a condición de que Jack pagara lo antes posible, llegando incluso a incluir a Bill Aho y su esposa como avalistas. Según información de la prensa local, para volver a Hangzhou, Jack tuvo que pedir dinero prestado a un paisano de esa ciudad que estudiaba en Estados Unidos, y así pudo volar de vuelta a Shanghái.

En lo que a su cliente de Tonglu respecta, Jack volvió a China con las manos vacías, sin trato alguno para la financiación de la carretera proyectada. Ahora bien, dentro de su maleta iba un ordenador con un procesador Intel 486: «Era lo más avanzado que había en China en aquellos momentos».

De vuelta en Hangzhou, se puso a desarrollar su concepto de unas páginas amarillas en línea y le puso por nombre China Pages [Páginas de China]. En esta su segunda aventura empresarial, iba a zambullirse de cabeza en el mar del emprendimiento, decidido a dejar atrás sus días de profesor.

---

8. Según un artículo de septiembre de 1995 en *Hangzhou Daily*.

# 5
# Viene China

*Si la industria tradicional y el comercio electrónico «se unen con éxito, la siguiente ronda de desarrollo económico de China no tendrá límites».*

JACK MA

Al poco de volver de Seattle a Hangzhou, Jack dejó su trabajo de profesor en el Instituto de Ingeniería Electrónica de Hangzhou. Se dio cuenta de que sus días en la docencia habían llegado a su fin un día que se encontró al decano, que llevaba en la cesta de la bicicleta las verduras que había comprado en el mercado. El decano lo animó a seguir trabajando como profesor pero, contemplando la bici y las verduras, Jack se dio cuenta de que, incluso si llegaba a decano, aquel era un futuro que no le resultaba nada emocionante.

Su nuevo sueño no era enseñar ni traducir sino que, tras su reciente primer contacto con Internet, lo que quería era crear un directorio en línea, en inglés, de empresas chinas que buscaran clientes en el extranjero.

Tal y como Stuart Trusty había observado en Seattle, Jack tenía una increíble capacidad de trabajo. Para llenar de entradas China Pages, trabajó incansablemente, recabando información sobre empresas que luego traducía al inglés y enviaba junto con una imagen a VBN en Seattle para que lo subieran todo a la web.

En marzo de 1995, Jack convocó a una reunión a una veintena larga de antiguos alumnos de sus clases nocturnas para presentarles su concepto y pedirles consejo y su participación en el negocio. «Invité a los alumnos más capaces y más dinámicos de mis clases nocturnas a que vinieran a casa. Les hablé durante dos horas. Ellos me escucharon, obviamente bastante confundidos... Al final votaron: veintitrés dijeron que no; solo una persona —que ahora trabaja en el Banco de la Agricultura de China— me dijo: «Si quieres probar suerte, adelante, pero vuelve lo antes posible si no te van bien las cosas».

Inasequible al desaliento, Jack siguió adelante y, junto con su amigo He Yibing, profesor de informática en el instituto que acababa de dejar Jack, lanzó China Pages. Los dos socios se habían conocido hacía un año cuando Heb Yibing andaba buscando a alguien que le ayudara a practicar su inglés para preparar un viaje a Singapur que haría en breve para un tema de formación. Allí He Yibing conoció Internet y, cuando Jack volvió de Seattle con el sueño de crear una empresa de Internet, los dos decidieron trabajar juntos.

## China Pages

La empresa que registraron, Hangzhou Haibo Network Consulting (HHNC) fue una de las primeras de China dedicadas a Internet. Para financiar su empresa emergente, Jack tomó dinero prestado de sus parientes, incluyendo a su hermana, su cuñado y sus padres. La mujer de Jack, Cathy, fue su primer empleado.

En abril de 1995, Jack y He Yibing abrieron la primera sede de China Pages en una oficina de doce metros cuadrados en un edificio situado en el número 38 de la carretera de Wen'er. Para dar un aspecto de solidez a su negocio, Jack y He Yibing imprimieron varias versiones de su tarjeta de visita, cada una con puestos diferentes[1], e iban usando una u otra dependiendo de con quién se reunieran. Durante el día, los

---

1. Una de las primeras tarjetas de visita de Jack lo presenta como «director ejecutivo».

dos socios salían a buscar clientes y volvían por la noche para impartir un curso sobre la «superautopista de la información». Esa clase sirvió para reclutar algunos de los primeros clientes de China Pages.

El 10 de mayo de 1995, registraron el dominio chinapage.com en Estados Unidos. En julio lanzaron oficialmente su página web, que incluía un mapa de Asia enmarcado en rojo, con China resaltada bajo el titular «Páginas de Negocios Chinos: el directorio en línea de empresas chinas».

La página de inicio de chinapage.com indicaba que «publicaban vía Seattle, Estados Unidos, desde Hangzhou, la Ciudad Jardín». La página web incluía pestañas de «Últimas novedades», «Lo más chulo», «Búsqueda en Internet» y «Directorio en Internet», y también un enlace a Haibo/Hope, su agencia de traducción.

China Pages empezó como un negocio familiar. La mujer de Jack, Cathy, su hermana Zhang Jing y la novia de He Yibing les echaron una mano.

Los antiguos alumnos de Jack también supusieron una fuente de talento al alcance inmediato de China Pages. Jane Jiang (Jiang Fang), a quien Jack había dado clase en el instituto unos cuantos años atrás, se puso al frente de Atención al Cliente. Alguien que visitaba China Pages en aquellos primeros tiempos era Cui Luhai, que tenía un negocio de animación por ordenador. Cui, hoy profesor de la Academia de Arte de China, me comentó que «todavía recuerdo la primera escena que contemplé al entrar en la oficina… Era un espacio bastante vacío con un solo escritorio en mitad de la sala y únicamente había un ordenador de sobremesa muy antiguo rodeado por un montón de gente». Cui se enteró de que Jack se había gastado casi todo el dinero en registrar el negocio, dejando muy poco para comprar hardware o equipos de otro tipo.

China Pages necesitaba desesperadamente clientes. Cathy fue la que consiguió uno de los primeros, que les pagó ocho mil yuanes (960 dólares). La empresa recibió un impulso cuando Hangzhou fue seleccionada en mayo para acoger más adelante ese mismo año el Campeonato Mundial de Fórmula Uno de Fuerabordas. Era la primera vez que el evento tenía lugar en China. La empresa-aventura de Jack se hizo con el contrato para hacer la página oficial del evento.

Para conseguir más clientes, al igual que había hecho antes con la agencia de traducción, Jack recurrió a sus antiguos alumnos para que corrieran la voz y trajeran negocio. Dos de ellos respondieron con creces.

He Xiangyang, un antiguo alumno de Jack, estaba trabajando en el bufete de abogados Qianjiang Law Firm y, como no quería publicar el nombre de la empresa en Internet, le dio a Jack su propio número en vez de darle el del despacho. Para su gran sorpresa, empezó a recibir llamadas de potenciales clientes a todas horas, muchas del extranjero, que le explicaban que habían encontrado su número en China Pages. Así fue como el escéptico abogado empezó a pensar que tal vez, al final, iba a haber algo de verdad en la historia que contaba Jack sobre Internet.

Otra antigua alumna de Jack era Zhou Lan, que acabaría convirtiéndose en su secretaria. Zhou trabajaba en el hotel Lakeview de Hangzhou cuando Jack le hizo al hotel una página web en la que aparecían las flamantes televisiones de catorce pulgadas con que contaban las habitaciones. Al cabo de un tiempo, ese mismo año, la ONU celebró la Cuarta Conferencia Mundial de la Mujer en Pekín, a la que asistieron más de diecisiete mil participantes, incluida la primera dama estadounidense Hillary Clinton. Un buen número de delegados viajaron a Hangzhou después de la conferencia y reservaron habitación en el Lakeview pues, según explicaron al personal del hotel, era el único de Hangzhou que encontraron en Internet. Para la primavera siguiente, el hotel había tenido más estancias en los primeros tres meses del año que en todo el año anterior, otra muestra del increíble poder de la Red.

Incluso con la ayuda de los antiguos alumnos de Jack, China Pages necesitaba más clientes para sobrevivir. Pero no resultaba fácil demostrar en qué consistía China Pages por un motivo fundamental: en Hangzhou, por aquel entonces, era imposible conectarse a Internet.

A Jack se le ocurrió un enfoque alternativo: primero, hizo correr la voz entre sus amigos y contactos sobre lo que Internet podía hacer por sus negocios. Luego pidió a los interesados que le enviaran materiales de marketing para presentar sus empresas y productos y Jack y sus colegas hicieron las correspondientes traducciones y las enviaron por correo a VBN a Seattle. VBN procedió a diseñar las páginas web y las puso en línea, luego imprimieron pantallazos de las webs y los enviaron por correo a Hangzhou. Por fin, Jack mostró los materiales impresos a sus amigos y anunció que, aunque no lo podían verificar por ellos mismos, sus páginas estaban en línea. No obstante, sin acceso a Internet en Hangzhou, era todo un reto explicar a sus clientes lo que quería decir «en línea» en realidad. En lo que a propuestas comerciales respecta, pedir a gente que no había oído jamás hablar de Internet que pagaran 20.000 renminbis (2.400 dólares) por adelantado a cambio de la creación, diseño y alojamiento de una página web que no podrían ver era un ejercicio cuando menos duro. Jack empezó a preocuparse de que la gente pensara que los estaba estafando. «Durante tres años, me trataron como si fuera un timador», me dijo.

## Primera conexión

Por fin, en el otoño de 1995, Zhejiang Telecom empezó a ofrecer conexión a Internet en Hangzhou. Para finales de año, solo había 204 usuarios de Internet en toda la provincia, pero Jack era uno de ellos y por fin pudo cargar en el ordenador de sobremesa con procesador Intel 486 que había traído de Seattle la página web de su primer cliente, el hotel Lakeview, ante los ojos de este. «La página de inicio tardó tres horas y media en cargarse… ¡Yo estaba tan emocionado!»

Empezando con las reformas de Deng Xiaoping, China experimentó una explosión emprendedora que comenzó a sustituir los principios marxistas con los de mercado, convirtiéndose en un país socialista «con características chinas». Ahora bien, eso no quería decir que el Partido Comunista fuera a relajar su férreo control en lo que se refería a uno de los pilares fundamentales de su dominio: el control de la información. China posee una larga tradición de control de la información, y además este ha sido particularmente el caso bajo el gobierno del Partido Comunista. Así pues, ya resulta sorprendente —para empezar— que el país se conectara a Internet. El hecho de que haya sido así es prueba de los deseos a menudo contradictorios del gobierno chino, que por un lado desea mantener el control, y por el otro quiere al mismo tiempo favorecer la creación de más oportunidades económicas.

Sin Internet, la visión de Jack de conectar a los empresarios con los mercados mundiales nunca habría sido posible.

El 14 de septiembre de 1987, cuando Jack estaba todavía en la universidad estudiando, el catedrático Qian Tianbai de la Universidad de Pekín envió el primer correo electrónico desde China, dirigido a la Universidad de Karlsruhe, en lo que por aquel entonces era Alemania Occidental. El texto del correo, escrito en inglés y alemán, era el siguiente: «Cruzando la Gran Muralla, podemos llegar a cualquier lugar del mundo». El correo electrónico se envió a 300 bits por segundo (bps), una conexión de una lentitud impensable en comparación con las velocidades habituales de las que disfrutan los consumidores con banda ancha, que se sitúan en torno a decenas o incluso centenares de millones de bps. Todavía tendrían que pasar siete años antes de que China estuviera conectada a Internet como es debido.

Mientras el gobierno chino consideraba qué hacer en relación a Internet —peleando con las cuestiones de la ideología, el control y las infraestructuras—, el gobierno estadounidense estaba planteándose si era sensato que un país comunista estuviera en línea. Al final, no fueron los políticos sino los científicos[2], a ambos lados del Pacífico, los que tomaron el mando. Tras años de esfuerzo, el Stanford Linear Accelerator Center [Centro del Acelerador Lineal de Stanford] (SLAC) de Menlo Park (California), conectó[3] con el Institute of High Energy Physics [Instituto de Física de Alta Energía] (IHEP), ubicado a casi 9.300 kilómetros de distancia, en Pekín.

Si bien era sencillamente una conexión entre dos instituciones, otros científicos querían establecer sus propios contactos. Conectar el SLAC y el IHEP a través de Internet fue una solución mucho más fácil que establecer una secuencia de conexiones adicionales con otros lugares de Estados Unidos hasta llegar a IHEP. Tal y como recordaba el doctor Les Cottrell de SLAC: «Exploramos la posibilidad y nos encontramos con que el Departamento de Defensa, el Departamento de Energía, el De-

---

2. A partir de finales de la década de 1980, el doctor Walter Toki del Acelerador Lineal de Partículas de Stanford desempeñó un papel fundamental tras contactar con el físico estadounidense nacido en China y premiado con un Nobel T.D. Lee sobre la posibilidad de establecer una conexión a través de Internet con científicos de China.

3. A través de una conexión vía satélite desde un repetidor terrestre de AT&T en Point Reyes (California).

partamento de Estado... Todos estaban muy preocupados con esto». Pero al final el gobierno estadounidense accedió: «Dijeron que se podía hacer siempre y cuando le dijeras a todo el mundo que estuviera en Internet que venía China».

Les no estaba seguro de cómo «decirle algo a todo el mundo» que estaba en Internet, pero al final se acordó que enviaría un correo electrónico a una lista de distribución particular. El 7 de mayo de 1994, se estableció la primera conexión a Internet de verdad con China.

Pese a que el IHEP alojó las primeras páginas web de China, Internet no tardó en convertirse en algo más que un privilegio reservado a los físicos de partículas.

Al mismo tiempo que se establecía esa primera conexión, China estaba a punto de iniciar una expansión a gran escala de sus infraestructuras de comunicaciones, una política que se bautizó como «informatización» (*xinxihua*). Los líderes comunistas chinos habían asistido alarmados a la caída de la Unión Soviética en 1990, atribuyéndola en parte a la creciente brecha tecnológica que separaba a los soviéticos de Estados Unidos. A principios de 1994, en China solo había 27 millones de líneas de teléfono y 640.000 teléfonos móviles para una población de 1.200 millones. Los primeros usuarios de móvil fueron, bien funcionarios, bien *getihu* que podían permitirse desembolsar los 2.000 dólares que costaba un terminal, mientras que el resto de la gente se apañaba con un busca.

El gobierno chino, decidido a cambiar esa situación, consideró además que una mejora de las telecomunicaciones era una forma tangible de impactar positivamente en la vida de las masas. De un modo parecido a como Enrique IV de Francia cimentó su legitimidad asegurándose de que en todos los hogares se cenara pollo los domingos, con la *xinxihua*, el Partido Comunista Chino empezó a ofrecer líneas telefónicas, teléfonos móviles y conexiones de banda ancha a cientos de millones de personas.

En 1993, el viceprimer ministro Zhu Rongji lanzó el Proyecto Puente Dorado para crear una red de información y comunicaciones que abarcara todo el país. En 1994, el gobierno puso fin al monopolio de los servicios de telecomunicaciones que hasta entonces había detentado el Ministerio de Correos y Telecomunicaciones. Para introducir cierto grado de competencia en el mercado, se estableció un segundo operador, China Unicom. Otros países, empezando por el Reino Unido, habían utilizado el capital privado para financiar a los competidores que entraban en sectores de telecomunicaciones dominados por un ente público ya presente. China, obsesionada con controlar la información, no podía concebir hacer algo así —y veinte años más tarde sigue sin poder— y optó por lanzar China Unicom como una nueva empresa de propiedad estatal, respaldada por otros tres ministerios y toda una serie de empresas públicas, poniendo literalmente a un organismo estatal a competir con una coalición de organismos también estatales, en lo que constituye el enfoque chino característico de la desregulación de las telecomunicaciones.

Espoleado para actuar ante la pérdida de su monopolio, el nuevo ministro de Correos y Telecomunicaciones, Wu Jichuan, respondió con una gran inversión en infraestructuras de telecomunicaciones.

Durante una visita a Pekín del Secretario de Comercio de Estados Unidos, Ron Brown, poco después de que se estableciera la primera conexión SLAC-IHEP por Internet, China firmó un acuerdo con Sprint para establecer una nueva conexión que uniera Pekín y Shanghái con Estados Unidos. Ese fue el principio de la conexión «ChinaNet» de suministro de servicios de Internet que permitiría al público en general —incluido Jack— conectarse a Internet en China por primera vez.

## Los primeros empresarios tecnológicos de China

A medida que se corría la voz de que por fin China estaba invirtiendo en su infraestructura de telecomunicaciones, empezaron a surgir los primeros empresarios tecnológicos: fundamentalmente ingenieros formados en Estados Unidos que emprendieron nuevos proyectos para ayudar a construir las redes chinas de comunicaciones. Uno de los más importantes era James Ding (Ding Jian), graduado del máster en ingeniería de sistemas de la información de la Universidad de California (Los Ángeles). Tras la supresión de las protestas prodemocráticas de la plaza de Tiananmen en junio de 1989, tanto él como otros muchos chinos educados en Estados Unidos cambiaron sus esperanzas de que se diera un cambio político radical en China por una fe en el poder de la tecnología para transformar el país. En 1993, James Ding se unió con el pekinés Edward Tian (Tian Suning), que había finalizado recientemente su doctorado en Texas Tech, para fundar juntos AsiaInfo. En 1995, trasladaron las operaciones de la empresa a Pekín para trabajar en la construcción de la red de datos necesaria para las empresas chinas de telecomunicaciones, incluida la red de acceso telefónico a Internet ChinaNet de China Telecom. Edward Tian se convertiría más tarde en una de las principales figuras del mercado chino de las telecomunicaciones y tanto él como James Ding acabarían siendo importantes inversores en el sector tecnológico.

En 1995 nació otra influyente empresa tecnológica china, UTStarcom, creada por emprendedores chinos y taiwaneses en Estados Unidos pero que no tardó en establecerse en Hangzhou. UTStarcom desempeñaría un papel fundamental a la hora de impulsar el mercado de las telecomunicaciones en China al promover un sistema móvil de bajo coste denominado Little Smart (*xiaolingtong*) [pequeño (e) inteligente]. Este éxito contribuyó a poner Hangzhou en el mapa como núcleo tecnológico a ojos de los inversores.

Un inversor clave en UTStarcom en 1995 fue el recientemente establecido fondo de inversiones japonés SoftBank, una empresa que al cabo de cinco años comenzaría a desempeñar un papel fundamental en el éxito de Alibaba. Fundado por el millonario japonés Masayoshi Son, SoftBank adquirió el 30% de UTStarcom.

UTStarcom fue el resultado de la fusión de Unitech Industries y Starcom Network Systems. El fundador taiwanés de Unitech, Lu Hongliang, había estudiado con Masayoshi Son en la Universidad de California (Berkeley). El cofundador de Starcom, Chauncey Shey, acabaría presidiendo SoftBank China Venture Capital, que lideró la inversión de Masayoshi Son en Alibaba en 2000.

Para finales de 1995, cuando la creación de la infraestructura de Internet y telecomunicaciones empezaba a ganar velocidad, Jack y sus clientes pudieron por fin conectarse a Internet desde Hangzhou, utilizando el servicio de ChinaNet, que ya estaba disponible en Pekín, Shanghái y Cantón. Poco después, Jack viajó de nuevo a Estados Unidos con Li Qi, su recientemente nombrado director de sistemas, para visitar VBN en Seattle. De vuelta en China, finalizaron su colaboración con VBN y montaron sus propios servidores y un nuevo sitio web para China Pages.

Eso ayudó a reducir costes, pero aun así no resultó nada fácil impulsar los ingresos. En 1995 solo se vendieron 1,5 millones de ordenadores personales en China, principalmente a empresas y usuarios gubernamentales. Con un precio medio de unos 1.800 dólares, los PC costaban una fortuna y no estaban al alcance del ciudadano medio de China por aquel entonces. Los costes de instalar una línea fija y acceso a Internet combinados con la falta de conocimiento de lo que era Internet en realidad, hicieron que a China Pages le costara encontrar suficientes clientes.

Jack redobló sus esfuerzos para evangelizar sobre Internet, hasta reclutó a Bill Gates, por así decirlo. A finales de 1995, el libro de Gates *Camino al futuro* se convirtió inmediatamente en un superventas en Estados Unidos y poco después en China. A pesar de que en el libro casi no se mencionaba[4] la World Wide Web, para convencer a los potenciales clientes de la importancia de Internet, Jack Ma empezó a atribuir la cita a Bill Gates cuando decía que «Internet cambiará todos los aspectos de la vida de los seres humanos». Sin duda era un útil mensaje de marketing para China Pages pero en realidad, como acabaría confesando después, Jack se lo había inventado: «En 1995, el mundo empezaba a conocer a Bill Gates, pero si yo hubiera dicho "Jack Ma dice que Internet cambiará todos los aspectos de la vida de los seres humanos", ¿quién lo habría creído? —Ahora bien, Jack también añadió—: Pensé que Bill Gates sin duda lo acabaría diciendo algún día». (Al cabo de poco tiempo de la publicación del libro, es sobradamente conocido que —efectivamente— Gates reparó en la importancia de Internet e impulsó los esfuerzos de Microsoft en este sentido, además de publicar una segunda edición del libro haciendo mucho más hincapié en Internet).

Mientras tanto en Pekín, una empresaria, Jasmine Zhang (Zhang Shuxin), había empezado a atraer cada vez más interés de los medios tras fundar en mayo de 1995 uno de las primeras compañías chinas

---

4. En su primera edición.

privadas de servicios de Internet a empresas. Zhang bautizó a su aventura con el nombre de Yinghaiwei, un equivalente fonético aproximado en chino al término inglés «Autopista de la Información». Otros fundadores de empresas del sector de Internet en China le atribuyen a ella haber sido la fuente de inspiración que los animó a montar su propia empresa. Uno de ellos me dijo: «Iba un día conduciendo al trabajo y vi una de sus vallas publicitarias que decía: "¿A qué distancia está China de la Autopista de la Información? Mil quinientos quince metros más adelante"», refiriéndose a la distancia a que quedaban las oficinas de la compañía. Basándose en unos sistemas de boletines internos de información que gozaban de popularidad en importantes instituciones académicas como las universidades de Tsinghua y Pekín, la empresa empezó a prestar servicio a unos cuantos cientos de usuarios interesados en experimentar lo que era Internet, que por aquel entonces dominaban las páginas web en inglés, y en compartir comentarios en chino sobre lo que descubrían.

De vuelta en Hangzhou, Jack redobló sus esfuerzos por promover su propia aventura, logrando un avance que lo cambiaría todo cuando el gobierno provincial de Zhejiang encargó a China Pages el diseño de su página web. El funcionario responsable de encargar el trabajo, Yang Jianxin, recordaría así el trato con Jack al cabo del tiempo: «Francamente, la primera vez que vino a verme al despacho, como se suponía que era un gurú de Internet, yo no me esperaba a un tipo tan joven». Jack se lanzó con gran entusiasmo a explicarle lo que era Internet. Yang recuerda que «Jack estuvo hablando dos horas seguidas». Pese a que Yang le indicó que el gobierno no podía pagar por el proyecto, ya que el impacto del mismo era una incógnita, Jack y su equipo crearon rápidamente el sitio web, alojado en China Pages, en cooperación con la unidad local de Zhejiang Telecom, llamada Hangzhou Dife Communications, una alianza que pronto se torcería de un modo dramático. El sitio web fue uno de los primeros proyectos de una iniciativa nacional[5] para crear la presencia en línea del gobierno del país, con lo que Zhejiang recibió mucha publicidad. Al cabo de unos pocos días, Yang empezó a recibir correos electrónicos de felicitación procedentes del extranjero,

---

5. Denominada el «Proyecto de la Paloma Dorada».

incluidos los que le enviaron varios congresistas estadounidenses[6]. Esa cobertura mediática también contribuyó muy positivamente a elevar el perfil de Jack, pues un periódico local[7] publicó un artículo sobre su empresa y su dramática primera visita a Estados Unidos.

Pero la publicidad también trajo problemas a Jack y el funcionario que lo había contratado. Uno de los colegas de Yang lo denunció al gobierno provincial, acusándolo de «codearse con un *getihu*». El informe de aquel contrariado colega declaraba airadamente que «la diseminación de información gubernamental era una cuestión seria y por tanto se preguntaba cómo podía dejarse en manos de un *getihu*».

Tras encontrarse con semejante resistencia a nivel local, Jack empezó a pasar casi todo su tiempo en Pekín, donde conoció a Jasmine Zhang de Yinghaiwei. No congeniaron inmediatamente, como ilustra la que Jack contaría más adelante que fue su primera impresión: «Pensé que, si llegaba el día en que Internet fracasara, ella se hundiría antes que yo, que por aquel entonces ya era muy idealista, porque ella lo era todavía más».

Jack y su socio, He Yibing, se propusieron mejorar el perfil de China Pages en Pekín. Jack había traído consigo unos cuantos artículos que había escrito sobre Internet y les había pedido a sus amigos que lo ayudaran a publicarlos. En Pekín, a través de uno de los conductores que trabajaban para *China Trade News*, que le había presentado un amigo, Jack conoció a Sun Yanjun, redactor jefe asociado de la publicación. Sun se quedó impresionado con China Pages e invitó a Jack a dar una charla sobre Internet a sus colegas. Luego publicó un artículo en primera página sobre Jack y su empresa.

Por más que Jack estuviera logrando hacer buena publicidad de la empresa, China Pages seguía sin conseguir demasiado negocio y sus esfuerzos por abrirse las puertas del gobierno central no estaban dando fruto. En julio de 1996, el canal nacional de televisión China Central Television emitió un documental titulado *Ma Yun El Erudito*, que mostraba a un funcionario rechazando a Jack. Fan Xinman, la mujer del fa-

---

6. John Nathan Hosteller, miembro republicano de la Cámara de Representantes de Indiana, y el senador demócrata Bill Bradley de Nueva Jersey.

7. El *Qianjiang Evening News*.

moso director Zhang Jizhong —que había llevado al cine varias novelas de Jin Yong— produjo el documental. Fan también era de Hangzhou y por tanto simpatizaba particularmente con la causa de Jack y, mientras filmaban cómo ignoraban a Jack, el destino de este empezó a preocuparle cada vez más: «Ya no tenía su base en Hangzhou y en Pekín lo estaban aplastando; estaba casi arruinado». En el documental, mirando por una ventana con las calles de Pekín al fondo, Jack se hacía un firme propósito: «Dentro de unos años no me trataréis así; dentro de unos años, todos sabréis a lo que me dedico, y ya no estaré pasándolas canutas en Pekín».

El problema de China Pages era que verdaderamente no era más que un directorio. El sitio web era bastante rudimentario, tan solo unos listados o escaparates virtuales de distintas empresas donde estas mostraban los productos que ofrecían. Los potenciales clientes no tenían manera de comprar en línea, algo que limitaba el precio que podía cobrar China Pages por sus servicios[8].

## Empujado fuera de la pista

China Pages se estaba quedando sin dinero para pagar los sueldos. Durante un tiempo, el que los vendedores pasaran a cobrar en base a comisiones en vez de un fijo alivió un poco la presión, pero la empresa estaba en una posición vulnerable. Y la cosa estaba a punto de empeorar. La empresa que había trabajado con China Pages para crear la página web del gobierno de Zhejiang, Hangzhou Dife Communication, lanzó una oferta para absorberla. China Pages era una empresa pequeña de propiedad privada, mientras que Hangzhou Dife era una unidad de una poderosa compañía de propiedad estatal, Zhejiang Telecom. En febrero de 1996, las dos empresas acordaron una alianza, Dife-Haibo/Hope. Dife tenía el 70% con una inversión de 1.400 millones de renminbis (170.000 dólares estadounidenses). Jack seguiría siendo el director

---

8. La entrada tipo de un producto en un listado o en un escaparate virtual en el sitio web ilustra su naturaleza sencilla: «Ácido fluorhídrico con diferentes concentraciones empaquetado en bidones de plástico de 25 kg», acompañado de los datos de contacto de la Ningbo Material General Corporation.

general y China Pages conservaría el otro 30%, valorado en 600.000 renminbis (70.000 dólares estadounidenses). En su día parecía todo un logro para una empresa diminuta con problemas de liquidez. Zhang Xinjian, por aquel entonces un funcionario que trabajaba en Hangzhou Telecom, describió la operación como la primera fusión y adquisición en la historia de Internet en China, y los medios locales[9] dieron a la historia de la unión empresarial una cobertura positiva.

Pero la realidad era mucho más siniestra. Jack había descubierto que, en los tiempos en que trabajaba con China Pages en la web del gobierno de Zhejiang, Dife había registrado el dominio www.chinese-pages.com, muy similar a su propio proyecto, www.chinapages.com, y una nueva empresa llamada «China Yellow Pages» [Páginas Amarillas de China]. Pero, como Dife era una filial de una todopoderosa empresa de propiedad estatal, Jack no podía plantarles cara. Así que no le quedó más remedio que apretar los dientes y conceder entrevistas a los medios locales, cantando las alabanzas de la fusión: «el establecimiento de Dife-Haibo reforzará la posición de China Pages». Siempre concluía las entrevistas diciendo: «Todo indica que, con las políticas correctas por parte del Partido y el Estado, y gracias al fenomenal apoyo de todos los ámbitos de la sociedad, China Pages sin duda cosechará grandes éxitos. ¡El tren de la alta velocidad de los sistemas de información en China seguirá ganando más y más velocidad!»

Al cabo de unos años, cuando Alibaba ya había alcanzado el éxito, Jack tuvo por fin libertad para comentar la experiencia: su nuevo socio redujo China Pages a la mínima expresión y, por más que Jack era el director general, el suyo resultó ser un puesto sin mucho valor. «La asociación de empresas fue un desastre. Ellos tenían cinco votos en el consejo frente a los dos que teníamos nosotros. Siempre que había una reunión del comité de dirección, con que tan solo uno de ellos votara en contra de cualquier idea que pusiéramos sobre la mesa, el resto seguía automáticamente su ejemplo. En cinco o seis reuniones del consejo, no logramos que se aprobara ni una sola de nuestras ideas».

Jack había perdido el control de su pionera aventura empresarial: «Por aquel entonces me describía como un ciego montado a lomos de

---

9. Incluyendo un artículo del *Hangzhou Daily* que apareció el 18 de octubre de 1996.

tigres también ciegos. Había creado mi primera empresa sin saber nada de ordenadores ni tecnología y, tras una experiencia terrible de varios años, habíamos fracasado».

El episodio de China Pages le proporcionó unas cuantas lecciones importantes y excelente material para sus discursos, como por ejemplo: «Es difícil que un elefante aplaste completamente a una hormiga, siempre y cuando a esta se le dé bien driblar» o «Con unas buenas estrategias, sin duda sobrevivirás; si hay algo que he aprendido es que no debo ponerme nervioso si me enfrento a una competencia feroz en el futuro». Con el tiempo también aludiría a esta experiencia cuando hablase de la batalla de Alibaba contra eBay, una lucha de David contra Goliat que haría crecer su reputación a nivel mundial.

Jack también considera que China Pages ha sido una influencia en la manera en la que ha estructurado sus posteriores aventuras empresariales: «A raíz de aquello he adquirido la sólida creencia de que, cuando monte un negocio en el futuro, nunca seré propietario mayoritario de una empresa de manera que aquellos bajo mi control sufran, sino que ofreceré muchísima comprensión y apoyo a los niveles inferiores. Nunca he sido el propietario mayoritario de Alibaba. Y es algo de lo que estoy orgulloso. Soy el consejero delegado de la empresa porque lidero con [mi] sabiduría, coraje e inventiva, no con el capital».

En noviembre de 1997, Jack convocó una reunión fuera de las oficinas con el equipo de China Pages en Toglu para anunciar que iba a deshacerse de su participación en China Pages y se mudaba a Pekín, dejando a su socio He Yibing como consejero delegado.

La cita inventada de Jack sobre cómo Internet lo cambiaría todo era cierta. El problema era que había lanzado la empresa demasiado pronto. Jack puso su sueño en suspenso y aceptó un trabajo en Pekín en una unidad del Ministerio de Cooperación Comercial y Económica (MOFTEC por sus siglas en inglés). Resultó que en aquel puesto se encontraba como pez fuera del agua y contaba los días antes de poder volver a zambullirse de vuelta en el mar empresarial de Internet en China, que estaba a punto de hacerse mucho más grande.

# 6
# Burbuja y nacimiento

*Alibaba también podría llamarse «Los mil y un errores».*
*Pero hay tres razones fundamentales por las que sobrevivimos.*
*No teníamos dinero, no teníamos tecnología y no teníamos plan.*

JACK MA

A la tercera va la vencida. Después de todas las dificultades a las que tuvo que enfrentarse con Hope Translation y China Pages y una etapa incómoda trabajando para el gobierno en Pekín, Jack fundó Alibaba a principios de 1999. Ahora bien, salir de China Pages y luego dejar su empleo con el gobierno le llevó dos años. Mientras tanto, otros empresarios chinos del ámbito de Internet empezaron a adquirir más peso en el sector. Al no tener su propio proyecto en marcha, Jack corría el riesgo de volverse irrelevante.

Del mismo modo que Jack había perdido el control de China Pages a manos de su socio vinculado a una empresa de propiedad estatal, en Pekín, el mayor accionista de Yinghaiwei —que se rumoreaba estaba conectado con el Ministerio de Seguridad Estatal de China— había obligado a Jasmine Zhang a salir de la empresa. Otros emprendedores, sobre todo los que habían montado proveedores de servicios de Internet (*Internet Service Providers* o ISP) para expandir los servicios de acceso telefónico orientados al consumidor, se encontraron encajonados entre grandes empresas de propiedad estatal como China Telecom que los acababan sacando de pista. Yun Tao, del ISP con sede en Pekín Cenpok, lo resumía así[1] «Todavía no es posible ganar dinero en China con Internet... Yo llevo en ello unos cuantos años y te digo que aún pierdo dinero».

Mientras que las empresas públicas de telecomunicaciones protegían activamente su terreno de invasores del sector privado, las empresas chinas estatales de medios se mostraron sorprendentemente incapaces de competir con los emprendedores que estaban creando negocios de contenidos de Internet. Una nueva generación de empresarios del sector de Internet estaba empezando a ocupar la primera línea del sector en China, inspirados por Yahoo, la empresa más influyente del *boom* de las puntocom, que iba ganando velocidad en Estados Unidos.

Yahoo empezó a cotizar en 1996 pero al principio no atrajo la atención de los inversores que preferían empresas de tecnología establecidas que pudieran valorar con mediciones tradicionales como la razón precio/beneficio, el ratio P/E por sus siglas en inglés (*price/earning*). El problema era que faltaban años para que Yahoo y las otras empresas de su generación dieran beneficios. El periodista de la revista *Fortune* Joe Nocera iba a resumir muy acertadamente en qué consistía el reto de la valoración: «No puedes tener una relación P/E si no hay E». Pero todo eso empezó a cambiar en el verano de 1998. Las acciones de Yahoo subieron más del 80% en cinco semanas, colocando la valoración de la empresa en 9.000 millones de dólares y convirtiendo en millonarios a sus fundadores, los antiguos alumnos de Stanford Jerry Yang (Yang Zhiyuan en chino) y David Filo. Ahora, de la noche a la mañana, las puntocom que habían aparecido como setas en Silicon Valley centraban la atención de Wall Street también.

En China, el taiwanés de nacimiento Jerry Yang se convirtió en un héroe. Al público le fascinó enterarse de cómo alguien que había emigrado a Estados Unidos se había hecho millonario antes de cumplir los treinta.

De repente, se reavivó el interés en el modelo de negocio tipo «portal» de Yahoo, cuyos directorios y motor de búsqueda conectaban a los usuarios con el universo en rápida expansión del contenido en línea.

1. *En The Economist.*

Pronto empezaron a aparecer los portales chinos o *men hu* (que se traduce literalmente como «puerta de entrada»). No tardó en surgir un triunvirato formado por los «pioneros de los portales»: Wang Zhidong, Charles Zhang y William Ding. A diferencia de Jack, los tres contaban con un excepcional historial académico y una sólida formación tecnológica de base. Las empresas que fundaron fueron respectivamente Sina, Sohu y NetEase.

## Los pioneros de los portales

Wang Zhidong, el fundador de Sina, ya era muy conocido por haber creado varias aplicaciones de software en chino muy populares —BD Win, Chinese Star y RichWin—, que ayudaban a los chinos a utilizar el sistema operativo de Microsoft Windows. Wang, hijo de padres pobres pero educados, nacido en 1967 en Cantón, provincia del sur de China, poseía excelentes conocimientos científicos y matemáticos que le valieron una plaza en la Universidad de Pekín donde estudió electrónica. En 1997, Wang fue el primero de los tres pioneros en recabar una cantidad significativa de inversión externa —casi 7 millones de dólares— para su empresa, Stone Rich Sight, en base a su sólido bagaje como desarrollador de software. En el verano de 1998 lanzó una página web específica para mostrar en tiempo real los resultados del mundial que ese año se celebró en Francia. Aquello generó mucho tráfico y la empresa cambió el enfoque, del software a Internet, para luego fusionarse con otra empresa y formar Sina.

Charles Zhag (Zhang Chaoyang), el fundador de Sohu, nació en Xi'an, apenas un mes después que Jack. Ingresó en la Universidad de Tsinghua a estudiar física antes de entrar en el Massachusetts Institute of Technology (MIT). Tras finalizar su doctorado en física, Charles se quedó en la universidad a realizar un postdoctorado, esforzándose por fomentar las relaciones Estados Unidos-China a través del programa de relaciones industriales del MIT. Inspirado por el éxito de Netscape y Yahoo, Charles decidió lanzar su propia empresa de Internet. Su plan original era lanzarla en Estados Unidos pero, por ser un emigrante chino que había llegado recientemente, se sentía excluido de la corriente principal del sector, incapaz de atraer la atención de los medios, algo en lo que (a diferencia de los otros dos fundadores de portales) estaba particularmente interesado. «Siempre sentía como que no acababa de hacerme un hueco, tenía la permanente sensación de estar fuera de lugar. Por ejemplo, aquí [en China] me pedían entrevistas pero en Estados Unidos seguramente nunca habría conseguido aparecer en sus programas de actualidad y noticias, así que regresé».

Charles volvió a Pekín en 1996. Montó su empresa con el apoyo moral y financiero de dos catedráticos del MIT, uno de ellos Ed Roberts quien, en el momento de la OPI de Sohu al cabo de cuatro años, poseía el 5% de la empresa. Charles era el único estudiante de los tres pioneros que había vuelto: se les conoce como «tortugas de mar» (*haigui*). El hecho de haber estado más expuesto a las últimas novedades del panorama tecnológico por vivir en Estados Unidos colocó a Charles en una buena casilla de partida. En febrero de 1998 fue el primero de los tres en lanzar un motor de búsqueda en chino y una página web inspirada directamente en Yahoo hasta en el nombre —Sohoo.com—, que luego acabaría cambiando a Sohu.com.

William Ding (Ding Lei) nació en Ningbo, siete años después que Jack. Estudió informática en una universidad politécnica en Chengdu, luego volvió a su Ningbo natal para trabajar en una oficina local de China Telecom y finalmente se mudó a Cantón, al sur de China, para trabajar para la compañía estadounidense de bases de datos Sybase, y luego para una empresa local del sector tecnológico. En 1997, lanzó su propio proyecto, el primer servicio gratuito y bilingüe de correo electrónico de China. La aventura de William no tardaría en empezar a dar beneficios gracias a los ingresos generados vendiendo licencias del software del servicio de correo electrónico a otras empresas. En el verano de 1998, William cambió el enfoque de su negocio, de desarrollo de software a Internet, y lanzó el sitio web NetEase.com. En un primer momento, NetEase alcanzó gran popularidad sobre todo en el sur de China, pero pronto empezó a reclutar clientes de su servicio de correo electrónico por todo el país, alcanzando los 1,4 millones para 1999.

Mientras Wang Zhidong, Charles y William surfeaban las olas del emocionante nuevo mar puntocom en China, Jack languidecía en la alcanforada costa «puntogob»: su puesto era el de director general de Infoshare Technology, una empresa creada por el China International Electronic Commerce Center (CIECC)[2] [Centro Internacional de Comercio Electrónico de China], una unidad de un departamento del Ministerio de Cooperación Comercial y Económica o MOFTEC por sus siglas en inglés. En el CIECC, Jack lideraba el desarrollo de la página oficial del Ministerio de Cooperación Comercial y Económica, www.moftec.govn.cn, que se lanzó en marzo de 1998. Jack reclutó a algunos de sus antiguos colegas de China Pages para que se unieran a su equipo en Pekín y desarrolló otro sitio web para el MOFTEC, www.chinamarket.com.cn, que se lanzó el 1 de julio de 1998.

El sitio de China Market, que incluía escaparates virtuales de más de ocho mil productos básicos agrupados en seis categorías, invitaba a los visitantes a publicar información de oferta y demanda y participar en «negociaciones comerciales confidenciales en las Business ChatRooms [salas para contactos comerciales] encriptadas» de la página. La nueva web fue muy elogiada por los funcionarios gubernamentales, incluido el ministro al frente del MOFTEC, Shi Guangsheng, que la calificó como «un firme paso por parte de China para entrar en la era del comercio electrónico». La agencia oficial de noticias china, Xinhua, también cantó las excelencias del sitio web por la «fiabilidad de su información y la excelente organización de sus operaciones». Todos los visitantes eran investigados por el gobierno para garantizar que los negocios de las empresas eran legales.

Pero la realidad era que todo el papeleo y la burocracia que implicaba registrarse en la página disuadía a las empresas, sobre todo porque la página no facilitaba la realización de pedidos ni los pagos. Es decir, no era más que otra versión de China Pages, solo que más grande y respaldada por el gobierno. Jack creía firmemente en la era del desarrollo del comercio electrónico pero también sabía que el futuro pertenecía a los emprendedores, y más tarde recordaría que «era agotador hacer comercio electrónico en el gobierno... El comercio electrónico debería empezar en la empresa privada». En el CIECC, Jack estaba sepultado

---

2. El CIECC se había creado dos años atrás para emprender proyectos «EDI» (*Electronic Data Interchange* o Intercambio Electrónico de Datos) para el MOFTEC.

en vida bajo las múltiples capas de funcionarios gubernamentales que tenía por encima en el escalafón, incluido Xing Wei, su temible jefa[3].

La frustración de Jack iba en aumento mientras asistía a la creciente consolidación del triunvirato de los pioneros de los portales: «Ahí estaba yo: había estado practicando en el campo de Internet durante cinco años —recordaba Jack—, y ahora todo estaba cambiando a gran velocidad. Si me quedaba en Pekín no lograría hacer algo verdaderamente grande; como funcionario, no podría hacer mis sueños realidad».

Pero fue precisamente su puesto en el contexto gubernamental lo que finalmente brindaría a Jack otra afortunada oportunidad: su primer encuentro con Jerry Yang, el cofundador de Yahoo. En los años siguientes, los destinos de Jack Ma y Jerry Yang acabarían cada vez más estrechamente ligados.

Gracias a su puesto de director general de Infoshare, y además por ser alguien que hablaba inglés perfectamente, se le pidió a Jack que recibiera a Jerry Yang y sus colegas, quienes a finales de 1997 visitaron Pekín en busca de oportunidades para Yahoo en China. La experiencia de Jack como autoproclamado guía turístico en los tiempos de Hangzhou le vino muy bien en Pekín, ya que Jerry viajaba con su hermano menor, Ken, y quería visitar lugares con atractivo turístico. Jack le presentó a su mujer, Cathy, y los dos llevaron a Jerry, al hermano de Jerry y a la vicepresidenta de Yahoo, Heather Killen a visitar el parque Beihai, situado al otro lado de la Ciudad Prohibida, y a la Gran Muralla. Allí tomaron una fotografía que habría de ser fundamental a la hora de ayudar a Jack a distinguirse del resto de la manada, una foto en la que Jack aparecía en compañía del por aquel entonces indiscutible rey de Internet a nivel mundial.

Durante aquella visita, Jack también acompañó a Jerry y Heather a reunirse con el viceministro del MOFTEC. La táctica de Jack de derrochar encanto surtió efecto. En octubre de 1998, Infoshare fue nombrada agente exclusivo de ventas de Yahoo en China.

---

3. Más adelante se convertiría en presidenta, consejera delegada y secretaria del Partido Comunista del fabricante chino de propiedad estatal del sector de las telecomunicaciones Putian. Allí promovió activamente el propio estándar chino de 3G para telefonía móvil denominado TD-SCDMA, que no obtuvo aceptación en el mercado.

Jack como guía turístico de Jerry en la Gran Muralla.
*Cortesía de Heather Killen.*

Pero Jack ya estaba planeando activamente desvincularse del gobierno. Precisamente en la Gran Muralla, Jack había organizado una reunión fuera de la oficina con algunos de sus colegas de Infoshare, una salida que desde entonces se conmemora en la empresa como la fecha no oficial del lanzamiento de Alibaba. Pero a Jack le preocupaban las consecuencias que acarrearía tanto para él como para el nuevo proyecto que tenía en mente el hecho de abandonar su puesto de trabajo en la empresa gubernamental. Un amigo le aconsejó que fingiera una enfermedad, un truco muy extendido en China para lidiar con ese tipo de situaciones.

Jack, su jefa Xing Wei, Jerry Yang y Heather Killen con la fotografía del
entonces presidente Jiang Zemin colgada en la pared en segundo plano.
*Cortesía de Heather Killen.*

El hecho es que Jack tuvo apendicitis unos cuantos meses más tarde,
pero para entonces ya había vuelto a Hangzhou y su nueva aventura
estaba en marcha.

Jack y algunos de los cofundadores de Alibaba en la Gran Muralla China a
finales de 1998. La compañía iniciaría su andadura unos pocos meses más tarde.
*Cortesía de Alibaba.*

## La importancia del nombre

Jack decidió llamar a su nueva aventura Alibaba, un nombre curioso para una empresa China.

A Jack le han preguntado muchas veces por qué eligió un nombre árabe para su empresa en vez de algo que tuviera que ver con su pasión por las artes marciales chinas o el folclore de su país. Él cuenta que se sintió atraído por las imágenes que evoca el «ábrete sésamo», ya que confiaba en abrir un hueco en el mercado para las pequeñas y medianas empresas a las que se dirigía. También estaba buscando un nombre que viajara bien y Alibaba es fácil de pronunciar en muchos idiomas. Además le gustaba porque estaba al principio del alfabeto: «hables de lo que hables, Alibaba siempre aparece al principio».

En China, una canción titulada «Alibaba es un joven feliz» era popular por aquel entonces, pero Jack dice que la idea del nombre para su página web se le ocurrió[4] durante un viaje a San Francisco: «Estaba comiendo y se acercó la camarera y le pregunté: "¿Te suena Alibaba?" Y ella me respondió: "Ábrete Sésamo". Así que salí a la calle y les pregunté a veinte o treinta personas. Todos habían oído hablar de Alibaba, los cuarenta ladrones y el Ábrete Sésamo. Creo que es un buen nombre».

Pero había un problema: un tipo canadiense tenía registrado el dominio alibaba.com y pedía 4.000 dólares por él, una transacción que implicaba ciertos riesgos si él no cumplía su parte del trato. Así que Jack lanzó[5] el sitio de Alibaba utilizando el dominio alibabaonline.com y Alibaba-online.com. La cofundadora de Alibaba Lucy Peng recordaba luego cómo los miembros del equipo de los primeros tiempos bromeaban con que trabajaban para «AOL» (Alibaba Online).

Poco después, Jack decidió comprar el dominio[6] alibaba.com. Años

---

4. Jasmine Zhang de Yinghaiwei declaró que Jack eligió el nombre porque sonaba como Ariba.com, otro sitio web de correo electrónico muy conocido por aquel entonces.

5. Los dos dominios se registraron a nombre de la madre de Jack Ma, Cui Wencai. El 17 de agosto de 1999, Cui transfirió la propiedad a Alibaba Ltd.

6. Alibaba.com se lanzó en abril de 1999, en sustitución de los anteriores alibaba-online.com y alibabaonline.com que llevaban activos desde enero. La empresa describiría más tarde el sitio web como una «prueba» cuando se presentó un sitio web mejorado en una ceremonia oficial de lanzamiento el octubre siguiente.

después, el vicepresidente ejecutivo de Alibaba, Joe Tsai, me contó que Jack estaba nervioso con todo el asunto de hacer la transferencia al propietario canadiense para asegurarse el control del proyecto (algo que la función de depósito en garantía de Alipay resolvería más adelante): «No tenía el dinero, así que tuvo que pedirlo prestado, pero Jack es un hombre de negocios muy listo, tiene la habilidad natural para decir: "Bueno, voy a confiar en este o aquel tío". Muchos emprendedores no confían en la gente». Jack hizo la transferencia al canadiense quien, cumpliendo al pie de la letra los estereotipos nacionales, resultó ser honesto, y Jack se hizo con el control de alibaba.com.

El reconocimiento generalizado del nombre de Alibaba le ha ahorrado a Jack mucho dinero en marketing, y las imágenes de los cuarenta ladrones, las mil y una noches y otros elementos similares que el nombre evoca son elementos que todavía hoy suele incorporar en sus discursos.

## Jardines del lago (Hupan Huayan)

Jack lanzó Alibaba en Hangzhou con la ayuda de un puñado de amigos, colegas y partidarios, incluidos algunos de China Pages[7] e Infoshare.

Jack convocó una reunión el 21 de febrero de 1999 en su apartamento de Hupan Huayan (que se traduce como «los jardines del lago») en Hangzhou. Tenía tal confianza en el éxito que les deparaba el futuro que pidió que se grabara la reunión. El equipo se sentó a su alrededor en un semicírculo, algunos con el abrigo puesto para protegerse del frío que hacía en el apartamento. Jack le pidió a su grupo de «conversos» que sopesaran la cuestión: «En los próximos cinco o diez años, ¿en qué se habrá convertido Alibaba?» Respondiendo a su propia pregunta, él aventuró: «Nuestros competidores no están en China, sino en Silicon Valley… Deberíamos posicionar Alibaba como una página web internacional».

---

7. En China Pages, a Jack se habían unido su mujer, Cathy, Toto Sun (Sun Tongyu), Wu Yongming, James Sheng (Sheng Yifei), Ma Changwei, Lou Wensheng y Simon Xie (Xie Shihuang), que había conocido a Jack trabajando en Dife. Otros colegas de Hangzhou que también se le unieron en Pekín fueron Lucy Peng (Peng Lei, que dejó su trabajo de profesora en Hangzhou cuando se casó con Toto Sun), Han Min, Jane Jiang (Jiang Fang), Trudy Dai (Dai Shan) y Zhou Yuehong.

Jack con otros cofundadores y partidarios de Alibaba en el apartamento de Jardines del lago en Hangzhou, el 30 de octubre de 1999. *Cortesía de Alibaba.*

La realidad era que Jack, que llegaba tarde al juego de los portales, dominado ahora por Sina, Sohu y NetEase, tenía que encontrar su propio nicho en el mercado chino de Internet. Los portales estaban intentando captar el creciente número de usuarios individuales que se conectaban en línea, pero Jack decidió centrarse en lo que mejor conocía: los pequeños negocios. En contraste con los sitios web para contactos entre empresas de Estados Unidos, que se centraban en las grandes compañías, Jack decidió enfocar el negocio en los «camarones». La inspiración le vino de su película favorita, *Forrest Gump*, en la que Gump gana una fortuna pescando camarones después de una tormenta: «Los sitios web B2B [*business to business* o entre empresas] son como ballenas. Pero el ochenta y cinco por ciento de lo que se puede pescar en el mar es del tamaño de un camarón. No conozco a nadie que gane dinero con las ballenas, pero sí que he visto que muchos lo ganan con los camarones».

Cuando Jack creó Alibaba en 1999, China solo tenía dos millones de usuarios de Internet. Pero esa cifra se iba a duplicar en seis meses, y luego se volvería a duplicar hasta llegar a los nueve millones para finales de año. Para el verano de 2000, había más de 17 millones de usuarios de Internet.

Los ordenadores personales todavía costaban la nada despreciable cantidad de 1.500 dólares aproximadamente, aunque los precios fueron cayendo a medida que entraron en el mercado nuevos participantes como Dell, y empezaron a competir con empresas locales como Founder, Great Wall y Legend (que luego se convertiría en Lenovo). Las ventas de ordenadores, que todavía se centraban sobre todo en usuarios de empresas y del gobierno, alcanzaron los cinco millones de unidades en 1999.

La política de «informatización» del gobierno estaba haciendo que Internet fuera más asequible. Conseguir una conexión con la empresa telefónica local todavía era un proceso de meses y podía llegar a costar 600 dólares, pero en marzo de 1999 el gobierno eliminó la cuota de instalación de la segunda línea y también abarató mucho el coste de navegar[8] por Internet, reduciéndose el precio medio de 70 dólares mensuales en 1997 a 9 dólares a finales de 1999.

Millones de jóvenes con estudios estaban empezando a conectarse a Internet desde la universidad o el trabajo y otros tantos miles lo hacían desde los cibercafés, que no paraban de surgir por todo el país. El modelo de negocio de Yahoo en Estados Unidos era ganar dinero en el mercado creciente de la publicidad en línea. Los tres portales chinos, a su vez, se proponían comerse una parte significativa del pastel de la publicidad en línea[9], que estaba creciendo a un ritmo vertiginoso, de 3 millones de dólares a 12 millones de dólares en el año 1999. Pero, incluso en Estados Unidos, Yahoo estaba perdiendo dinero, y en China la renta disponible del grueso de los usuarios de Internet no era lo suficientemente alta como para que los anunciantes se entusiasmaran demasiado. Los ingresos potenciales para los portales estaban muy por debajo de los costes. No obstante, en la lógica del «mundo al revés» del *boom* de las puntocom, las pérdidas no solo eran aceptables, sino que poco menos que se llevaban con orgullo, como una condecoración: cuanto mayor la pérdida, mayor también la ambición de la compañía. Las empresas de capital riesgo estaban ahí para salvar la distancia.

---

8. Por cuarenta horas de acceso con ChinaNet.

9. Casi todos los anunciantes eran empresas tecnológicas como Intel, IBM, Compaq, Microsoft, Legend y Founder.

Antes de que Alibaba tan siquiera abandonase la casilla de salida, Sina, Sohu y NetEase habían empezado a recabar el apoyo del capital riesgo, compitiendo agresivamente entre sí para captar nuevos usuarios e inversiones.

Sina[10] se formó a raíz de la fusión en 1998 de la empresa de Wang Zhidong SRS con la compañía estadounidense Sinanet, fundada por tres estudiantes de Stanford de origen taiwanés.[11] Daniel Mao, uno de los primeros inversores en SRS, del Walden International Investment Group, ayudó a organizar la fusión. Sina.com se lanzó en abril de 1999 y durante el siguiente mes logró recabar 25 millones de dólares de capital riesgo de inversores como Goldman Sachs, Walden y el japonés SoftBank.

Sohu captó 10 millones de dólares en 1998 y más financiación[12] al año siguiente en base al tráfico creciente de su motor de búsqueda en chino. Su fundador, Charles Zhang, estaba disfrutando de su recientemente adquirido estatus de personaje famoso en China y contrató al licenciado en Stanford Victor Koo (que volvía a China y luego fundaría Youku, la respuesta china a YouTube) para reforzar el equipo de gestión de Sohu. También intentó, sin conseguirlo, contratar a Jack como director de operaciones.

NetEase fue el tercer portal en lanzarse a la captación del capital riesgo por la sencilla razón de que su fundador William Ding no necesitaba hacerlo realmente, ya que podía contar con un flujo constante de ingresos procedentes de las licencias del software de webmail (servicio de correo electrónico a través de Internet) que él mismo había desarrollado. En comparación con los otros dos fundadores de portales, William Ding era de lejos el que más participación tenía en el capital de su empresa (el 58,5%) cuando la compañía salió a bolsa en 2000.

Testigo de todos estos acontecimientos desde la banda, Jack se dio cuenta de que iba a tener que espabilarse si pretendía llegar a captar algún día la atención del capital riesgo o acortar la distancia que lo separaba de

---

10. O «Nueva Ola» (*xin lang* en chino).

11. Jack Hong, Benjamin Tsiang y Hurst Lin. Sinanet tenía algunos usuarios en Taiwán pero le costaba abrirse camino en China y el gobierno chino la bloqueaba en ocasiones.

12. De Dow Jones, Intel y Morningside, una filial del promotor inmobiliario de Hong Kong Hang Lung, dirigida por Gerald Chen.

los pioneros de los portales, que cada vez le sacaban más cuerpos de ventaja. Para que Alibaba prosperase, tendría que fomentar una ética del trabajo incansable y garantizar una separación clara de la cultura burocrática que tanto él como algunos de sus colegas acababan de dejar atrás en Pekín. Jack instó al grupo reunido en su apartamento a «aprender del infatigable espíritu de trabajo de Silicon Valley... Si empezamos a trabajar a las ocho de la mañana y a las cinco nos vamos a casa, esto no es una empresa de alta tecnología y Alibaba nunca tendrá éxito».

A Jack le gusta poner a las empresas de Silicon Valley en un pedestal, pero también le encanta animar a su equipo diciéndoles que Alibaba las podría derrocar: «Los estadounidenses son potentes en hardware y sistemas pero, en software y en gestión de información, los cerebros chinos son igual de buenos que los suyos... De hecho, creo que uno de nosotros vale por diez de los suyos».

Alibaba se creó en un momento en el que las valoraciones infladas de las puntocom hacían que incluso los conversos más leales se pusieran nerviosos pensando en si la burbuja explotaría pronto. Durante una charla con todos ellos en su apartamento, Jack intentó tranquilizarlos: «¿Ha llegado Internet a su máximo? ¿Hemos hecho lo suficiente? ¿Es demasiado tarde para seguir a los pioneros?... No os preocupéis. No creo que el sueño de Internet explote. Tendremos que pagar un precio doloroso en los próximos tres a cinco años, eso sí, es la única manera de tener éxito en el futuro». Para arengar a las tropas, Jack se puso por objetivo lograr lanzar una OPI en un plazo de tres años. «Cuando seamos una empresa que cotiza en bolsa, empezaremos a ganar no ya lo suficiente para pagar este apartamento, sino cincuenta apartamentos como este. Sencillamente estamos tirando para delante y, aunque perdamos, por el mero hecho de hacerlo seguiremos siendo un equipo, seguiremos teniéndonos los unos a los otros para apoyarnos. ¿Qué es lo que os da tanto miedo?»

Pese a que Jack y Cathy juntos eran los principales accionistas, Alibaba fue fundada por un total de dieciocho personas, seis de las cuales eran mujeres. Nadie venía de familias acomodadas ni de universidades de prestigio[13] ni de empresas famosas. Se trataba de un equipo de «gente normal»,

---

13. Solo Raymond Lei había estudiado en el extranjero, en la Universidad Purdue de Indiana, donde obtuvo su título de máster en informática.

unidos por la energía de Jack y sus nada convencionales métodos de gestión. Para fomentar el espíritu de equipo, Jack se inspiró en su amor por las novelas de Jin Yong y les puso a todos los miembros del equipo inicial de Alibaba un seudónimo inspirado en estas. El suyo propio, Feng Qingyang viene de la novela de Jin Yong *Swordsman*[14] [Espadachín]: Feng es un maestro de kung-fu y espadachín que vive apartado, preparando a sus aprendices para convertirse en héroes. Como antiguo profesor, Jack se identificaba con Feng y su carácter «imprevisible pero nutritivo»[15].

## Joe Tsai viene a Hangzhou

En mayo de 1999, Jack conoció a Joe Tsai[16], un inversor nacido en Taiwán pero afincado en Hong Kong. Joe se convertiría en la mano derecha de Jack, un papel que todavía hoy desempeña al cabo de más de diecisiete años. La alianza de estos dos hombres es una de las más rentables y duraderas del mundo de los negocios en China.

Jack se enorgullece de ser «cien por cien Made in China». Pero, empezando por Joe Tsai, hay toda una serie de personas «nacidas en Taiwán» que han contribuido de manera fundamental al éxito de Alibaba, del mismo modo que lo han hecho en muchas empresas tecnológicas de Silicon Valley.

Conocí a Joe a principios de la singladura de Alibaba, allá por 1999, poco después de que entrara en la empresa. En la primavera de 2015, volví a Hangzhou para comprender qué había hecho que Joe arriesgara de aquel modo apostando por Jack. Pese a que los dos nacieron el mismo año, no podrían ser más distintos. Joe venía de una prestigiosa familia[17] y tenía una formación académica y un trasfondo profesional de primer nivel.

---

14. *Xiao Ao Jiang Hu* en chino.

15. Según Chen Xiaoping, catedrático de la Universidad de Washington en Seattle.

16. Cai Chongxin o, en la versión romanizada del taiwanés, Tsai Chung-Hsin.

17. Su padre, el doctor Paul Tsai, es el fundador del bufete de abogados Tsar & Tsai Law Firm que, establecido en 1965, es uno de los más antiguos de Taiwán.

A la edad de trece años, casi sin hablar inglés, enviaron a Joe fuera de Taiwán, a un internado de elite[18] en New Jersey, Lawrenceville School, donde acabaría destacando tanto en lo académico como en la práctica del *lacrosse*, deporte al que atribuye el mérito de haberle ayudado a asimilar la cultura estadounidense y del que dice haber aprendido la importancia del trabajo en equipo: «El deporte me ha enseñado lecciones de vida sobre el trabajo en equipo y la perseverancia. Nunca pasé de jugar en la tercera línea del medio campo, pero ser parte del equipo fue la mejor experiencia de mi vida».

Joe consiguió entrar en la Universidad de Yale, donde cursó económicas y estudios sobre Asia Oriental. Luego ingresó en la facultad de Derecho, también de Yale. Tras graduarse, empezó su carrera en Nueva York en el legendario bufete de Sullivan & Cromwell y también hizo una breve incursión en una empresa dedicada a las compras de compañías por sus propios directivos. Pero Joe quería adquirir experiencia en el ámbito de las inversiones en Asia, así que se mudó a Hong Kong para trabajar para Investor AB, la empresa de inversiones de la poderosa familia sueca Wallenberg. A medida que el *boom* de las puntocom iba adquiriendo cada vez más impulso, Joe empezó a buscar oportunidades de asociarse con algún emprendedor.

Le pregunté a Joe cómo había conectado con Jack: «Quería participar más de cerca en las *start-ups* tecnológicas, porque estaba invirtiendo para Investor, me sentaba en reuniones de consejos y siempre sentía que había una distancia insalvable entre el comité de dirección y los gestores, así que me dije a mí mismo que debía implicarme en las operaciones».

Joe oyó hablar de Jack por primera vez de labios de un amigo de la familia llamado Jerry Wu, un hombre de negocios taiwanés que dirigía una *start-up* de comunicaciones. Después de volver de un viaje a Hangzhou, Jerry se puso en contacto con Joe y le dijo: «Tienes que conocer

---

18. Entre los antiguos alumnos se encuentran el autor teatral Thornton Wilder (*Nuestra ciudad*), el antiguo consejero delegado de Walt Disney Michael Eisner, el cantante Huey Lewis, el antiguo secretario de Prensa de la Casa Blanca Jay Carney y, más recientemente, Song Andong, el primer jugador chino de la NHL, la Liga Nacional de Hockey. Joe es miembro de la junta directiva del colegio.

a un tipo que se llama Jack Ma, de Hangzhou. Está un poco loco, tiene una gran visión».

Wu confiaba en vender su *start-up* en dificultades a Alibaba y le pidió ayuda a Joe.

Joe accedió y se subió a un avión que lo llevó de Hong Kong a Hangzhou para encontrarse con Jack en el apartamento de Hupan Huayan. «Todavía me acuerdo de la primera vez que vi el apartamento. Me recordó al de mi abuela en Taipei. Nada más entrar en el edificio había una escalera estrecha y desvencijada y unos diez pares de zapatos a la puerta del apartamento. Olía. Yo iba de traje. Era mayo y hacía calor y había mucha humedad».

Joe recuerda cómo le explicó Jack a grandes rasgos su ambicioso objetivo para Alibaba: ayudar a millones de fábricas chinas a encontrar puntos de distribución para sus productos en el extranjero. Los dueños de las fábricas no tenían las habilidades necesarias para comercializar sus productos y Jack le explicó que además no tenían mucha más opción que vender su producción a través de empresas comercializadoras de propiedad estatal. Jack proponía eliminar al intermediario, lo cual es siempre interesante.

Mientras lo escuchaba hablar, Joe empezó a sentir cada vez más intriga por el personaje que sin duda era Jack: «Recostado en el respaldo de la silla, batiendo palmas como un personaje de novela de kung-fu». A Joe le impresionó escucharlo además intercalar sin problema el inglés en la conversación. «¡Este tío es bueno!», se dijo.

Cuando Jack hablaba mandarín, lo hacía con un acento que a Joe le recordaba a su propio abuelo, cuyos ancestros procedían de Huzhou, cerca de Hangzhou.[19] En mandarín precisamente, Joe había empezado la conversación disculpándose con Jack por no saber hablar el dialecto de Hangzhou y, pensando que tal vez les ayudaría a conectar, Joe añadió: «Sí que hablo el dialecto de Shanghái, mis padres se criaron allí». Recordando aquella primera reunión, a Joe le entra la risa: «No me había dado cuenta de que la gente de Hangzhou odia a los de Shanghái, que les parecen taimados, demasiado comerciantes, demasiado obsesionados con el dinero. Al cabo del tiempo, una vez Jack me dijo que había

---

19. Sus antepasados eran oriundos de Huzhou, cerca de Hangzhou.

tres tipos de personas en las que no confiaba: los de Shanghái, los de Taiwán y los de Hong Kong». Pero, de algún modo misterioso, Jack y Joe, un taiwanés que hablaba el dialecto de Shanghái y vivía en Hong Kong, congeniaron. «Fue el destino el que hizo que dos personas como nosotros acabáramos trabajando juntos».

Joe volvió a Hong Kong y compartió su entusiasmo sobre Jack y Alibaba con su mujer Clara. Cambiar un trabajo bien remunerado en Hong Kong por una *start-up* en Hangzhou era un gran riesgo, sobre todo teniendo en cuenta que Clara[20] estaba esperando el primer hijo de la pareja, así que fue precisamente ella la que sugirió visitar Hangzhou con Joe.

Jack recuerda la visita. Clara le dijo que quería ver Alibaba porque su marido estaba loco con la empresa: «Si accedo a que participe, será que me he vuelto loca yo también, pero si no lo hago no me lo perdonará en la vida».

Joe también se lo estaba pensando antes de lanzarse a la piscina: «Volví una segunda vez porque vi algo en Jack. No era solo la visión, el brillo en sus ojos, sino el equipo que tenía, sus fieles seguidores: ellos también creían en la visión. Me dije que si me iba a unir a un grupo de personas, era a aquel: había un líder claro, que aglutinaba a todo el mundo. Simplemente sentí una verdadera afinidad con Jack. Claro que... ¿quién no?»

A Joe le pareció que Jack era distinto a otros emprendedores que había conocido o sobre los que había leído, pues le había dicho que «para él los amigos eran tan importantes como la familia, y su definición de amistad incluía a los colegas del trabajo. Cuando intentas comparar a Jack con Steve Jobs, por ejemplo, ves que son completamente distintos hasta en lo más nuclear».

A Joe le gustó el hecho de que Jack hablara abiertamente de sus propias limitaciones: «Creo que el hecho de que yo entrara en escena fue toda una novedad, porque era el tipo de persona que sabía de finanzas, era abogado, sabía cómo realizar todos los trámites de constitución de una empresa y podía ayudar a encontrar el capital.

---

20. En 1996, Joe se casó con Clara Wu, nacida en Kansas de padres taiwaneses y educada en Harvard y Stanford.

Así que inmediatamente, desde el primer día, creo que establecimos un vínculo».

Cuando conocí a Joe, me pareció muy calmado y reservado, en muchos sentidos el polo opuesto de la exuberancia e imprevisibilidad de Jack. A medida que pasaba más tiempo trabajando con ellos, fui apreciando la profesionalidad de Joe, por ejemplo a la hora de redactar cuidadosamente un contrato: creaba la estructura necesaria para que Alibaba canalizase el entusiasmo y la energía de Jack. Otro fundador del sector de Internet en China con el que he hablado se mostraba de acuerdo: «En los primeros tiempos en particular, Joe evitaba que Jack se descontrolara».

Joe es muy modesto en lo que se refiere a su papel en la empresa. Cuando le pregunté si se consideraba *«il consigliere»* de Jack, me dijo que prefería pensar en sí mismo como el intérprete de Jack: «Jack es muy inteligente, pero a veces dice cosas que la gente malinterpreta, y ahí estoy yo para explicarlas».

Jack es muy efusivo cuando toca alabar a Joe y con frecuencia le rinde homenaje por haberse arriesgado a unirse a Alibaba en 1999. En una conferencia que dio en Taipei hace algunos años, Jack dijo: «¿Cuántos dejarían un trabajo bien pagado como hizo él? —Y añadió—: A eso es a lo que llamo yo valor. A lo que llamo yo acción. A lo que llamo yo perseguir un sueño de verdad».

En 1999, Joe se arriesgó, pero no fue una apuesta a ciegas: al preparar la empresa primero para hacerla atractiva cuando salieran a captar capital y luego al liderar la búsqueda del primer inversor, Joe pudo incrementar las posibilidades de estar apoyando al eventual ganador.

Joe le dijo a su jefe en Investor AB, donde siguió trabajando por el momento[21], que iba a invertir su tiempo libre ayudando a un empresario chino que había conocido.

Tsai se puso manos a la obra con todo el papeleo que necesitaba hacer Alibaba que, como tantas otras *start-ups*, en ese frente era un desastre. «Cuando llegué a Hangzhou, Jack ni siquiera tenía una empresa, todavía no la había constituido, no era más que una página web».

---

21. Galeazzo Scarampi, consejero delegado de Investor Asia Ltd.

La primera tarea de Joe fue documentar quiénes eran los accionistas de Alibaba: «Lo llamé y le dije: "Jack, voy a constituir la empresa, ¿quiénes son los accionistas?" Me envió por fax una lista de nombres y me quedé de una pieza al comprobar que todos y cada uno de los chavales que había conocido en su apartamento estaba en la lista. Así que, desde el primer día, repartió una parte importante [del capital]». No obstante, al ir verificando la lista de dieciocho nombres[22], Joe se dio cuenta de que «todo el mundo era una pieza clave del equipo, tanto si trabajaba como ingeniero o en atención al cliente». A Joe todavía se le escapa una carcajada al recordar el seudónimo de Potato [patata] de la cofundadora Lucy Peng, que esta utilizaba cuando respondía a los correos electrónicos de consulta enviados por los clientes occidentales de Alibaba.

Lo siguiente para Joe fue comprender la base de clientes de Alibaba. Empezó por preguntar al equipo cuántos clientes tenían y, cuando le contestaron que veintiocho mil, Joe respondió: «¡Vaya, son muchos!» Y sin embargo toda la información del consumidor se almacenaba manualmente, en fichas de papel individuales que se guardaban en una carpeta.

Alibaba no estaba generando ingresos y necesitaba captar capital urgentemente. «Claro está, por aquel entonces no había capital disponible en China, era todo estadounidense». Considerando cómo lo habían hecho Sina, Sohu y NetEase, Joe constituyó una empresa extraterritorial[23], y extendió un cheque personal de 20.000 dólares al bufete de abogados Fenwick & West, para preparar la estructura corporativa de Alibaba de modo que pudiera ser receptora de capital riesgo. Ya no les quedaba más que encontrar a los inversores. Él y Jack se marcharon a San Francisco.[24]

Nada más llegar, se hospedaron en un hotel barato al lado de la famosa plaza Union Square y a la mañana siguiente fueron a Palo Alto a

22. Como un accionista, Raymond Lei, había dejado la empresa, el decimoctavo puesto estaba disponible para él. Dieciocho es un número de la suerte en China, pero Joe decidió dejarlo vacante y se convirtió en el empleado número 19. «Diecinueve siempre ha sido mi número de la suerte. Mi número de camiseta en el equipo de *lacrosse* era el diecinueve. Nací un diecinueve de enero».

23. Una empresa registrada en las Islas Caimán en junio de 1999, llamada Alibaba Group Holding Limited.

24. Joel Kellman de Fenwick & West ayudó a organizar varias reuniones.

entrevistarse con algunas firmas de capital riesgo. Las reuniones no fueron bien. Joe recuerda que lo acribillaron a preguntas: «¿Qué estáis intentando hacer? ¿Cuál es el modelo de negocio?» Pero no tenían ni un documento de propuesta. «Yo había intentado montar algo así como un plan de negocio» recordaría Joe, pero Jack le dijo que él no funcionaba con planes de negocio, argumentando que «él lo único que quería era ir y conocer a aquella gente y hablarles del proyecto».

El viaje fue un fracaso, pese a que sacaron un contacto muy prometedor de un desayuno en Palo Alto con un inversor de Singapur, Thomas Ng, de Venture TDF. Los fondos de capital riesgo no estaban verdaderamente interesados en el comercio electrónico entre empresas o B2B, que se percibía como aburrido comparado con la emoción que rodeaba a Yahoo y que Sina, Sohu y NetEase habían sido capaces de aprovechar. Había un par de ejemplos de proyectos de B2B que habían logrado captar capital riesgo —Ariba.com y Commerce One— pero eran empresas con sede en Estados Unidos y dirigidas a mercados mucho más maduros que el de Alibaba.

Otros participantes emergentes del mercado chino del comercio electrónico estaban empezando a cosechar algún que otro éxito a la hora de captar fondos. Uno era una empresa de comercio electrónico orientada al consumidor llamada 8848.com[25], que había iniciado su andadura en abril de 1999 tomando como modelo de negocio a Amazon. 8848 vendía libros, software, electrónica y otros artículos locales como tarjetas IP para llamadas telefónicas, que eran populares por aquel entonces. La empresa contaba con el sólido apoyo del empresario de cuarenta y seis años Charles Xue (Xue Biqun), que estaba firmemente establecido en el mundo de los negocios. Xue había estudiado en la Universidad de California (Berkeley) al igual que el fundador de SoftBank, Masayoshi Son. El presidente de 8848, Wang Juntao, tenía un perfil más alto que el de Jack en los medios chinos. NetEase también estaba experimentando con el comercio electrónico dirigido al consumidor y realizó una de las primeras subastas en línea de China en julio de 1999, en la que vendieron 100 ordenadores por un total de 150.000 dólares. También estaba surgiendo otro negocio nuevo

---

25. Se escogió como nombre «8848» porque es la altura del monte Everest en metros.

más, esta vez inspirado en el modelo de eBay: la empresa EachNet, con sede en Shanghái y liderada por un brillante antiguo estudiante de Harvard que había vuelto a China, Shao Yibo, también conocido como Bo Shao.

Pero Jack estaba convencido de que, como primer suministrador mundial de productos básicos intensivos en mano de obra, China estaba preparada para el B2B. Ahora bien, otros empresarios habían llegado a la misma conclusión. Una empresa con sede en California había lanzado una página web para operaciones B2B, MeetChina.com, y había logrado el apoyo de la firma de capital riesgo IDG. El año siguiente, MeetChina.com captaría 40 millones de dólares de capital riesgo, mucho más que Alibaba. MeetChina también iba a destacar por su habilidad para obtener el apoyo de los gobiernos a ambos lados del Pacífico.

En Pekín, los fundadores de MeetChina.com entablaron una relación[26] especial con el poderoso Ministerio de Tecnologías de la Información. De hecho, en su lanzamiento de abril de 1999, la empresa se presentaba como «el primer portal chino *business-to-business* [entre empresas] importante con patrocinio gubernamental». Su cofundador Kenneth Leonard se hizo mucho eco de sus conexiones en Washington D.C., llegando a declarar que tenía relaciones comerciales con Neil Bush, el hermano pequeño de George W. Bush, y Jeb Bush; lo que le logró una invitación a la Casa Blanca y también mucha publicidad para el proyecto de comercio electrónico de la empresa —que abarcaba toda Asia— al firmar un acuerdo en Vietnam durante la histórica visita presidencial de Bill y Hillary Clinton al país al año siguiente.

A MeetChina se le daban bien las relaciones públicas en China también. Uno de sus cofundadores, Tom Rosenthal, declaró al *Wall Street Journal*: «Tenemos los servicios para hacer que comprar en China sea tan fácil como comprar en la ferretería de la esquina». Durante los meses que siguieron, MeetChina abrió nueve oficinas y contrató a más de 250 empleados por toda China, firmando importantes alianzas con toda una serie de empresas, incluida Dun & Bradstreet y Western Union.

---

26. Preciándose de tener la primera licencia para operar servicios de Internet concedida a una empresa extranjera.

Las páginas web B2B respaldadas por agencias gubernamentales chinas estaban redoblando sus esfuerzos también, incluida chinamarket.com, que Jack había ayudado a montar. Al ver el impulso que iba adquiriendo Alibaba con empresas de la provincia de Zhejiang, la provincia vecina de Jiangsu también lanzó su propia página web, Made-in-China.com.

Pero, como había escapado recientemente de las garras del gobierno, Jack estaba convencido de que su enfoque de poner al cliente por encima de todo acabaría imponiéndose por encima del de otras páginas web que se enfocaban sobre todo en pagar comilonas a los funcionarios.

Ninguna de estas páginas web acabaría siendo el principal competidor de Alibaba. El gran rival de Jack ni siquiera pertenecía a la «nueva economía», sino que se trataba de una editorial con el más puro estilo de la vieja escuela, que publicaba revistas comerciales.

Global Sources tenía más de tres décadas de antigüedad y la dirigía su fundador, Merle Hinrichs, un estadounidense que llevaba una vida apartada y cuya base de operaciones era su yate de casi cincuenta metros de eslora anclado en las Filipinas. Hinrichs era de Hastings (Nebraska), pero llevaba viviendo en Asia desde 1965 y había montado una empresa que en un primer momento se había llamado Asian Sources Media Group, básicamente dedicada a la producción de grandes catálogos comerciales llenos de publicidad de los fabricantes asiáticos de electrónica, informática, relojes, juguetes y material deportivo. La revista se enviaba a clientes como Walmart y generaba pedidos por valor de cientos de millones de dólares todos los años.

Como no quería canibalizar su rentable negocio tradicional, la idea de dotarse de una presencia en la Red llenaba de nerviosismo a Global Sources. Hinrichs tenía una opinión bastante displicente de las páginas B2B, pues creía que «los proveedores y los compradores estaban contentos con el fax, que era barato y sencillo de usar».

Pero, a medida que el acceso a Internet iba en aumento, las empresas como Alibaba tenían una oportunidad de presentarse como la nueva cara de los negocios en Asia. Pese a que a Alibaba le estaba costando convencer a los inversores para que la apoyaran, la empresa empezó a tener más éxito en los medios, todo gracias al carisma y facilidad de palabra de Jack.

El 17 de abril de 1999, *The Economist* publicó un artículo titulado «Asia Online» cuya idea principal se resumía en una declaración profética de que «Igual que Estados Unidos tiene a Jeff Bezos, China tiene a [Jack] Ma Yun». Joe leyó aquel artículo en un vuelo a Hangzhou para reunirse con Jack, lo que contribuyó a hacer crecer su interés por Alibaba.

El autor del artículo era Chris Anderson, que por aquel entonces vivía en Hong Kong. Me puse en contacto con él para preguntarle qué le había inspirado para escribir sobre Jack Ma en términos tan elogiosos. Después de más de una década como redactor jefe de la revista *Wired*, ahora Chris vive en Berkeley (California), y es cofundador y presidente de 3D Robotics, un fabricante de drones.[27] Chris recordaba su primera reunión con Jack a principios de 1999 en Hong Kong. «Jack vino a verme con la idea de Alibaba en la cabeza y me pareció que era un gran negocio con un nombre nefasto. Es obvio que no siguió mi consejo, pero somos amigos desde entonces».

Chris me explicó que en su artículo de *The Economist* comparaba a Jack con Jeff Bezos porque «ambos son emprendedores inteligentes que se han hecho ricos siendo los primeros en explotar el potencial de Internet, pero ahí es donde terminan las similitudes». Por supuesto, Jack no se haría verdaderamente rico hasta muchos años después, pero el hecho de que hubiera impresionado a Chris con su entusiasmo contagioso es un ejemplo temprano de cómo «la magia de Jack» ha desempeñado un papel fundamental en el ascenso de Alibaba.

## Chinadotcom

Sin que Jack y Joe lo supieran cuando volvieron de Silicon Valley con las manos vacías, su fortuna estaba a punto de cambiar gracias a un acontecimiento que marcaría el principio de la fiebre del oro de Internet en China: la OPI en el Nasdaq de China.com.

---

27. También escribió el influyente artículo de 2004 —que luego se convertiría en un libro— sobre la «larga cola» (*long tail*) de la distribución aplicada a la venta minorista en línea. (*La economía Long Tail: de los mercados de masas al triunfo de lo minoritario*, Urano, Barcelona, 2007).

China.com, operada por la empresa Chinadotcom, parte de China Internet Corporation (CIC), estaba dirigida desde Hong Kong por un experto negociador llamado Peter Yip. Yip era un candidato poco plausible a emprendedor chino del sector de Internet: no era chino, sino nacido en Singapur[28], operaba desde Hong Kong y era aproximadamente una década mayor que Jack y los fundadores de los portales; poca gente en China había oído hablar de él o de su página web.

Pero, justo cuando las inversiones en la puntocom empezaron a alcanzar su punto álgido en Estados Unidos, CIC se encontró con que tenía algunos activos de gran valor[29]: los dominios China.com, hongkong.com y taiwan.com. Utilizando estos como arma negociadora, Yip recabó el apoyo de nombres importantes, incluidos los nada probables compañeros de viaje America Online y Xinhua, la agencia de noticias estatal china. Lo que le ofreció a AOL fueron sus servicios como guardián de la puerta de entrada en el mercado chino. A Xinhua, por su parte, le prometió construir un «jardín vallado» de contenido, filtrando todo el contenido de Internet que no fuera deseable.

Yip llamó a su propia visión la «China Wide Web». En un discurso que pronunció en Harvard, argumentó que gran parte del contenido de Internet «no era relevante para la mayoría de los chinos». Haciendo gala del respaldo de Xinhua, declaró[30] que el gobierno chino había establecido una estrategia de Internet y que «le había solicitado que los ayudara a crear un vehículo que permitiera a la gente participar». La sección de noticias de la web de China.com llevaba la aterradora etiqueta de «surfeamos por ti». Ahora bien, los usuarios chinos querían acceso a todo Internet, algo que los emprendedores locales como los tres pioneros de los portales estaban trabajando mucho para conseguir. Los esfuerzos de Yip no acabaron de cuajar entre los usuarios chinos

---

28. Tras obtener un MBA en Wharton, Yip había creado y vendido una empresa de integración de sistemas en Estados Unidos antes de mudarse a Hong Kong y entrar en CIC.

29. Registrados por un licenciado en informática por UCLA, nacido en Hong Kong llamado James Chu.

30. Pese al respaldo de Xinhua, las agencias rivales bloquearon en repetidas ocasiones su página web china.com.

de Internet. Su enfoque de «saber quién» basado en las relaciones se vio desbancado por el «saber cómo» de las nuevas generaciones chinas de empresarios de Internet con grandes conocimientos tecnológicos.

Pero Peter Yip les ganó la partida a sus rivales del continente chino en un aspecto importante: verdaderamente sabía captar fondos y logró que AOL invirtiera 34 millones de dólares en China.com, y luego lanzó la OPI en el Nasdaq en julio de 1999.

La gente que trabajaba en el sector chino de Internet era muy crítica con la compañía y sus declaraciones. Fue uno de ellos, en declaraciones al *New York Times*, el que dijo que China.com estaba «fuera de órbita en lo que se refería a quiénes eran los usuarios de Internet en China y qué les interesaba», y añadió que «las empresas que trabajaran con ellos se hacían un flaco servicio». En junio de 1999, yo había redactado un informe alertando sobre lo que podía ocurrir si China.com lanzaba una OPI antes que los «verdaderos» portales chinos: eso «representaría un triunfo de la forma sobre la sustancia y de hecho arruinaría el mercado a las empresas de Internet de China continental». Qué equivocado estaba. En vez de eliminar la oportunidad de que las empresas tecnológicas chinas realizaran lanzamientos de OPI, China.com puso el mercado en ignición.

El 13 de julio de 1999, las acciones de China.com comenzaron a cotizar en el Nasdaq. La abreviatura escogida para los títulos era tan pegadiza como su página web. «CHINA». Con una cotización de salida de 20 dólares, la empresa cerró la jornada a 67 dólares. ¿Qué importancia tiene el nombre? En el caso de China.com, una empresa de la que la gente apenas había oído hablar en China, la respuesta era que una importancia de 84 millones de dólares: la cantidad que captó la empresa con la OPI y a la que, el siguiente mes de febrero, se añadió la por aquel entonces desorbitada cantidad de 400 millones de dólares correspondiente a una oferta secundaria, situándose el valor de la empresa en 5.000 millones de dólares. La compañía recabó tantos fondos que tardaría once años en declararse por fin en bancarrota.

La onda expansiva de la OPI de China.com en julio de 1999 se dejó sentir por todo el continente, llegando hasta la incipiente comunidad tecnológica del país. ¿Cómo había conseguido un tipo con una página web de la que prácticamente nadie había oído hablar captar semejante cantidad de dinero de la noche a la mañana? La OPI desató una fiebre inversora y negociadora al llegar los emprendedores de todo el país a la conclusión de que «si China.com puede, ¡yo también!»

# 7
# Partidarios: Goldman y SoftBank

*Internet es como la cerveza... lo bueno está en el fondo. Sin las burbujas, la cerveza no tendría gas y nadie querría beberla.*

JACK MA

El primer día de cotización en el Nasdaq de China.com —una empresa con tan solo 4 millones de dólares anuales de ingresos que había perdido 9 millones— cerró con una valoración de 1.600 millones de dólares. Peter Yip había sacado a bolsa tan solo una pequeña parte de las acciones, y por tanto los inversores andaban desesperados buscando títulos para comprarlos. El problema era que no había más.

Aprovechando la oportunidad, el capital riesgo y los emprendedores pasaron inmediatamente a la acción. En Hong Kong se produjo una explosión repentina de reuniones tecnológicas, una especie de maratón de citas comerciales exprés entre jóvenes emprendedores e inversores que querían respaldarlos. Una de las reuniones más grandes que se organizaron fue bautizada con el nombre de «I&I», de «Internet & Information Asia». El evento había sido durante algún tiempo una mesa redonda en torno a la que solían reunirse unas cuantas personas en uno de los diminutos bares de Lan Kwai Fong, nada más subir la colina desde el principal distrito empresarial del centro, pero la OPI de China.com lo cambió todo. De repente, cientos de personas acudían a las reuniones de I&I, que empezaron a celebrarse en hoteles de cinco estrellas como el Ritz-Carlton, con bancos y grandes bufetes de abogados compitiendo a codazos por patrocinar el champán y los canapés. Hong Kong estaba preparado para empaquetar los acuerdos, pero el mercado y los emprendedores se encontraban al otro lado de la frontera, en la China continental. De repente Pekín y Shanghái se inundaron de negociadores. La burbuja de Internet en China había comenzado oficialmente y empezaron a aparecer nuevas aventuras puntocom como setas. Alibaba tendría que luchar para conseguir su porción del pastel.

## Cobertura mediática

Antes incluso de que el capital riesgo hiciera su aparición, los medios extranjeros se presentaron a cubrir la historia de la adopción de Internet en China. Jack se convirtió en un personaje habitual en las conferencias de tecnología e inversores que se celebraban por todo el país, y sus comentarios eran tan fáciles de citar que *Los Angeles Times* lo bautizó como «la máquina de citas».

Poco después de la OPI de China.com, una historia de portada de la revista *BusinessWeek* nombraba a Jack uno de los «maestros de la Red en China». Alibaba todavía no generaba ingresos significativos pero *BusinessWeek* preveía que invertir en comercio electrónico B2B podía suponer un beneficio incluso mayor que invertir en los tres portales chinos.

El 31 de agosto de 1999, se publicó un artículo de mi colega Ted Dean en el principal diario en inglés de Hong Kong, el *South China Morning Post*.[1] Ted había conocido a Jack un año atrás aproximadamente, cuando este todavía trabajaba para el gobierno. En el artículo, Ted anticipaba que Alibaba «podía resultar un potente motor económico mundial» en el ámbito del comercio electrónico B2B, y Jack sentaba las bases de sus ambiciones: «No queremos ser el número uno en China. Queremos ser el número uno en el mundo».

---

1. Ted y yo nos turnamos para escribir la columna «Beijing Byte» sobre avances tecnológicos en China, en sustitución de Kristie Lu Stout, que ahora es presentadora de CNN International en Hong Kong.

En nuestra pequeña consultora de inversiones, oíamos muchas declaraciones de este tipo y ya nos estábamos empezando a volver un tanto cínicos en relación al *boom* de las puntocom pero, al cabo de unos días de haber entrevistado a Jack en Hangzhou para el artículo, Ted me dijo que había algo en Jack que lo hacía diferente. Así que supe que tenía que conocerlo.

Cuando Jack me invitó a visitarlo, me subí inmediatamente a un tren de Shanghái a Hangzhou. Hice una reserva en el hotel Shangri-La, el mismo donde, de niño, Jack se había acercado por primera vez a David Morley para practicar su inglés. En cuanto me registré tomé un taxi y me fui al apartamento de Hupan Huayan.

Me sorprendió inmediatamente el entusiasmo contagioso de Jack y su capacidad de seducción, lo que sin duda se debía en gran medida a haber crecido en un hogar donde tanto su padre como su madre practicaban el *pingtan*, una forma de arte tradicional que incluye breves piezas cómicas.

En su artículo, Ted había citado a Jack diciendo «Si planificas, pierdes; si no planificas, ganas». Después de trabajar en Pekín, territorio por excelencia del plan quinquenal, la espontaneidad de Jack me resultó refrescante. Los profesionales extranjeros[2] comenzaron a entrar en la

---

2. La hornada inicial de empleados extranjeros incluía a varios jóvenes aventureros en China. Uno de los primeros, el empleado número cuarenta, era David Oliver, que creció en una granja en la Isla Sur de Nueva Zelanda y llevaba trabajando en China unos años. Después de escuchar un discurso que pronunció Jack en Singapur en marzo de 1999, David quedó tan impresionado que voló a Hangzhou y para septiembre ya había empezado a trabajar para Alibaba. Se unió a la compañía cobrando un sueldo muy bajo en comparación con la media de Hong Kong —20.000 dólares al año—, tan bajo que más adelante no se pudo permitir optar a su nada despreciable participación en opciones cuyo precio se había establecido en tan solo cinco céntimos. El belga Jan Van der Ven se unió a la empresa tras haber desarrollado en Shenzhen toda una serie de sitios web orientados al intercambio comercial, y luego se mudó a la ciudad industrial de Dongguan en la provincia de Cantón. Otro trabajador reclutado en los primeros tiempos, el número cincuenta y dos, era Brian Wong, de Palo Alto (California). Brian es ahora responsable adjunto en la oficina del presidente y acompaña a Jack constantemente en los viajes de este al extranjero. Luego Alibaba añadió a su estructura a graduados de MBA entre los que se encontraban Todd Daum y Sanjay Varma. Alibaba organiza de vez en cuando reuniones ocasionales de sus primeros empleados, con gorra con número de llegada incluida (el de Jack es el #001).

órbita de Jack, aportando a Alibaba un sabor internacional al cabo de unos cuantos meses de su fundación. Alibaba también poseía un fuerte componente femenino[3] en los puestos ejecutivos, hasta el punto de que, a diferencia de muchas empresas con sede en Silicon Valley, las mujeres constituyeran un tercio del equipo fundador.

## Goldman invierte

Mientras tanto, en Hong Kong, poco después de su poco fructífero viaje a Silicon Valley para captar fondos, Joe había iniciado las negociaciones con Transpac, un fondo con sede en Singapur, para que invirtiera en Alibaba. Al poco tiempo habían acordado una hoja de condiciones que valoraría Alibaba en 7 millones de dólares.[4] Pero Transpac insistía en una provisión altamente onerosa[5] y Joe quería abandonar la negociación.

Y entonces llamó a una amiga de Goldman Sachs. Al igual que Joe, Shirley Lin había nacido en Taiwán y se había educado en Estados Unidos. Se habían conocido hacía diez años y, para Alibaba, ese encuentro acabaría resultando providencial.

En el verano de 2015, me reuní con Shirley en Nueva York para hablar de la inversión transformadora de Goldman Sachs en Alibaba en 1999. Shirley y yo nos conocíamos desde aquel 1999, habíamos sido compañeros en Morgan Stanley, el banco de inversiones en el que habíamos trabajado los dos recién salidos de la universidad. Yo seguí en Morgan Stanley y en cambio Shirley se había marchado a Goldman Sachs al cabo de unos años para empezar a invertir en tecnología y empresas de Internet por toda Asia.

---

3. La mujer de Jack, Cathy, desempeñó un papel fundamental en las operaciones internacionales de la empresa durante muchos años. Annie Xu, graduada de la Universidad de California en Berkeley y oriunda de Shanghái, ocupa el cargo de directora general de Alibaba en Estados Unidos desde mayo de 2000. Abir Oreibi supervisó el negocio europeo de la compañía durante ocho años a partir de 2000.

4. Antes de la inversión.

5. Que incluía una «cláusula sobre participación preferente».

Diez años antes del acuerdo con Alibaba, Shirley y Joe se habían conocido por casualidad en un largo viaje en avión de Taipei a Nueva York. «Yo volvía a Harvard y él regresaba a Yale. Íbamos sentados al lado». Shirley se acuerda de que Joe se pasó gran parte del viaje con la nariz metida en un libro sobre derecho constitucional. Él recuerda que Shirley leía el *Wall Street Journal*. Al cabo de un rato empezaron a hablar. Ambos con la cabeza en los libros y los exámenes que los aguardaban de vuelta en la universidad, «no tardaron en contarse mutuamente las penas», según me reconoció Shirley.

Tal y como Jack y Joe ya habían descubierto, no había muchas compañías inversoras en Asia con experiencia significativa en empresas tecnológicas. En 1999, Shirley ya estaba apostando[6] por las empresas chinas de Internet, y de hecho acabaría invirtiendo en los tres portales. Goldman invirtió directamente en Sina y NetEase, e indirectamente en Sohu.[7]

Goldman les había concedido a Shirley y su equipo mucho margen de maniobra, siempre y cuando esta mantuviera las inversiones por debajo de los 5 millones de dólares. Esa cifra no era nada para Goldman, cuya unidad de Áreas Principales de Inversión (PIA por sus siglas en inglés) realizaría inversiones por valor de 1.000 millones de dólares en empresas tecnológicas entre 1995 y 2000, un cuarto de esa cifra total en Asia.

Con tan pocos fondos en el terreno en Asia, a Shirley le llovían las solicitudes de inversión de sus compañeros de Harvard y otros amigos que se habían lanzado en pos de la nueva ola de riquezas puntocom. La calidad de los planes de negocios era bastante baja, con frecuencia un mero ejercicio de cortar y pegar. Shirley y su equipo trabajaron sin des-

---

6. Era miembro del equipo del banco encargado de las inversiones principales (PIA por sus siglas en inglés) que Henry Cornell estableció para Asia. Además de grandes inversiones en China como por ejemplo en la aseguradora Ping An Insurance en 1994, después de que el banco hubiera realizado unas cuantas inversiones de éxito en el sector tecnológico en Silicon Valley, Shirley participó en la adquisición de pequeñas participaciones en compañías tecnológicas de Asia también. La nombraron directora ejecutiva al año siguiente, a la edad de treinta y dos años.

7. Invirtiendo en una empresa llamada ChinaRen.com, fundada por tres antiguos alumnos de Stanford que habían vuelto a China, y que más adelante adquiriría Sohu.

canso tratando de revisar las montañas de solicitudes de financiación, y ella estima que al final invirtieron en una de cada mil.

Si bien lo fácil era invertir en empresas con al menos una variable conocida —fundadores que eran antiguos compañeros de clase o amigos—, para la historia de Internet en China, Shirley sentía una fuerte preferencia por encontrar talento local. «Realmente me pareció que para invertir en China había que conocer el mercado local».

Eso sí, bucear en el mar de las *start-ups* chinas tenía sus desventajas. Mientras viajaba por vías sin asfaltar, recorriendo pequeñas ciudades de provincias, Shirley se sentía más como una responsable de concesión de préstamos del Banco Mundial que como una representante de un gran banco de inversiones. También le costó mucho que la tomaran en serio: «Pese a representar a Goldman, en China la gente no tenía ni idea de quiénes éramos y me solían preguntar "¿Es usted la señora Goldman? ¿Es la mujer del propietario de la empresa?" Creían que Goldman y Sachs eran dos personas, los dueños de la empresa, y que yo debía de estar casada con uno de ellos».

Así que, cuando Joe Tsai se puso en contacto para hablarle de una *start-up* de un emprendedor local de Hangzhou, le interesó la historia, sobre todo cuando Joe le contó que él mismo tenía intención de empezar a trabajar para la empresa. Shirley decidió volar de Hong Kong a Hangzhou para encontrarse con Jack a finales de septiembre de 1999.

Jack, recordaba Shirley, era «lo más local que se puede ser».

«Conocí el apartamento en aquellos tiempos en que estaban todos allí trabajando las veinticuatro horas, los siete días de la semana… Aquel sitio apestaba. Las ideas de Jack no eran del todo originales, ya se habían probado en otros países, pero él estaba entregado en cuerpo y alma a conseguir que funcionaran en China. Lo que vi me conmovió».

Al igual que le había ocurrido a Joe antes, a Shirley lo que más le impresionó no fue el negocio sino el equipo, y esa fue la verdadera razón por la que decidió invertir: ¿quiénes eran?, ¿cuál era su historia? Conocer a Jack ya era un punto a favor, ver a Jack y a su equipo en acción era otro punto más. «La verdad es que lo fundamental eran Jack y su equipo». Shirley recuerda que se impresionó por lo mucho que estaba trabajando la mujer de Jack, Cathy. Ella y Jack trabajaban sin descanso, según recuerda, «como camaradas revolucionarios».

Alibaba había estado en contacto con otros inversores, pero Shirley sabía que el respaldo de Goldman Sachs marcaría la diferencia definitiva para una *start-up* china completamente desconocida. Hablaron de la inversión mientras tomaban un té. Si Goldman invertía —les dijo Shirley a Joe y Jack— ella se aseguraría personalmente de que Alibaba se conociera en el mundo entero. Con competidores del sector B2B como MeetChina esperando entre bambalinas y captando fondos de forma activa, la oferta resultaba demasiado atractiva como para resistirse. Shirley negoció para adquirir una participación mayoritaria en Alibaba por 5 millones de dólares y volvió a Hong Kong donde sus colegas Paul Yang y Oliver Weisberg[8] redactaron el pliego de condiciones de la inversión.

El fin de semana siguiente, Shirley estaba bañándose con su familia en la playa de Repulse Bay, en la costa sur de la isla de Hong Kong, cuando le sonó el teléfono. Era Jack: estaba verdaderamente interesado en el trato pero le pidió a Shirley que le dejara una participación mayor en el capital. Si Goldman adquiría una participación mayoritaria de su empresa —le explicó—, dejaría de sentirse como un verdadero emprendedor. Jack le contó cómo lo había invertido todo en aquella aventura. «Esta es mi vida», le dijo. Y Shirley respondió: «¿A qué te refieres con que es tu vida? ¡Si no has hecho más que empezar!» Jack le explicó: «Este es ya mi tercer proyecto». Al final Jack la convenció. Se había redactado el pliego de condiciones pero había unos cuantos paréntesis en la parte de los números de manera que se pudieran realizar cambios fácilmente. Al final, Goldman invertiría 5 millones de dólares en adquirir 500.000 acciones, la mitad de la empresa, y tendría derecho a veto en las decisiones clave.

Justo después de haber accedido a las nuevas condiciones, en mitad de la conversación con Jack, a Shirley se le cayó el teléfono al mar. ¡Uy! —pensó—, bueno, supongo que ahí van cinco millones de dólares.

Jack había logrado atraer a un inversor de renombre, algo que acabaría constituyendo un paso decisivo en la historia de Alibaba, pero también acabaría arrepintiéndose de haber vendido una parte tan grande

---

8. En 2015 se convirtió en el codirector del negocio familiar multimillonario de Joe Tsai.

de la empresa, el 50%, que nunca recuperaría. En realidad, Jack no tenía elección: era un emprendedor sin experiencia de una ciudad china de provincias negociando con una enorme institución financiera mundial. Pero, habiendo entregado ya una buena parte del capital a sus cofundadores, y ahora el 50% a los inversores, acabó con una participación mucho menor en su empresa que la de muchos de sus colegas emprendedores. Al cabo del tiempo, Jack bromearía —a medias— con el hecho de que aquel había sido el «peor trato de toda su vida».

Cuando Shirley llevó el trato al comité de inversión, que supervisaba todas las inversiones del fondo, se encontró con una complicación inesperada: se opusieron. Si Goldman invertía 5 millones de dólares, el fondo necesitaría la aprobación de sus inversores. «Por favor, quita una parte», le pidieron, así que Shirley redujo la participación de Goldman al 33%. Y ahora tenía que encontrar rápidamente inversores que asumieran el otro 17%.

La mera idea de tener que sondear el mercado rápidamente en busca de inversores dispuestos a pagar 1,7 millones de dólares por el 17% de Alibaba, que por aquel entonces estaba valorada en decenas de miles de dólares, era casi se diría que cómica. Al final, Shirley trajo a Thomas Ng de Venture TDF, que había conocido a Jack y Joe aquel verano en Palo Alto, con una inversión de medio millón de dólares. Fidelity Growth Partners Asia puso otro medio millón. Joe ya le había dicho a su empresa que se marchaba para trabajar en una *start-up* china, y cuando le contó a su jefe Galeazzo Scarampi que había encontrado inversores y se marchaba para trabajar en Alibaba, Investor AB también acudió en busca de su ración del pastel. Y por fin Transpac redondeó los 1,7 millones que complementaban los 3,3 de Goldman.

Algunos de los inversores, incluido Venture TDF y Fidelity, conservaron sus participaciones hasta la OPI de Alibaba en 2014, obteniendo así un retorno de miles de millones de dólares.

Cuando la ronda liderada por Goldman finalizó el 27 de octubre de 1999, la inversión confirmó la autoridad de Joe como mano derecha de Jack.

Esa ronda de 5 millones de dólares liderada por Goldman fue un comienzo, pero nada comparado con lo que había en los cofres del tesoro de los tres portales chinos, a los que no paraban de cortejar infinidad de inversores interesados al ver el vertiginoso ascenso emprendido por el Nasdaq, que ganó un 80% en ocho meses, valorándose las empresas integrantes en 6.700 millones de dólares en 2000.

Todos los ojos estaban puestos en las empresas que se posicionaban como el Yahoo de China, así como en los movimientos de la propia Yahoo en China. En septiembre de 1999, Yahoo, que por aquel entonces valía 36.000 millones de dólares, anunció una alianza con Founder, el mayor fabricante local de ordenadores en aquellos momentos, para lanzarse al abordaje de la China continental.[9] Al mismo tiempo, Sohu, Sina y NetEase incrementaron sus esfuerzos destinados a obtener financiación.

Sina iba a ser la que más captaría, 60 millones de dólares en noviembre de 1999 procedentes de inversores entre los que se encontraban Goldman Sachs y SoftBank, con lo cual la empresa se situaba en la pole para una OPI en Estados Unidos. Sohu obtuvo 30 millones de dólares, y su fundador Charles Zhang había captado perfectamente el ambiente del momento: «Este es un juego donde lo que importa es gastar dinero y la velocidad a la que te lo puedes gastar». Hasta Willian Ding de NetEase cedió, captando en dos rondas de financiación 20 millones aportados por inversores entre los que se encontraban Goldman Sachs, pero no sin expresar de manera muy clara su frustración porque había llegado un momento en que «la gente ya nunca te pregunta por tus nuevos productos… Ahora ya solo te preguntan "¿para cuándo la OPI?"»

El 7 de octubre, Alibaba intentó captar algo de atención dando una rueda de prensa en Hong Kong para anunciar una nueva versión de su página web y revelar que estaba abierta a una OPI en Estados Unidos o en la «segunda plataforma» de la bolsa de Hong Kong, el Growth Enterprise Market [mercado de empresas en crecimiento].

Contagiándose del entusiasmo de Hong Kong, Alibaba también anunció que trasladaría allí su sede central desde Hangzhou. Jack ya llevaba una temporada pasando allí la mayor parte de su tiempo, trabajando en una sala de reuniones de las oficinas de Goldman Sachs con Joe y algunos empleados nuevos que había reclutado. El contraste entre el modesto apartamento de Hupan Huayan en Hangzhou y aquella

---

9. Además de las páginas web existentes de la empresa en Taiwán y Hong Kong.

nueva sede de operaciones en lo alto del resplandeciente rascacielos Citibank Plaza con impresionantes vistas sobre Victoria Harbour no podía ser mayor.

Para apoyar a la reciente incorporación al catálogo de empresas participadas por Goldman Sachs, Shirley Lin realizó toda una serie de entrevistas con los medios de Hong Kong, llegando incluso a aparecer en la televisión local para dar a conocer Alibaba. «Mi cantonés era tan malo por aquel entonces que tuvieron que ponerme subtítulos», recordaba Lin.

Cuando Goldman se mudó a unas oficinas todavía más resplandecientes en lo alto del Cheung Kong Center del multimillonario Li-Kashing, Alibaba también alquiló su propio —y carísimo— espacio nuevo, el primer gran desembolso financiado con los 5 millones de Goldman. Alibaba podía ponerse manos a la obra.

Su negocio era sencillo: convertirse en la página web líder en China para contactos entre empresas. Para poner en contacto a compradores y vendedores, Alibaba organizaba las publicaciones de sus miembros en veintisiete sectores de actividad económica tales como «Moda y complementos», «Electrónica» y «Suministros Industriales». Los usuarios podían registrarse gratuitamente para recibir notificaciones sobre acuerdos comerciales y buscar ofertas para comprar y vender dentro de un sector o un área geopolítica. Para octubre de 1999 ya se habían registrado más de cuarenta mil usuarios. Ahora tenían que ir a por una cantidad todavía mayor de usuarios al tiempo que se mantenía la calidad de los mensajes que aparecían en un tablón de anuncios virtual.

La mayoría de los vendedores que operaban en su sitio web eran exportadoras o comercializadoras chinas, incluida una nutrida representación de empresas lideradas por los emprendedores de Zhejiang. Internet era todavía una gran novedad para muchas de ellas, pero pronto se convertirían en fieles usuarias de Alibaba.com. Muchas carecían de la escala o las conexiones necesarias para operar a través de las empresas comercializadoras de propiedad estatal, y algunas se encontraban en zonas remotas que hacían que el desplazamiento a ferias comerciales como la de Cantón resultara demasiado caro. Como había crecido entre este tipo de empresas e incluso las había tenido como clientes de Hope Translations y China Pages, Jack tenía muy claro lo que necesitaban

estas pequeñas compañías: «La mayoría de las Pymes tienen una dinámica muy cambiante. Hoy pueden estar vendiendo camisetas, y mañana
productos químicos».

Para atraer compradores, Alibaba tenía que garantizar la correcta
traducción al inglés de la información de producto incluida en los escaparates virtuales, así que la empresa acudió a la fuente de talento que
suponía la Universidad de Hangzhou en busca de recién licenciados que
hablaran inglés para contratarlos como redactores que se aseguraran de
que las publicaciones en el tablón de anuncios fueran completas e inte-
ligibles y estuvieran convenientemente categorizadas. Aprovechando
sus contactos en el MOFTEC de la época de Pekín, Jack también contrató a gente con experiencia comercial para hacer que el sitio web resultara atractivo para el comprador extranjero.

Tanto compradores como vendedores podían publicar gratuitamente, algo que constituye uno de los pilares fundamentales del enfoque de
Jack a lo largo de toda su carrera. Su enfoque tipo «si lo construyes,
vendrán» lo ayudó a diferenciarse de la competencia. Jack pensó que si
los visitantes de Alibaba.com podían hacer contactos de potenciales
clientes a través del sitio web aumentaría la fidelidad o «pegajosidad»,
[*stickiness*] de estos al sitio web.

Ahora bien, por más que la publicación gratuita fuera genial para los
usuarios, era dura para el modelo de negocio. Alibaba era vulnerable a
cualquier momento de paralización de la actividad en medio de la fiebre
de financiación de Internet. Y además, a medida que el tráfico crecía
significativamente, mantener la calidad de las publicaciones era una
tarea ingente. Si Alibaba no tenía cuidado podía acabar totalmente
abrumada por la situación. Otro reto era la competencia creciente por
el talento. En el *boom* puntocom, los empleados especializados no paraban de abandonar el barco para irse a trabajar a las empresas rivales o
acudían a la fuente creciente de capital riesgo para probar suerte con sus
propias *start-up*. El coste del talento, incluidos los desarrolladores de
software, diseñadores de páginas web y gestores de proyectos que Alibaba iba a necesitar para montar su oferta, entró en una espiral ascen-
dente.

En este sentido, Alibaba tenía dos grandes ventajas: Hangzhou y
Jack Ma. A diferencia de Pekín o Shanghái, donde la rotación de los

empleados cualificados era un gran quebradero de cabeza para los empresarios, Hangzhou contaba con una nutrida fuente de recién licenciados y tan solo un puñado de empleadores locales. Además, Alibaba se beneficiaba de la situación relativamente aislada, pues eso hacía que no hubiera realmente ningún rival que fuera a arrebatarle los empleados. En la ciudad se encontraban también otras empresas tecnológicas, como por ejemplo UTStarcom o Eastcom pero, en medio de la fiebre puntocom, esas empresas iban camino de convertirse rápidamente en aventuras de la «vieja economía». Alibaba también se beneficiaba de la distancia que separaba Hangzhou de Shanghái (por aquel entonces un par de horas). Para los jóvenes ingenieros de talento de Hangzhou que quisieran trabajar en una empresa de Internet que creciera rápidamente, Alibaba era lo más.

Esto ayudó a mantener los costes bajos también. Por el precio de un ingeniero en Pekín o Shanghái, Alibaba podía contratar dos. La comparación con Silicon Valley era todavía más dramática, tal y como Jack señalaba: «Tener a un programador contento [en Silicon Valley] requiere entre 50.000 y 100.000 dólares. Por ese dinero, en China, puedo tener a diez personas muy inteligentes felices todo el tiempo».

Y, a un «segundo nivel», los precios inmobiliarios eran más baratos en Hangzhou también, incluso después de que Alibaba se mudara a una oficina de 18.500 m² a principios de 2000, por la que pagaba 80.000 dólares al año, una mínima parte de lo que habría tenido que pagar en Pekín o Shanghái. A Jack le gustaba la distancia que los separaba de Pekín: «A pesar de que las infraestructuras no son tan buenas como en Shanghái, es mejor estar lo más lejos posible del gobierno central».

## Gente Ali

A la hora de formar su equipo, Jack prefería contratar a gente que estuviera un par de niveles por debajo de los mejores de la clase. La élite universitaria —explicaba Jack— se frustraría fácilmente cuando se enfrentara a las dificultades del mundo real. Para los que se sumaban al proyecto, trabajar en Alibaba no sería ningún paseo. El sueldo era bajo: los primeros contratados apenas cobraban 50 dólares al mes. Trabajarían siete días a la semana, a menudo unas dieciséis horas diarias. Jack incluso exigía que vivieran a no más de diez minutos de la oficina para no perder preciadas horas del día en desplazamientos.

Ahora bien, desde el principio, Alibaba estuvo impulsada por una ética laboral del tipo Silicon Valley y todos los empleados recibieron opciones sobre acciones de la empresa a un plazo de cuatro años. Esto es muy raro en China, donde la organización tradicional en la empresa privada es la de un jefe que podría equipararse a algo así como un emperador y considera a los empleados como prescindibles y los salarios como una variable discrecional.

A medida que el sitio web Alibaba.com crecía en popularidad —gracias al impulso de ofrecer sus servicios de forma gratuita—, el equipo de Hangzhou se esforzaba por mantener el ritmo ante la ingente cantidad de correos electrónicos que llegaban. El servicio de atención al cliente de Alibaba se encontraba en muchas ocasiones ofreciendo asesoría técnica gratuita a los clientes, respondiendo a preguntas sobre cómo reiniciar el ordenador por ejemplo. Pero, siempre fieles a su principio de «el cliente, lo primero», Alibaba decidió marcarse como objetivo responder a todos los correos en un plazo de dos horas.

Según recuerda Simon Xie, uno de los cofundadores, Jack mantenía al equipo centrado en el objetivo, actuando como «una cultura, un núcleo». Jack recibía a los recién contratados con un mensaje aleccionador y una promesa[10], echando mano de uno de sus famosos dichos: «El día de hoy es brutal y el de mañana será todavía más brutal, pero pasado mañana será maravilloso. Ahora bien, la mayoría de la gente no pasará de mañana por la noche. Los Aliren[11] son los que sí pasan de mañana por la noche».

La cofundadora Lucy Peng, la primera directora de Recursos Humanos de Alibaba y después «directora de personas» también desempeñó un papel importante en el proceso de contratación y en conformar la cultura de la empresa. En un artículo de la Harvard Business School con fecha de 2000 en el que se estudiaba la empresa, Peng comentaba

---

10. Aquí en el décimo aniversario de la empresa.

11. En Alibaba, los Aliren (literalmente «Gente Alibaba») son empleados que llevan más de tres años en la empresa.

que «los empleados de Alibaba no necesitan tener experiencia; lo que necesitan es buena salud, buen corazón y buena cabeza».

A medida que aumentaba el número de miembros registrados en el sitio web, las empresas chinas empezaron a utilizar la Red para conectar entre sí y con el mundo exterior, lo que resultó en la creación de un mercado[12] virtual en chino para los mayoristas de China que buscaran contactos comerciales a nivel nacional.

No obstante, Alibaba todavía se encontraba con dificultades a la hora de ganar adeptos para la causa del comercio electrónico: había quien no aceptaba los altos costes de los ordenadores, otros no tenían personal que supiera lo suficiente de sistemas... Un obstáculo incluso más grande era la imperante falta de confianza. A los proveedores les preocupaba que unos clientes que no conocían ni habían visto jamás no les pagaran los pedidos. Los compradores extranjeros estaban preocupados con la cuestión de los artículos falsos o defectuosos, y por el riesgo de que los envíos nunca llegaran a su destino.

Alibaba no podía blandir una barita mágica y hacer que todas esas reticencias desaparecieran, tal y como Jack subrayaba en los medios: «No somos más que una plataforma donde las empresas pueden contactar, pero no asumimos ninguna responsabilidad legal». Alibaba se mantuvo centrada en proporcionar un tablón de anuncios para empresas, pero otros como MeetChina estaban modificando sus planes para expandirse a áreas como las investigaciones de mercado, la verificación del historial de crédito de proveedores, las inspecciones para verificar la calidad, los envíos, los seguros y los pagos.

Jack argumentaba que era prematuro: «La pequeña y mediana empresa todavía no confía en las transacciones en línea; y nosotros creemos que el actual sistema bancario es lo suficientemente bueno para la pequeña empresa. Nuestros miembros seguirán prefiriendo realizar las transacciones de la manera tradicional, siempre y cuando les parezca que el proceso es sencillo».

Alibaba estaba teniendo problemas para definirse de una manera que los inversores pudieran entender: «En realidad todavía no tenemos un modelo de negocio definido —reconocía Jack—. Si consideramos que

---

12. En un principio alibaba.com.cn, en 2010 se convirtió en 1688.com.

Amazon es una librería y eBay una casa de subastas, entonces Alibaba sería un mercado electrónico. Yahoo y Amazon no son modelos perfectos y nosotros todavía estamos intentando crear el mejor modelo».

El dinero de Goldman había sido de gran ayuda, pero el compromiso de proporcionar escaparates virtuales gratuitos significaba que Alibaba tenía que captar más capital y pronto, una necesidad que se hizo más aciante por la apertura de oficinas en Hong Kong y Shanghái, donde Alibaba anunció que ubicaría su sede central en China. Con el objetivo de reclutar a más clientes, Alibaba empezó a organizar reuniones de Pymes que se celebraban en salones de baile de hoteles y en las que se distribuía a los invitados en mesas, agrupando empresas de sectores similares.

Pese al ritmo frenético de los tiempos de la burbuja de Internet y la creciente sensación de que era inevitable que acabara explotando, Jack no dejaba entrever grandes signos de ansiedad. Visité Hangzhou varias veces a finales de 1999 y en 2000 y fui testigo de las mudanzas de Alibaba del apartamento de Hupan Huayan donde había surgido a oficinas cada vez más grandes.

Nunca vi a Jack perder la calma, incluso un día que abolló el parachoques de su coche contra una columna de cemento en el aparcamiento del restaurante donde me iba a invitar a comer. Mis visitas a Hangzhou siempre resultaron de lo más agradables y la diversión de pasar tiempo con Jack estaba garantizada. Al igual que otros muchos visitantes antes y después que yo, me gustaba ir a ver los atractivos turísticos de la ciudad. En una de mis visitas, la mujer de Jack, Cathy, me llevó a las famosas plantaciones de té de Long Jing (Pozo del Dragón), con paseo incluido por un bosque cercano de bambúes, un verdadero soplo de aire fresco (literal) comparado con Pekín.

A esas alturas, Jack pasaba mucho tiempo fuera de Hangzhou, dando charlas en conferencias del sector y de inversores. En enero de 2000, nos invitaron a los dos a hablar en un evento[13] organizado por estudiantes en Harvard. Me reuní con Jack antes de la conferencia y, mientras caminábamos por una senda helada a orillas del río Charles me di cuenta de que un miembro de su equipo estaba grabando la escena, algo que, según descubrí más tarde, llevaban ya años haciendo.

---

13. Asia Business Conference.

En la conferencia participaban toda una serie de emprendedores chinos del sector de Internet, muchos de ellos con un pedigrí académico mucho más sólido que el de Jack. Algunos acababan de volver a China, como Shao Yibo de EachNet, que de hecho había estudiado en Harvard. Peter Yip, de China.com también estaba en la conferencia.

Pero Jack no tardó en surgir como la estrella del espectáculo, sobre todo tras confesar al público que en realidad no tenía ni idea de cuál era el modelo de negocio de Alibaba, apostillando: «¡Y aun así he conseguido financiación de Goldman Sachs!»

A Jack le encantó la atención recibida en Harvard, incluido el alias «Crazy Jack» [Jack el Loco] que le dedicó la revista *Time* al poco tiempo. Le gustaba particularmente hablar del dramático viraje de la fortuna que suponía que lo hubieran invitado a dar una charla en Harvard, universidad que en su día había rechazado su solicitud de admisión.[14] «Yo no estudié en Harvard... Fui a Harvard a educarlos a ellos».

Jack nunca ha sido muy partidario de las escuelas de negocios: «No hace falta tener un MBA. La mayoría de los graduados de MBA no resultan demasiado útiles... A menos que se olviden de lo que han aprendido en el máster, en cuyo caso sí que son útiles. Las escuelas de negocios imparten conocimientos, las empresas aportan sabiduría. La sabiduría se adquiere a través de la experiencia. El conocimiento se puede adquirir trabajando mucho».

## SoftBank invierte

Una de las razones por las que Jack se mostró tan animado en Harvard era que estaba a punto de anunciar otro hito importante en la historia de Alibaba: 20 millones de financiación procedente del inversor japonés SoftBank.

---

14. En una entrevista realizada en 2003 en Zhejiang Satellite TV, dijo que «hace diez años envié mi solicitud a Harvard dos veces y me rechazaron. Siempre había querido ir a Harvard y hablar con la gente de allí... Ahora ya no me importan tanto los títulos académicos de universidades de elite con prestigio mundial, sino que me parece que la Escuela Universitaria de Magisterio de Hangzhou está muy bien».

Con esta y otra inversión posterior, SoftBank se convirtió en el mayor accionista de Alibaba. El acuerdo estuvo coordinado por el ya inversor en Alibaba Goldman Sachs. SoftBank andaba buscando oportunidades de inversión en China cuando Mark Schwartz, por aquel entonces presidente de Goldman Sachs Japón le habló a Masayoshi Son, fundador de SoftBank, de la cartera creciente de inversiones tecnológicas del banco en China.

En octubre de 1999, Jack fue uno de los emprendedores invitados a reunirse con Masayoshi Son como parte de una serie de rondas de «citas comerciales exprés» entre *start-ups* chinas y el multimillonario japonés, organizadas por Chauncey Shey, presidente de SoftBank China Venture Capital. Los dos hombres se conocieron en la mansión Fuhua —de un estilo recargado igual que un pastel de boda— en Pekín, un lugar que al final resultó de lo más oportuno, pues ese encuentro marcó el principio de una duradera alianza que acabaría convirtiendo a Son en el hombre más rico de Japón. El respaldo proporcionado por Son a Jack, justo unos meses antes del derrumbe de las puntocom, cambió la suerte de Alibaba.

## Masayoshi Son

Masayoshi Son, «Masa» para los amigos, comparte unos cuantos rasgos con Jack: ambos son de baja estatura y famosos por su desmesurada ambición.

Son se crio en circunstancias todavía más difíciles que Jack: nació en la isla de Kyushu, la más meridional de las islas principales de Japón. Los Son vivían en una casucha que ni siquiera tenía dirección postal; su padre cuidaba cerdos y además destilaba alcohol ilegalmente. A Son lo acosaban en el colegio por sus orígenes étnicos coreanos y lo obligaron a adoptar el apellido japonés Yasumoto. A los dieciséis años, Son emigró al norte de California en busca de un futuro mejor: en un primer momento vivió con amigos y familiares y asistió al instituto Serramonte High School de Daly City, al sur de San Francisco, hasta que lo aceptaron en la Universidad de California, en el campus de Berkeley, y allí empezó su carrera como emprendedor. Su proyecto más exitoso fue un dispositivo traductor operado por voz para la venta en los quioscos de los aeropuertos. Son diseñó y fabricó la tecnología que luego vendería a Sharp Electronics por medio millón de dólares. En Estados Unidos, Son empezó a importar los primeros modelos de consola del Comecocos y Space Invaders, que estaban alcanzando gran popularidad por aquel entonces, y él alquilaba luego a bares y restaurantes, incluido Yoshi's, un restaurante de sushi del norte de Berkeley (ahora un famoso club de *jazz* de la zona de la Bahía de San Francisco). Además, en Berkeley conoció y contrató a Lu Hongliang, cuyo proyecto Unitech Industries (rebautizado como Unitech Telecom en 1994) pasaría después a formar parte de la aventura tecnológica UTStarcom, la empresa con sede en Hangzhou en la que SoftBank invirtió en 1995.

Tras regresar a Japón a principios de la década de los ochenta, Son creó una empresa de distribución de software y es famoso por haberse subido a una caja de envíos ante sus únicos dos empleados (ambos a tiempo parcial) el día de la inauguración de la compañía —en un gesto del más puro optimismo incontenible que también caracteriza a Jack— y declarar que el proyecto conseguiría unos ingresos de 50.000 millones de yenes (3.000 millones de dólares) en un plazo de diez años.

Cuando conoció a Jack, Son ya había ganado millones (y más de una vez). Era conocido por ser muy rápido a la hora de tomar decisiones, y una de las mejores había sido tener la visión de invertir en Yahoo en 1995. Cuando Yahoo salió a bolsa en 1996, Son incrementó la participación de SoftBank en el portal hasta el 37%, convirtiéndose en el inversor mayoritario. Son también negoció que SoftBank fuera el socio exclusivo de Yahoo en Japón, un acuerdo que le reportaría decenas de miles de millones más.

Cuando conoció a Son, Jack supo que había encontrado un alma gemela: «No hablamos de ingresos; ni siquiera hablamos de modelos de negocio... Sencillamente charlamos sobre la visión que compartíamos. Los dos somos rápidos a la hora de tomar decisiones», recordaba más adelante Jack.

«Ni siquiera me puse traje el día que fui a ver a Masayoshi Son... al cabo de cinco o seis minutos, yo empecé a gustarle y él empezó a gustarme a mí... La gente que lo rodea ha comentado en ocasiones que somos tal para cual».

En su primer encuentro, cuando Jack terminó su explicación de qué era Alibaba, que por aquel entonces ya tenía unos 100.000 usuarios, Son desvió inmediatamente la conversación hacia cuánto podía invertir SoftBank. «Tras escuchar al señor Ma durante unos cinco minutos, decidí en ese mismo momento que quería invertir en Alibaba», recordaba después Son, que interrumpió la presentación de Jack para decirle que debía aceptar el dinero de SoftBank porque «tenía que gastar más rápido». En 2014, más o menos en el momento de la OPI de Alibaba, le preguntaron a Son qué era lo que había visto en Alibaba que le había llevado a apostar por Jack ya en 2000: «Fue la expresión en sus ojos, me guio el "olfato" como a los animales... Me pasó lo mismo cuando invertimos en Yahoo... cuando todavía eran solo cinco o seis personas. Invierto dejándome guiar por mi olfato».

La impulsividad era típica de Son. «Masa es Masa. Tiene TDA (trastorno por déficit de atención), es incapaz de estarse quieto. Te quiere dar el dinero ahora, ¡ahora mismo!», ha dicho de él un antiguo socio empresarial.

A las pocas semanas de su encuentro en Pekín, Son invitó a Jack a Tokio para finalizar los términos del acuerdo. Joe Tsai también acudió a la cita.

En cuanto entraron en la oficina de Son, empezaron las negociaciones. Jack describiría después el encuentro recurriendo a la imaginería de las artes marciales: «Los maestros de la negociación siempre escuchan en vez de hablar. Los que hablan mucho sólo tienen capacidades negociadoras de segunda categoría. Un verdadero maestro escucha y, en cuanto mueve la espada, tú más bien te desplomas».

Joe, que ya se había reunido con Chauncey Shey de SoftBank China antes del viaje, me contó los detalles de la reunión: «Goldman y los otros fondos acababan de invertir cinco millones de dólares a cambio de hacerse con el cincuenta por ciento de la compañía, lo que suponía una valoración de la misma en diez millones. Masa inició la negociación ofreciendo veinte millones por el cuarenta por ciento de la empresa, colocando así la valoración de esta en cincuenta millones de dólares tras la inversión o treinta millones antes de ella. En cosa de semanas, la inversión de Goldman había triplicado su valor».

Joe recordaría más adelante que él y Jack se miraron, pensando: «¡Vaya, eso es el triple! Pero luego también pensamos que no queríamos vender una participación muy alta, así que Jack dijo: "Masa, no nos va bien". Masa tenía una calculadora. Estaba haciendo los números allí mismo. Pero él quería el cuarenta por ciento, así que respondió: "¿Qué te parece si doblo la oferta? Cuarenta millones por el cuarenta por ciento". Es decir, sesenta millones antes de la inversión».

Jack y Joe dijeron que lo pensarían. De vuelta en China, Jack escribió un correo electrónico a Son rechazando la oferta de 40 millones y ofreciéndose a aceptar 20 millones por el 30%, concluyendo con un «si estás de acuerdo cerramos el trato y, si no, pues entonces lo dejamos». Tiempo después, Jack explicó por qué rechazó la oferta de la mayor cantidad: «¿Para qué necesitaba yo tanto dinero? No sabía cómo gastarlo y seguro que habría problemas». La respuesta de Son no se hizo esperar, adoptando la forma de una única palabra: «Adelante».

Jack considera que le debe al destino haber conectado con Son, reconociendo que «es bastante difícil encontrar un inversor como él». Comentando la dinámica de su relación, Jack dijo en alguna ocasión: «Creo que Masa es sin lugar a dudas uno de los mejores (empresarios) del mundo, muy inteligente a la hora de invertir —pero también añade que además Son es bueno en la gestión empresarial—: No es fácil pasar de inversor a gestor y seguir siendo buen inversor. Yo, por ejemplo, tan solo soy gestor. A mí lo que me encanta es emprender. No soy buen inversor».

A Jack también le encantaba bromear sobre su apariencia: «Lo que nos diferencia a mí y a él es que yo puedo tener aspecto de muy listo pero no lo soy en realidad, y en cambio él tal vez no lo parezca, pero es muy inteligente».

Un empleado de Alibaba de los primeros tiempos, Shou Yuan, tiene una opinión interesante sobre la relación de estos dos consejeros delegados fundadores de sus respectivas empresas: «Son tiene gran confianza en sí mismo, hasta es un poco presuntuoso, pero su apariencia es de gran humildad. Está loco, pero Ma también está loco. Es muy normal que los locos se gusten».

Cuando anunció el acuerdo, el mismo Son hizo la comparación con la increíblemente rentable inversión en Yahoo.

«Nos gustaría que Alibaba fuera el próximo Yahoo... Creo que seguramente esta será la primera empresa china de Internet que se convertirá en una marca global, un éxito global a lo grande. Y estoy muy entusiasmado con la perspectiva de lograr que eso ocurra».

Las dos compañías anunciaron también una asociación empresarial para crear Alibaba Corea, que se lanzaría en junio de 2000 con intención de contraatacar ante el crecimiento de un competidor local en el país, y se habló asimismo de que había planes de crear un sitio web para Japón.

Claramente fue un acuerdo transformador para Alibaba, y motivo de gran celebración. Trascurrido menos de un año desde la fundación de la empresa, Jack y Joe habían captado 25 millones de dólares de dos de los inversores más prestigiosos del mundo.

El trato no estuvo exento de costes: la venta del 30% de Alibaba a SoftBank se produjo tras la venta del 50% a Goldman Sachs, lo que suponía que la participación de Jack quedaba muy diluida.

Pero la inversión de SoftBank proporcionaba a Alibaba unas credenciales muy sólidas a pie de calle en China, en el momento en que los tres portales chinos ultimaban sus OPI en Estados Unidos. Además, el acuerdo fue como un seguro para Alibaba. Nadie era capaz de predecir con exactitud cuánto duraría el *boom* de la inversión tecnológica. Los 20 millones de dólares de SoftBank les permitirían construirse una «pista» mucho más larga para lograr el despegue y la rentabilidad futura.

Además, Jack quería hacerse visible en Silicon Valley. Al poco de asegurarse los 20 millones de dólares de SoftBank, Jack viajó a Santa Clara, en California, donde se encuentra la sede de Yahoo, para ofrecer a John Wu[15] —un ejecutivo de Yahoo a quien Jack había conocido cuando trabajaba en China Pages— el puesto de director de sistemas en Alibaba. Era una jugada ambiciosa: Jack sugería que John aceptara una reducción de sueldo del 50% y abandonara la empresa más popular de todo Silicon Valley para marcharse a una arriesgada *start-up* en Hangzhou.

John compartió sus dudas con Jack, como luego recordaría: «Yahoo iba bien, mis padres habían emigrado a Estados Unidos, la verdad es que no me planteaba la posibilidad en serio». Lo que más le preocupa-

___
15. Oriundo de Shanghái, Wu había estudiado informática en Estados Unidos y se unió a Yahoo en 2016.

ba era que la familia se mudara de vuelta a China. Jack le propuso que se encargara del departamento de I+D de Alibaba desde Fremont (California). John aceptó.

Jack, inspirado por su experiencia de profesor de inglés, tenía particular interés en asegurarse de que su propia ignorancia tecnológica no se replicara en Alibaba. «Para una empresa de primer nivel, necesitamos tecnología de primer nivel. Cuando John venga, entonces ya podré dormir tranquilo». Contratar a John Wu también le brindó la oportunidad de espolvorear Alibaba con un poco del polvo de la buena estrella de Yahoo: «El motor de búsqueda de Yahoo ha influido en la manera en que millones de personas hacen búsquedas en Internet. Y ahora, la plataforma de comercio electrónico Alibaba cambiará de forma fundamental la manera en que la gente hace negocios en línea». *The Los Angeles Times* comentó en un editorial que «la habilidad de una *start-up* china para llevarse a uno de los principales talentos de Silicon Valley podría afianzar el posicionamiento de China como la frontera definitiva a conquistar para las mejores mentes del sector de Internet».

John saltó de Yahoo a Alibaba —tal y como él mismo explicaría después— porque la idea de Alibaba era original. «Si la comparas con las otras empresas principales de Internet en China —dijo— casi todas copian modelos de negocio que ya existen en Estados Unidos». A Shirley Lin de Goldman Sachs le había atraído el «sabor local» de Alibaba. John Wu vio lo mismo: «Hay mucha gente que ha estudiado en Estados Unidos y luego ha vuelto a China y ha montado empresas de Internet… Jack Ma es diferente. Él lleva toda la vida en China».

Con capital recién adquirido y más de 150.000 usuarios registrados de 188 países, las cosas iban bien en Alibaba. Pero la burbuja estaba a punto de estallar.

# 8
# Estallido
# y vuelta a China

*Sé el que quede en pie al final.*

Jack Ma

Para la primavera de 2000, Alibaba estaba captando más de mil nuevos usuarios al día.

Conectar a los proveedores chinos con los compradores globales era claramente una buena idea. Pero estaban empezando a proliferar las empresas que habían tenido esa misma idea también, y algunas estaban captando capital de manera proactiva. MeetChina logró 11 millones de dólares —parte de esa cantidad era de un fondo de Soft-Bank— y anunció que su objetivo de ventas para ese año era 10 millones de dólares y estaba preparando una OPI. Global Sources, la veterana editorial de revistas comerciales, anunció que había contratado a Goldman Sachs para preparar una OPI en el Nasdaq y aumentó su contratación en China.

Otros competidores entraron en la contienda también, incluidos emprendedores[1] que pivotaban en torno al comercio electrónico B2B tras haber asistido al éxito de Alibaba a la hora de captar fondos.

Ante una competencia cada vez mayor y con una alta disposición de capital, Alibaba aceleró su expansión. En los meses que siguieron a la inversión de SoftBank, la compañía se lanzó a una intensa ronda de contrataciones en China continental, Hong Kong y Fremont (California), donde el flamante director de sistemas John Wu acababa de establecer la sede de la empresa en Estados Unidos.

## El gobierno no se moja

La especulación sobre una OPI iba en aumento, pero las tres empresas que más posibilidades tenían de salir a bolsa, los tres portales chinos, se habían encontrado con un obstáculo insalvable. Su éxito estaba contribuyendo a que Internet se hiciera popular entre los consumidores a más velocidad de lo que había anticipado el gobierno. Cuatro millones de usuarios de Internet era una gota en el océano de una población total de 1.300 millones, pero lo que hacía los portales populares, que era sobre todo el correo electrónico y las noticias, ponía cada vez más nervioso a un gobierno decidido a ejercer el control.

Dentro del Partido Comunista de China que gobierna el país había surgido un debate en torno a cómo lidiar con la cuestión de Internet. Los más conservadores hacían notar que Internet había surgido como un proyecto del departamento de Defensa estadounidense y argumentaban que solo porque fuera una novedad no había motivo para eximir a las empresas de Internet de las mismas restricciones que evitaban o restringían fuertemente la inversión extranjera en el sector de las telecomunicaciones, la industria editorial, la radio, el cine y la televisión. No había un «Ministerio de Internet», pero Internet tocaba tantas áreas

---

1. Uno de ellos era Edward Zeng (Zeng Qiang), el fundador de una cadena de cibercafés. Todo un experto en relaciones públicas, Zeng se las ingenió para recibir la visita de la primera dama Hillary Clinton y se atribuía haber creado el «servicio líder que posibilitaba el comercio electrónico en China».

que desencadenó feroces luchas intestinas entre los reguladores existentes. Para demostrar su relevancia, los reguladores chinos regulan regularmente, como pone de manifiesto el «Gran Cortafuegos Chino» que se está creando desde que Internet llegó a las costas chinas, en un esfuerzo continuado por filtrar contenido considerado como una amenaza para el país o para la hegemonía del partido.

Al mismo tiempo, con sus ingentes inversiones en infraestructuras de telecomunicaciones, el gobierno había estado en realidad promoviendo *xinxihua* —la informatización— como un requisito imprescindible para el desarrollo de la economía china. Había consenso entre los miembros del todopoderoso comité permanente del politburó —casi todos ingenieros— de que China necesitaba una «economía del conocimiento».

La incapacidad de adaptarse a nuevas tecnologías podía resultar fatal. La creencia popular siempre ha atribuido en parte la caída de la dinastía Qing a su incapacidad para adaptarse a tecnologías militares e industriales modernas, lo que la hizo vulnerable a la dominación por parte de los poderes occidentales. También hubo en China quien culpó de la caída de la Unión Soviética a la incapacidad de esta para mantenerse al día de las oleadas de avance tecnológico procedentes de Silicon Valley, como los semiconductores, el ordenador y la industria del software.

Pero el gobierno se oponía totalmente a la posibilidad de que Internet trajera consigo el concepto occidental de la «sociedad de la información», algo que creía que podía suponer una amenaza existencial para el Partido Comunista.

No obstante, sin inversión extranjera, ¿cómo iban los emprendedores del sector de Internet en China a financiar sus proyectos? Restringirlos a los canales de financiación domésticos no era práctico. El propio mercado de capital riesgo de China estaba todavía en pañales, y las empresas de propiedad estatal dominaban sus bolsas. En cualquier caso, los parqués de Shanghái y Shenzhen exigían que las empresas acreditaran al menos tres años de vida y que dieran beneficios. Todas las empresas chinas del sector de Internet eran nuevas y declaraban sin rubor cuantiosas pérdidas.

China quería su propio Silicon Valley, pero uno que pudiera controlar, construido conforme a sus deseos y, sin embargo, la naturaleza de distribución amplia de abajo arriba de Internet entraba en total contradicción con la tradición China, tanto imperial como leninista, de un control de la información de arriba abajo. Para quienes entraban en el mundo en línea, ese era precisamente el principal atractivo de Internet.

El profesor Xu Rongsheng, que había ayudado a establecer la primera conexión entre el Instituto de Física de Alta Energía de Pekín y la Universidad de Stanford, describe el impacto de Internet como una «bomba de información» que estuviera explotando por toda China. Otra descripción popular calificaba a Internet como el «regalo de Dios a los chinos», una idea de la que se hacían eco inversores y disidentes[2] por igual.

Incapaz de parar el desarrollo de Internet pero nervioso si lo facilitaba, ¿cómo se suponía que debía actuar el gobierno?

¿Cómo podían los empresarios chinos del sector de Internet recabar los fondos en el extranjero sin que sus empresas fueran declaradas como extranjeras y por tanto sufrieran todo tipo de restricciones para hacer negocios en China? Para resolver esa contradicción, los tres portales habían intentado todo tipo de contorsiones a fin de obtener permiso gubernamental para sus OPI, aduciendo que ni siquiera eran empresas de Internet.

Tras unos meses de debate, se llegó por fin a un acuerdo: las llamadas «entidades de interés variable» o VIE por sus siglas en inglés (*variable interest entity*). Las VIE gozan de gran popularidad entre los abogados chinos por su gran complejidad generadora de todo tipo de cargos en concepto de asesoría legal. Estas entidades todavía existen y permiten al gobierno chino nadar y guardar la ropa, ya que, en este caso, por ejemplo, hacen posible que se desarrolle un dinámico sector de Internet a la vez que se mantiene control sobre este. Las VIE son objeto de constante debate entre los inversores que participan en Alibaba: ¿cuánta protección les proporcionan en realidad? La estructura permite a los inversores extranjeros un cierto grado de control de los ingresos generados por una empresa china (a través de un intrincado

---

2. El galardonado con el premio Nobel de la Paz, Liu Xiaobo, también describió Internet como «el regalo de Dios a China. Es la mejor herramienta con que cuenta el pueblo chino para erradicar la esclavitud y luchar por la libertad».

montaje de acuerdos interconectados) que, gracias al compromiso personal de los emprendedores fundadores chinos, se sigue considerando china.

Ese tipo de compromiso fue negociado entre otros por Sina (y sus abogados) con el Ministerio del Sector de los Sistemas de Información (MII por sus siglas en inglés) y otras agencias. El ministro al frente del MII, Wu Jichuan, se había opuesto anteriormente a toda OPI de cualquier portal, pero Internet había deshecho el bloqueo. Su voz era muy influyente porque era el impulsor del esfuerzo de «informatización», la inversión en infraestructuras sin la que no habría sido posible el *boom* de Internet en el país. Las VIE tenían su origen en otra complicada estructura[3] de inversión cuyo desmantelamiento, irónicamente, había liderado Wu unos cuantos años antes.

El 13 de abril de 2000, por fin, el primero de los tres portales chinos pudo lanzar una OPI. Sina recabó 68 millones de dólares en el Nasdaq. NetEase y Sohu no tardaron en seguir su ejemplo.

Pero el nacimiento de los portales como empresas que cotizan en bolsa iba a ser muy complicado. ¿Por qué? Porque la burbuja había explotado.

## Baile y estallido de la burbuja

Tras su máximo de marzo de 2000, el Nasdaq había entrado en una fase de pérdidas continuadas de dos años que acabó con los billones de dólares de capitalizaciones bursátiles y hundió muchas empresas del sector tecnológico. La acción de NetEase cayó un 20% durante el primer día de cotización tras la OPI de junio. Sohu se lanzó a una OPI en julio pero esa sería la última emisión en más de tres años por parte de una empresa china de Internet. La puerta de las OPI estaba ahora cerrada a cal y canto para las demás empresas chinas de Internet, incluida Alibaba,

---

3. La estructura «CCF» (*China-China-Foreign* o China-China-Extranjero) se estableció para permitir la inversión extranjera en el nuevo operador de telecomunicaciones de propiedad estatal China Unicom. No obstante, Wu consideró que era una amenaza a su autoridad y declaró ilegal la inversión extranjera por valor de 1.400 millones de dólares.

en un momento en el que a los inversores volvían a importarles los ingresos y los beneficios.

Justo en el momento en el que los mercados comenzaron a desplomarse y aprovechando el influjo de la conferencia mundial sobre internet que se celebró en Pekín, yo mismo fui el anfitrión de una fiesta que se celebró en un club de negocios llamado Capital Club. Recurriendo al humor, bauticé el evento como el «Baile de la Burbuja». Suele decirse que uno no sabe que está en una burbuja hasta que estalla, pero en la primavera de 2000 había una sensación creciente de que estaba a punto de producirse un parón en seco de todo.

Para mí, el detonante fue un evento que se produjo a las pocas semanas de la publicación el 28 de febrero de 2000 en la revista *Time* de un artículo de portada sobre el mercado de Internet en China que se titulaba «struggle.com» [enapuros.com]. El primer párrafo se hacía eco de una historia que yo le había contado al periodista de *Time* Terry McCarthy sobre mi primera reunión con uno de los pioneros de los portales:

> William Ding, fundador de NetEase, uno de los principales portales de Internet de China, estaba nervioso. Algo lo irritaba mientras conversaba con un amigo en un restaurante de Pekín el verano pasado: el aire acondicionado; hacía demasiado frío. Sin interrumpir la conversación con su amigo, el experto tecnológico autodidacta sacó su agenda electrónica Palm Pilot, apuntó con el puerto de infrarrojos en dirección al aparato de aire acondicionado y ajustó la temperatura desde el otro lado de la sala, dejando al amigo boquiabierto.

En una extravagante cena que se celebró en Shanghái en los jardines de una mansión de la época colonial a las pocas semanas de la publicación del artículo en *Time*, una inversora se me acercó para presentarse y me dijo con gran emoción que la anfitriona de la velada, una alta ejecutiva de la banca de inversiones, le había confesado que ella —no yo— era «el amigo» del artículo. Independientemente de que el comentario hiriera un tanto mi orgullo, aquello me hizo caer en la cuenta de que, al tiempo que los banqueros se inventaban historias sobre la estrecha relación que los unía a los emprendedores, los días del *boom* de Internet estaban llegando a su fin.

El Baile de la Burbuja era un nombre más apropiado de lo que yo podía llegar a imaginar. Jack también asistió y se quedó bailando hasta el amanecer junto con Charles Zhang de Sohu —con un estilo único que me recordaba a Elaine Benes en *Seinfield*—, William Ding de NetEsase y cuatrocientas personas más, en la que acabó siendo la última fiesta de una corta era del más puro estilo Gran Gatsby. La CNN y la cadena australiana ABC grabaron toda la escena cuyas imágenes granulosas, vistas hoy, ilustran el tiempo que hace ya de todo eso, así como la incontenible exuberancia de aquellos tiempos.

En el caso de Jack, el estallido de la burbuja supuso una gran oportunidad para Alibaba. «Llamé a nuestro equipo de Hangzhou y les dije: "¿Habéis oído qué emocionante lo del Nasdaq...?" ¡Me encantaría tener a mano una botella de champán para celebrarlo! —y añadió—: Esto es sano para el mercado, y también para empresas como la nuestra».

Jack confiaba en que, ahora que se había cerrado la puerta de las OPI, el capital riesgo dejaría de financiar a los competidores de Alibaba. «En los próximos tres meses, un sesenta por ciento de las empresas chinas de Internet cerrarán —dijo, añadiendo que Alibaba solo había gastado cinco millones de los veinticinco que había obtenido—. Nosotros no hemos tocado nuestra segunda ronda de financiación, así que tenemos el depósito lleno».

Al abrirse el sector, Alibaba incrementó su contratación de empleados extranjeros para dar a conocer la marca entre los compradores extranjeros. Jack empezó a viajar por todo el mundo asistiendo a ferias comerciales y reuniones con cámaras de comercio. Para entonces Jack ya estaba muy familiarizado con Estados Unidos pero, en sus primeros viajes a Europa, experimentó un cierto choque de culturas. Yo le asesoré sobre la estrategia de expansión europea de Alibaba, recomendándole que contactara con un amigo mío de Suiza, Abir Oreibi, que sería quien supervisaría las operaciones de la empresa en Europa durante los siguientes ocho años. En su primera visita a Londres, Jack se hospedó en el prestigioso hotel Connaught y no alcanzaba a comprender por qué tenía que alojarse en un edificio tan antiguo. En Zurich, Jack y Cathy se quedaron perplejos al encontrarse las tiendas cerradas. Abir les explicó que era domingo, haciendo que Cathy exclamara: «¡Ay, ya veo, o sea que hoy todos están en el segundo trabajo!» Viniendo de la cultura china en la que el negocio nunca se cierra, les resultaba inimaginable que los comerciantes se tomaran un día entero para descansar.

Alibaba también redobló sus esfuerzos publicitarios. De repente, la firma naranja de la empresa se hizo omnipresente en los medios impresos y en línea del continente, incluidos los portales en chino. Alibaba encargó un llamativo anuncio de televisión que se retransmitió en CNN y CNBC, el primero de una *start-up* tecnológica china que se veía en esas cadenas. Todd Daum, un ejecutivo estadounidense que había entrado a trabajar recientemente en Alibaba Hong Kong, fue quien supervisó la producción del anuncio, que Jack describiría con humor como «el segundo vídeo que más me gusta después de *Forrest Gump*».

Campaña publicitaria en televisión aparte, Jack siguió siendo la herramienta de marketing más eficaz de Alibaba. Pese a las dificultades de las puntocom, la gente seguía acudiendo en manada a oírle hablar. En mayo de 2000 dio una charla en Hong Kong en un evento I&I (Internet & Information Asia) en el hotel Futurama a la que asistieron más de quinientas personas. El perfil de Jack estaba mejorando en el extranjero también y lo invitaron —en calidad de lumbrera— a un evento del sector de Internet en Barcelona. Cuando Alibaba superó la marca de los 300.000 miembros, Jack apareció en la portada de la revista *Forbes Global*, que nombró a la empresa —junto con Global Sources— «Lo mejor de la Red» para el comercio electrónico B2B. Luego vino el perfil a página completa en *The Economist* titulado «El Jack que podría reinar».

Pero, mientras la bolsa seguía en caída libre, el entusiasmo por las empresas de Internet de cualquier tipo empezó a remitir. En agosto de 2000, la acción de NetEase se hundió hasta situarse un tercio por debajo del precio de la OPI, y la de Sohu vio su cotización reducirse a la mitad. A finales de julio, solo cinco meses después de una OPI en Hong Kong que cosechó un gran éxito, el portal local Tom.com, respaldado por el multimillonario Li Ka-shing, despidió a ochenta trabajadores. China.com no tardó en seguir su ejemplo.

Las conferencias sobre Internet empezaron a escasear. I&I llegó incluso a eliminar la palabra Internet de su nombre y acabó perdiéndose en el olvido como tantas otras empresas que en otro tiempo habían hecho presentaciones en sus eventos. Lo puntocom se había convertido en lo puntobomb(a).

Jack fue uno de los ponentes principales de una conferencia de inversores de capital riesgo que se celebró en Hong Kong ese otoño. En lo que constituía un dramático giro de 180° en comparación con la situación de hacía tan solo unos meses, Goldman Sachs se las vio y se las deseó para conseguir llenar la sala de conferencias de gente interesada en la ponencia. Allí ante el atril, hablando a un público escéptico, un inversor me contó que Jack se llevó las manos a los ojos simulando unos prismáticos y dijo: «Puedo ver el final del túnel». Pero, ante el cinismo creciente de los inversores en torno al sector, la magia de Jack estaba empezando a perder sus poderes.

Mientras tanto, en California, los esfuerzos de Alibaba por construir un centro de I+D bajo el liderazgo de John Wu estaban encontrándose con problemas. En un esfuerzo por poner a punto las diversas plataformas dispares de software que operaba la empresa, Alibaba había contratado a más de treinta ingenieros en sus oficinas de Fremont. Por desgracia, la coordinación de estos con sus colegas de China, con una diferencia horaria de quince horas, estaba resultando una verdadera pesadilla. Obligados a utilizar el inglés para beneficio de los colegas de California, que no hablaban chino, a los ingenieros chinos de una y otra oficina les costaba comunicarse. Empezaron a surgir fisuras en el equipo y los ánimos se fueron caldeando al insistir Hangzhou en que se desarrollara un producto y Fremont en que se desarrollara otro. Tras una actualización de infraestructuras, se cayó completamente el sitio Alibaba.com. Jack estaba visitando Fremont en aquel momento y tuvo que intervenir personalmente para obligar a los dos equipos a cooperar más para resolver el problema. Resultaba evidente que dividir el equipo tecnológico en dos partes, y además separadas por el océano Pacífico, había resultado un fracaso. Alibaba empezó a trasladar funciones clave de vuelta a Hangzhou. La compañía estaba a punto de embarcarse en una estrategia defensiva «B2C», o sea, «Back to China» [vuelta a China, en alusión a *business to consumer*»].

Jack estaba sometido a una presión creciente, incluida la que ejercía su primer inversor, Goldman Sachs, para que demostrara que Alibaba podía efectivamente hacer dinero. «Alibaba.com tiene un plan de ingresos para hoy, mañana y pasado mañana —comentó Jack—. Hoy nos centramos en los ingresos de los servicios de marketing en línea. Mañana añadiremos el reparto de ingresos con terceros proveedores de servicios y pasado mañana sumaremos los ingresos en base a transacciones».

Para tranquilizar a los inversores y sus equipos, Alibaba accedió a considerar la posibilidad de ofrecer servicios de terceros tales como crédito, transporte y seguro. La combinación de todos estos suponía un total de aproximadamente 300.000 millones de dólares en ingresos anuales en relación a una cifra total de comercio mundial de 7 billones de dólares. Hacerse tan siquiera con una diminuta tajada de este enorme pastel podía resultar altamente lucrativo.

Esta era la estrategia que estaba poniendo en práctica tentativamente MeetChina. La empresa había declarado que más de 70.000 proveedores chinos y 15.000 compradores potenciales se habían registrado ya en su página. A pesar de que tan solo se habían realizado unas cuantas transacciones en línea, la empresa reveló que anticipaba que entre el 2% y el 6% de todas sus transacciones vendrían del sitio web en un futuro. Revelándose contra la contracción de las inversiones, MeetChina sorprendió al mercado con una nueva inyección de capital riesgo de 30 millones de dólares, lo que situó así el total captado en 40 millones, 15 más que Alibaba. El cofundador de la empresa Thomas Rosenthal declaró a la prensa que «de hecho, la volatilidad del Nasdaq hacía relativamente más fácil obtener financiación privada, pues había gran cantidad de dinero a la caza de un menor número de acuerdos». El recién nombrado consejero delegado Len Cordiner tenía una visión del sitio como un lugar donde «no solo puedes encontrar compradores sino también negociar en línea». Pero MeetChina nunca avanzaría demasiado en China. Hablar de alianzas con terceros era mucho más fácil que hacer que funcionaran, y muchos de los contactos acababan en poco más que enlaces a las páginas web de los socios. Un antiguo empleado[4] de MeetChina resumiría al cabo del tiempo la experiencia de la empresa como haber gastado 30 millones de dólares para «formar a las empresas chinas en el uso de Internet». Al final, la empresa cambió el enfoque al sureste asiático y lanzó MeetPhilippines.com y MeetVietnam.com (en

---

4. Joseph Tong (Tong Jiawei).

presencia del presidente Clinton) y llegó a acuerdos con la India, Indonesia, Corea del Sur y Tailandia antes de quebrar[5].

Ya hacía tiempo que Jack había adoptado una visión poco positiva de MeetChina y, cuando esta quedó varada, Global Sources —ahora el principal rival de Alibaba— y su fundador Merle Hinrichs pasaron a ser el nuevo blanco de sus críticas. Jack consideraba a Global Sources como una empresa de la «vieja economía» que no había comprendido la naturaleza del comercio en línea: «Son una empresa empeñada en dar salida a una publicación». Merle Hinrichs, a su vez, tampoco tenía un concepto muy elevado que digamos de Alibaba, que veía como una compañía «de una milla de ancho y media pulgada de grosor». Pese a que las acciones[6] de Global Sources (recién salida a bolsa) se habían hundido arrastradas por el Nasdaq, los cuantiosos beneficios generados por su negocio editorial tradicional habían sido la boya que había mantenido la empresa a flote.

Más adelante ese mismo año 2000, Jack y Hinrichs habían coincidido, ambos como ponentes principales de una conferencia de Internet en Hong Kong y, pese a que nunca nombró a Hinrichs, Jack había contado la historia de un rival (que tenía un «yate precioso») que, tras haber pagado 50.000 dólares para ser ponente principal se había indignado al descubrir que a Jack lo habían invitado a intervenir sin necesidad de que pagara nada. Los organizadores de la conferencia explicaron a su rival —según cuenta Jack— que «es porque tú quieres dar una charla, pero el público al que quiere oír es a Jack Ma», a lo que el rival de Ma había respondido prometiendo: «Traeré el yate a Hong Kong e invitaré a todos los ponentes a una fiesta a bordo, pero con la condición de que Jack Ma no esté invitado». La oficina de Merle Hinrichs ha declinado hacer cualquier comentario sobre estas supuestas diferencias pero Jack, el consejero delegado filósofo, ha visto en esta rivalidad un significado más profundo: «Si no puedes tolerar a tus rivales, sin duda te vencerán… Si tratas a los rivales como enemigos ya has perdido la partida desde el principio. Si pinchas

---

5. De manera bastante apropiada, resulta que su anterior consejero delegado está ahora al frente de un negocio relacionado con los viajes en la región.

6. Había realizado una salida a pequeña escala en el Nasdaq «por la puerta de atrás» en abril de 2000.

una foto de tu rival en una diana y practicas todos los días tirándole dardos, ese va a ser el único oponente al que lograrás enfrentarte, ninguno más... La competencia supone una inmensa alegría; cuando compites con otros y te das cuenta de que cada vez te angustia más tener que hacerlo, eso es que hay algo en tu estrategia competitiva que no está bien».

Pero, en el segundo semestre de 2000, daba la impresión de que algo no estaba bien en la estrategia de Alibaba: pese a haber recibido 25 millones de dólares y tener registrados a más de medio millón de usuarios, ese año sus ingresos no llegarían ni tan siquiera al millón de dólares. Alibaba empezó a cobrar una cuota fija por ayudar a diseñar y alojar la página web de algunos de sus miembros, pero los gastos crecían mucho más rápido que los ingresos. El gran volumen de contrataciones a que se había lanzado Alibaba estaba creando más problemas de los que resolvía, ya que los recién contratados llegaban antes de que se organizaran los sistemas de presupuestos y reporte. Además, la naturaleza internacional del negocio también suponía un reto, tanto a la hora de tratar con los clientes como de gestionar los recursos humanos. Intentar vender una empresa china con un nombre árabe a clientes estadounidenses y europeos no estaba resultando nada fácil, y Jack reconoció que «gestionar una multinacional no es una tarea sencilla, ya que implica lidiar con las diferencias culturales y del idioma».

Ante un revés del sector tecnológico que no amainaba, en 2001 Jack y Joe se dieron cuenta de que algo tenía que cambiar. En enero de 2001 contrataron como director de operaciones a Savio Kwan, un veterano de GE[7] de cincuenta y dos años que hizo una valoración honesta de la empresa: «Tenemos que enraizar (Alibaba) en la realidad y convertir la empresa en un negocio».

## De vuelta a China

La llegada de Kwan presagiaba la adopción de una nueva estructura de gestión que acabaría conociéndose internamente como las «cuatro O» (de «*officer*», director en inglés: Jack como CEO (chief executive officer

---

7. Kwan había trabajado durante quince años en GE Medical Systems.

o consejero delegado), Joe Tsai como CFO (chief financial officer o director financiero), John Wu como CTO (chief technology officer o director de tecnología) y Savio Kwan como COO (chief operations officer o director de operaciones). Para mandar el mensaje a la compañía de que se tomaba extremadamente en serio el cambio, Jack dividió su propia oficina de Hangzhou en dos mitades, y le dejó una a Kwan.

Kwan redujo los gastos mensuales a la mitad, intensificando la racionalización de la operación de «vuelta a China». Se abandonó un proyecto de colaboración en Corea y se redujo drásticamente la presencia de Alibaba en Silicon Valley. Se rescindieron los contratos de muchos de los empleados extranjeros con sueldos más altos. Las costosas campañas publicitarias dieron paso al marketing boca-oreja. Recortar los costes en el extranjero permitió a Alibaba incrementar las contrataciones en casa, aprovechando al máximo las ricas fuentes de talento de menor coste disponibles en Hangzhou: rápidamente, se amplió el equipo comercial para promover los servicios de pago tales como TrustPass, que ofrecía servicios de verificación e información crediticia, y Gold Supplier, que proporcionaba a los exportadores chinos la posibilidad de estar presentes en las páginas en inglés de Alibaba. Por 3.600 dólares, podían utilizar el sitio de la empresa para mostrar sus productos y precios y estar enlazados a los resultados de su motor de búsqueda. Gold Supplier se diseñó específicamente para dar la réplica a las cuotas anuales de entre 10.000 y 12.000 dólares que cobraba Global Sources por la información de producto que incluía en su versión en línea y en la tradicional.

A pesar de lo prometedoras que parecían estas nuevas fuentes de ingresos, Alibaba estaba sufriendo. Como seguía siendo una empresa privada, el malestar no podía realmente medirse en términos contantes y sonantes, a diferencia de lo que ocurría con los tres portales, cuyas acciones a esas alturas apenas valían unos centavos. En abril de 2001, *BusinessWeek* publicó un artículo titulado «La alfombra mágica de Alibaba está perdiendo altura», en el que se llegaba a la conclusión de que «el antiguo profesor tendrá que trabajar mucho para asegurarse de que su empresa no se vaya a pique». La empresa se había embarcado en una reestructuración que confiaba en que haría que las cosas cambiaran pero, en los años que siguieron al estallido de la burbuja de las puntocom,

Alibaba tuvo que resignarse a un futuro muy incierto. Jack incluso se planteó dejarlo todo para poder volver a la enseñanza antes de cumplir los cuarenta.

En los momentos más oscuros, se dedicaba a comparar sus luchas con las del Mao Zedong revolucionario después de la Larga Marcha, llegando incluso a hacer un llamamiento en favor de una «campaña de rectificación» para asentar a Alibaba en un nuevo rumbo: «Hubo un tiempo en que un buen número de ejecutivos estadounidenses vinieron a Alibaba como vicepresidentes; cada uno tenía sus propias opiniones... Por aquel entonces la empresa era un poco como un zoo. Algunos eran buenos hablando y otros no decían mucho. Así que creemos que el objetivo más importante de una campaña de rectificación es decidir cuál es el propósito compartido de Alibaba y determinar nuestro valor».

El cambio de fortuna de Alibaba había sido dramático, pero eso no rompía el vínculo que existía entre Jack y Joe Tsai. Cuando le pregunté a Joe qué fue lo que hizo que se quedara en Alibaba cuando todo parecía perdido me respondió: «Alibaba era mi cuarto trabajo, quería que este me funcionara». A diferencia de lo que ocurría con los tres portales, Joe también vio las ventajas que suponía para Alibaba no haber tenido una OPI. «Sabía que todo aquello era una burbuja y que, incluso si hubiéramos salido a bolsa en 2000, habríamos tenido que vivir con las consecuencias, la obligación de cumplir lo prometido. Habríamos tenido que responder a la valoración que se había hecho de la empresa; habría sido optar por una opción del tipo dinero fácil».

Los días sombríos de 2001 y 2002 acabarían por convertirse en parte de la tradición popular de Alibaba. Así era como Jack se refería a aquel periodo en una charla para animar al equipo: «Por aquel entonces mi eslogan era "sé el que quede en pie al final", sé la última persona que se derrumbe. Incluso estando de rodillas, tenía que ser el último en caer. Y también creía firmemente que, si yo tenía dificultades, seguro que siempre habría alguien que tuviera más; si yo lo estaba pasando mal, mis competidores lo estaban pasando incluso peor. Quienes sean capaces de mantenerse en pie y arreglárselas de algún modo, esos serán los que venzan al final».

En los años que siguieron al derrumbe de las puntocom, Alibaba redujo costes de manera drástica y encontró la manera de ir incrementando los ingresos gradualmente. Incluso a pesar de que el mercado de capital riesgo se había secado del todo, Alibaba logró mantenerse en pie por sus propios medios. Y, gracias a un nuevo negocio lanzado en la primavera de 2003, estaba a punto de cosechar un gran éxito a una escala que ni tan siquiera Jack había sido capaz de imaginar.

# 9
# Nacer de nuevo:
# Taobao y la humillación de eBay

*Entre los principales hombres de negocios de China, a Ma se le conoce por sus comentarios grandilocuentes y por usar a eBay de manera recurrente como blanco, aunque también la menciona como una de las empresas que más admira.*

San Francisco Chronicle

«A los pioneros les llueven las flechas pero son los colonos los que se quedan las tierras» es una frase que se suele utilizar para describir la conquista del Oeste americano. Una nueva frontera llamada Internet se estaba desplegando en China, y Jack estaba decidido a convertirse en uno de los colonos. Ya había sido pionero con la experiencia anterior de lanzar un proyecto en línea en 1995 en Seattle, y con aquel proyecto de China Pages le habían llovido las flechas lanzadas por la empresa de propiedad estatal con la que se había asociado, y había acabado dejando que los pioneros de los portales (Wang Zhidong de Sina, Charles Zhang de Sohu y William Ding de NetEase) se convirtieran en los colonos, los primeros emprendedores chinos del sector de Internet que habían liderado una OPI en sus respectivas empresas. Para salvar esa distancia, en septiembre de 2000, Jack invitó a los fundadores de los tres portales junto con Wang Juntao —presidente del proyecto de comercio electrónico orientado al consumidor 8848— a una conferencia de negocios inspirada en la temática de las artes marciales titulada «Debate de Espadas junto al Lago del Oeste» (*xihu lunjian*)[1] que se celebró en Hangzhou con Ma como anfitrión. Presidí una mesa redonda en ese evento organizado para promover la ciudad como un «Silicon Paradise» [Paraíso del Silicio, en alusión al «Valle del Silicio», o sea, Silicon Valley]. Jack anunció que Alibaba trasladaría su sede en China de vuelta a Hangzhou desde Shanghái. Sin duda el movimiento y su anuncio obedecían al deseo de contentar al gobernador de Zhejiang y al alcalde de Hangzhou, que también asistieron al evento. Pero rápidamente me di cuenta de que aquella conferencia, y sobre todo la participación de las que por aquel entonces eran las cuatro figuras más prominentes del sector de Internet, se había organizado para reafirmar la continua relevancia de Alibaba en el mundo de Internet en China. A pesar de que la empresa todavía no había organizado su propia OPI, Jack quería permanecer bajo los focos y lo consiguió con una idea muy ocurrente: traer desde Hong Kong como invitado VIP a Jin Yong, el autor que había inspirado a Ma desde su infancia, pues sabía que la presencia de Jin Yong atraería al resto de fundadores de Internet también.

Al poco de la reunión de Jack en Hangzhou, dos de los cuatro pioneros de Internet en China fueron derrocados: a Wang Juntao, presidente de la empresa pionera en el sector del comercio electrónico orientado al consumidor, lo obligaron a dimitir los inversores, nerviosos porque los costes no paraban de crecer en un intento de superar las barreras logísticas y de medios de pago a que se enfrentaba la compañía; por su parte, Wang Zhidong, el fundador de Sina, fue depuesto en un «golpe[2] de Estado» provocado por una base accionarial fragmentada y enfrentada.

---

1. El evento sería el primero de toda una serie de conferencias anuales que Alibaba sigue celebrando, conocidas como «AliFest». Jin Yong fue el primero de todo un desfile de personajes VIP que han participado desde entonces en las celebraciones, como por ejemplo Bill Clinton, Kobe Bryant, Arnold Schwarzenegger, varios consejeros delegados, famosos y un nutrido grupo de galardonados con el Nobel y el Pulitzer.

2. Una acción que durante unos días parecía haber puesto en peligro la estructura tipo VIE: Wang se quedó sin su trabajo en la empresa extraterritorial de Sina pero retuvo las licencias clave en China, y más adelante también accedió a cederlas.

Ya solo quedaban Jack, William Ding y Charles Zhang al timón de las empresas que habían fundado. Alibaba sobrevivía, pero el modelo de negocio del comercio electrónico B2B que había elegido era dificultoso. En los últimos meses de 2002, a medida que Alibaba se acercaba al punto de dar beneficios, Jack empezó a considerar una nueva dirección para la empresa: orientarse al mercado de comercio electrónico dirigido al consumidor. Había dos modelos procedentes de Estados Unidos que llamaban su atención: Amazon y eBay.

Imitando a Amazon, 8848 había acabado quebrando, pero había otros dos «comerciantes electrónicos», ambos surgidos en 1999 cuando habían logrado recabar el capital[3] riesgo necesario, que habían sobrevivido vendiendo libros y otros productos a precios[4] fijos: Dangdang.com, liderada por su cofundadora Peggy Yu (Yu Yu), que había iniciado su carrera como intérprete y secretaria de un fabricante de calderas, y luego hizo un MBA en la Universidad de Nueva York, y Joyo.com, fundada por Lei Jun de Kingsoft (después fundador de la empresa que da nombre al famoso terminal Xiaomi) y dirigida por Diane Wang (Wang Shutong).

## Shao Yibo

eBay había cosechado un éxito inmediato entre los inversores con su OPI de septiembre de 1998 y, para marzo de 2000, su valoración había pasado de 2.000 millones a 30.000 millones de dólares. Hubo muchos emprendedores chinos que lanzaron proyectos que aspiraban a convertirse en el eBay chino, y el más prominente de todos fue el de un carismático niño prodigio de Shanghái llamado Shao Yibo, que había fun-

---

3. Dangdang, con Peggy Yu y su marido Li Guoqing al mando, contaba con el apoyo de inversores de capital riesgo entre los que se encontraba SoftBank. La consejera delegada de Joyo era Diane Wang, pero la compañía era una empresa semilla del fabricante de software Kingsoft, cuyo ingeniero Lei Jun es hoy famoso como fundador y consejero delegado del conocido fabricante chino de teléfonos móviles Xiaomi.

4. Ni Dangdang ni Joyo se convertirían en la versión china de Amazon, pero Joyo por lo menos sí llevaría el nombre de Amazon China por un tiempo. En 2004, Amazon compró Joyo por 75 millones de dólares.

dado su empresa EachNet[5] después de volver a China en junio de 1999 tras cursar estudios en la Harvard Business School. EachNet no tardó en adelantar a todos los demás clones chinos.

Para lanzar su ataque al mercado del comercio electrónico orientado al consumidor, Jack optó por la opción tipo eBay y entró en competición con EachNet. Pero Shao Yibo, Bo para los amigos, bien podía ser la horma del zapato de Jack.

Bo también era de origen humilde. Sus padres eran profesores. Su padre le había inculcado el interés en las matemáticas con una baraja de cartas, tal y como recuerda el propio Bo: «Con cincuenta y dos cartas y puntuando trece para el rey, etc., la baraja completa tiene un valor de trescientos sesenta y cuatro. Mi padre escondía una carta y me pedía que sumara el resto. Si sumaba bien, podía deducir qué carta había escondido».

Bo practicaba sin descanso y, para cuando cumplió los doce años, era capaz de sumar toda la baraja en doce segundos. Tras ganar una docena de concursos escolares de matemáticas por todo el país, Bo se convirtió en uno de los primeros estudiantes de China continental[6] en ser admitido en Harvard con una beca completa. Después de graduarse, trabajó durante dos años en Boston Consulting Group antes de volver a Harvard para matricularse en la escuela de negocios. Jack se había decidido por el comercio electrónico B2B pero Bo, en cambio, consideró toda una serie de negocios de Internet en Estados Unidos que podrían funcionar en China y decidió que «el único modelo de negocio que le parecía emocionante era el de eBay».

Antes de marcharse de Boston, Bo sacó a subasta en eBay las cosas que no quería llevarse y, en junio de 1999, a la edad de veintiséis años, volvió a Shanghái para crear el eBay chino.

Antes incluso de aterrizar, ya había captado medio millón de dólares de financiación.[7] No obstante, «mis padres pensaron que estaba loco

---

5. Conocido en chino como *yìqùwang*, que significa, entre otras cosas, «red de intercambios interesantes».

6. Desde 1949.

7. Cuatrocientos mil dólares de inversión providencial de los banqueros de inversiones George Boutros, Bill Brady y Ethan Topper, quienes había trabajado todos en Morgan Stanley con el legendario Frank Quattrone.

por haber rechazado una oferta de trabajo muy interesante económicamente y la posibilidad de obtener la tarjeta verde de residente para hacerme autónomo —rememoraría luego Bo—. Fui muy ingenuo y no estaba en absoluto preparado para los negocios en general y los grandes retos de levantar de la nada una *start-up* en particular».

Bo alquiló un apartamento barato en Shanghái y contrató a un compañero de instituto como su primer empleado pues su amigo, que estaba en el paro, era la única persona cuyo salario se podía permitir. Tampoco podía pagar los altos honorarios de los ingenieros, así que convenció a dos empleados de la agencia de la electricidad de la ciudad —que tenían algo de experiencia en TI pero nunca habían hecho una página web— para que fueran a trabajar con él por las noches: a las cinco de la tarde, cuando acababan su turno en la compañía eléctrica, se iban al apartamento-sede de EachNet a trabajar hasta la una de la madrugada, dormían allí y a la mañana siguiente vuelta a empezar. Poco después, Bo logró convencer a Tan Haiyin, otra compañera de clase de Harvard que también era de Shanghái, para que se le uniera como cofundadora. Antes de pasar por la escuela de negocios, Tan había sido una de las primeras empleadas de McKinsey en Shanghái. Después de Harvard, se había puesto a trabajar para Merrill Lynch en Nueva York y estaba recorriendo China en viaje de negocios cuando Bo la llamó para preguntarle si quería formar parte de su proyecto y quedarse en China. Le dijo que sí.[8]

Bo atrajo la atención de los medios extranjeros enseguida. El *Washington Post* lo citó declarando que EachNet conseguiría «incluso más prominencia en China de la que eBay había logrado en Estados Unidos». Bo también llamó la atención de los inversores muy pronto, y a los «ángeles» o inversores providenciales siguió rápidamente una ronda[9] de financiación con capital riesgo en la que captó 6,5 millones de dólares.

Conocí a Bo poco después de que volviera a Shanghái. Éramos vecinos en Hengsham Road, en el distrito de la antigua concesión francesa. Pese a su currículum impecable, Bo vivía muy modestamente

---

8. Todas sus posesiones estaban en Nueva York pero no volvió a recogerlas, se quedarían en un almacén durante más de un año hasta que EachNet pudo pagar su transporte a China por barco.

9. De Whitney, AsiaTech y Orchid.

y se había mudado con sus padres, algo que se interpretó como una clara señal de humildad, aunque los medios locales se centraron más en el hecho de que el atractivo licenciado de la Harvard Business School seguía soltero.

A pesar de haber entrado relativamente tarde en el sector de Internet en China, Bo dejó sentir su presencia inmediatamente y pasó a la acción de inmediato para ganar terreno a la competencia.[10] Bo no es de los que aguantan tonterías: en 2000, durante una conferencia sobre Internet celebrada en Shanghái en la que los dos participábamos como ponentes, Bo hizo trizas a un competidor que acababa de dar una presentación repleta de cifras infladas sobre tráfico en la Red y datos exagerados sobre transacciones, desvelando con calma pero metódicamente todas y cada una de las inexactitudes en los cálculos y en la lógica del rival, desmontando así sus argumentos de un modo tan demoledor que casi me dio pena el desafortunado rival, que fue de los que no sobrevivieron al desplome de las puntocom.

EachNet, en cambio, aguantó el estallido de la burbuja y sorprendió a todo el mundo al captar 20,5 millones de dólares en octubre de 2000. El principal inversor era Bernard Arnault, el barón del lujo francés propietario de LMVH, a través de Europatweb, su vehículo de inversión en las puntocom. Cuando el mercado se hundió, el fondo se asustó e intentó desinvertir completamente, pero al final aportó 5 millones de dólares. Bo hizo gala de un gran poder de persuasión al lograr recabar los otros 15 millones de inversores existentes y otras fuentes, por más que las bolsas continuaran cayendo. China estaba entrando en su «Invierno en Internet», pero EachNet había hecho acopio de provisiones.

No obstante, no iba a ser ningún paseo convertir EachNet en un negocio viable. ¿Podría funcionar de verdad el negocio de Internet en China? En Estados Unidos, eBay se había hecho muy popular ofreciendo productos a través de las subastas en línea, y por lo general las transacciones se realizaban entre los mismos consumidores directamente. En China, pese a que a la gente le encantaba regatear, la compraventa de objetos de segunda mano, incluso en el comercio tradicional, no era

---

10. Había más de una docena, incluidas ClubCiri y Yabuy, creada por veteranos de Federal Software que habían apoyado a 8848.

algo habitual. Los compradores estaban empezando a ejercer sus recientemente adquiridas libertades y había poca gente que tuviera posesiones que quisiera vender.

En Estados Unidos, eBay servía a una población en línea de más de 100 millones de personas y podía contar con un mercado de tarjetas de crédito bien desarrollado y servicios de mensajería fiables que abarcaban el país entero. En China, el tan cacareado mercado en línea de consumidores, cifrado en 10 millones de personas, era un espejismo. En 2000, era demasiado pronto para construir el «triángulo de hierro». Poca gente podía pagar en línea o tener acceso a un servicio de entrega fiable y, lo que era más básico todavía: había una total falta de confianza en la compraventa en línea. La regulación del sector bancario restringía el desarrollo de las tarjetas de crédito, que solo se permitieron a partir de 1999 y cuyo uso se restringía a clientes que mantuvieran depósitos en el banco. Las tarjetas de débito estaban empezando a ganar popularidad pero cada banco emitía la suya propia y los comerciantes no contaban con una red central de procesamiento. Olvídate de pagar en línea; y hasta comprar en el comercio tradicional con tarjeta era un lío: los puntos de procesamiento eran por aquel entonces un amasijo de cables que conectaban o suministraban energía a una docena de terminales de punto de venta. El pago en línea quedaba todavía a años luz de ser aceptado de forma generalizada. Las redes de mensajería estaban restringidas a ciudades concretas, así que no había un «mercado chino» en realidad, sino más bien una colección inconexa de mercados locales. La falta de confianza, sin embargo, era el mayor obstáculo a una mayor adopción del comercio electrónico por parte de los consumidores, tal y como describía Bo: «En Estados Unidos, si haces una oferta en una subasta es un contrato y la ley te obliga a cumplir si ganas la subasta. Está muy claro. A la gente le preocuparía tener que enfrentarse a una demanda por incumplimiento de contrato. En cambio, en China, les da igual. "Yo hago una oferta y luego si ya no lo quiero, pues que se fastidie el vendedor"».

En vista de lo cual, inicialmente EachNet limitó sus ofertas de subasta a la ciudad de Shanghái, donde había montado unas cabinas físicas donde los clientes podían encontrarse y realizar las transacciones tras haber conectado en línea en un primer momento: luego se reunían en persona para examinar los objetos en venta, pues siempre quedaba el temor de que fueran a engañarlos, y por fin pagaban en persona cuando se reunían cara a cara. EachNet tuvo que alquilar y operar varias cabinas de comercio por todo Shanghái, lo cual era claramente una estrategia insostenible para una empresa supuestamente de Internet. Para principios de 2001 las habían cerrado todas.

EachNet tenía que encontrar formas nuevas de hacer dinero, así que adquirió un distribuidor de móviles y lanzó plataformas de subasta en NetEase y Sina, y para ampliar su área de captación empezó a vender sellos y ropa de bebé.

Pero, en ausencia de nueva financiación del capital riesgo, Bo no tuvo más remedio que encontrar la manera de salvar los obstáculos que impedían a la gente comprar en línea: los problemas con los medios de pago, la entrega de los paquetes, la calidad del producto y la confianza de la gente.

Un método popular era combinar el pago con la entrega: pagar en metálico cuando se recibía el producto permitía a los consumidores verlo antes de pagarlo. EachNet montó un sistema para que las empresas de mensajería actuaran como agentes de cobro. El pago en metálico era una solución provisional pero, para 2002, las tarjetas estaban convirtiéndose por fin en un método viable de pago. Aunque la penetración de las tarjetas de crédito seguía siendo muy baja, el uso de las de débito estaba despegando. Las tarjetas bancarias pasaron de 150 millones cuando EachNet se lanzó, a casi 500 millones a finales de 2002. Los sistemas de Tecnologías de la Información de los bancos también empezaron a comunicarse entre sí, porque en 2002 el regulador desplegó un sistema unificado de procesamiento de las transacciones con tarjeta llamado China UnionPay (*zhongguo yinlian*). El logotipo azul, verde y rojo de UnionPay es muy frecuente en los escaparates de las tiendas y los cajeros automáticos de todo el mundo. UnionPay resolvió un gran quebradero de cabeza para los comerciantes chinos tanto en el comercio tradicional como en línea: garantizarse que podían aceptar la tarjeta de un cliente, independientemente del banco que la hubiera emitido. El proceso no se produjo de la noche a la mañana sino que, durante unos cuantos años, EachNet tuvo que animar a sus clientes más activos a solicitar una tarjeta de crédito a uno de los cuatro grandes bancos comerciales del país para poder finalizar sus compras en línea.

Tal y como Bo había señalado, el sistema legal chino no ofrecía demasiadas garantías ni a los comerciantes —a los que les preocupaba que los consumidores no pagaran por productos que ya se les habían enviado— ni a los consumidores tampoco, quienes en su caso temían que los productos que habían comprado no les llegaran jamás. Para abordar este problema, EachNet estableció su propio servicio de custodia de depósitos en virtud del cual recogería los importes pagados por los clientes y los liberaría para el cobro por parte de los vendedores solamente cuando la entrega estuviera confirmada, cobrando una comisión del 3% por el servicio. No se apuntaron muchos clientes pero aun así y con la vista puesta en el gran éxito de PayPal en Estados Unidos, EachNet comenzó a planificar la creación de su propio equivalente local.

Las cuestiones en torno a la calidad del producto eran más difíciles de solventar. En Estados Unidos, eBay había sido pionera con un servicio que permitía a los consumidores calificar a los vendedores pero, en China, los vendedores sin escrúpulos no tardaron en encontrar la forma de engañar al sistema utilizando miles de cuentas falsas para incrementar sus valoraciones positivas de modo que se diluyeran las negativas. EachNet trató de limitar el número de valoraciones que podía publicar un usuario y montó un equipo encargado de investigar las denuncias de fraude recibidas de los consumidores, pero ambas iniciativas se vieron pronto desbordadas: ya era un reto formidable identificar a compradores y vendedores en la plataforma, por no hablar de imponer sanciones...

Claramente EachNet estaba pensando en el largo plazo, pues no proyectaba ningún beneficio para 2005. Sus posibilidades de captar nuevo capital riesgo, sin embargo, se redujeron aún más. Bo y sus inversores se dieron cuenta de que su mejor oportunidad de convertir EachNet en el eBay de China pasaba por que la misma eBay los comprara.

## eBay viene a China

En el otoño de 2001, la consejera delegada de eBay, Meg Whitman, hizo un viaje a Shanghái para conocer a Bo. En marzo de 2002, EachNet sorprendió al mercado una vez más anunciando un acuerdo que marcaría todo un hito: iba a vender el 33% de la empresa a eBay por 30 millones de dólares.

Pese a los retos a los que se enfrentaba EachNet, eBay había quedado muy impresionada con lo que había visto. La página web de EachNet tenía más de tres millones de usuarios registrados, de los que más de 100.000 visitaban la web todos los días. La empresa se había expandido de Shanghái a Pekín y Cantón. Más de la mitad del negocio era generado por operaciones en las que participaban agentes de fuera de esos tres lugares. La web mostraba en todo momento más de 50.000 artículos que iban de las prendas de ropa a inmuebles, y ofrecía precios fijos o subastas, lo que generaba transacciones por valor de 2 millones de dólares cada mes.

EachNet era diminuta comparada con eBay, pero el atractivo de China era de una importancia crítica para Whitman, que necesitaba desesperadamente buenas noticias para los inversores tras haber anunciado hacía solo un mes la pérdida del mercado japonés a manos de Yahoo Japón, respaldada por el SoftBank de Masayoshi Son, un revés a la ambición de Whitman de hacer de eBay «un mercado global de verdad». Partiendo de los 750 millones de dólares de 2001, eBay se había fijado un objetivo de ingresos de 3.000 millones para 2005. Japón habría supuesto un gran paso para conseguirlo, con unas transacciones por un valor estimado de 1.600 millones, pero eBay había llegado a la fiesta con retraso[11] en ese país, donde no se había establecido hasta febrero de 2000, cinco meses después de Yahoo Japón. Y además, la estrategia de eBay había sido un lío desde el principio. En Japón, eBay cobraba comisiones pero su competidor, Yahoo Japón no. Las tarjetas de crédito seguían siendo una rareza en Japón, pero eBay exigía a sus clientes que la utilizaran para registrarse en su sitio web. eBay eligió un consejero delegado japonés y un socio local (NEC) con poca experiencia en Internet, contribuyendo todo ello a que perdieran fuerza en el mercado rápidamente. En el verano de 2001, eBay detentaba un paupérrimo 3% del mercado; para cuando bajaron la persiana en febrero de 2002, el sitio ofrecía tan solo 25.000 productos en comparación con los 3,5 millones

---

11. Whitman atribuiría después el retraso a la costosa caída del sitio web de eBay que había tenido lugar en Estados Unidos el verano anterior.

de su rival Yahoo Japón. En el país del sol naciente, el sol ya se había puesto para las ambiciones de eBay y la empresa procedió a rescindir los contratos de sus empleados.

¿Próximo destino? eBay tuvo más éxito en Corea del Sur[12] y Taiwán[13], pero solo con China conseguirían verdaderamente dar el salto en facturación. Para 2002, la población de Internet en China había aumentado hasta situarse en 27 millones, la quinta mayor del mundo.[14] Whitman reconoció la importancia de China antes que otros muchos en Silicon Valley: «Con la situación demográfica y los increíbles cambios que se estaban produciendo en China, nuestra hipótesis era que podía tratarse de uno de los mayores mercados de comercio electrónico del mundo», declaró la ejecutiva a los medios, proyectando unos ingresos procedentes del comercio electrónico de 16.000 millones de dólares para 2006.

En Japón, eBay no había sido capaz de comprender las necesidades del cliente local y Whitman estaba decidida a no repetir los mismos errores en China. Lo que se proponían era respaldar a algún socio local que fuera uno de los agentes principales del mercado. EachNet era una opción evidente. El vicepresidente primero de eBay, Bill Cobb comentaría al cabo de un tiempo que: «(Bo) había estudiado eBay de cabo a rabo y verdaderamente había intentado adaptar al mercado muchos de los principios de eBay». Tampoco era ningún problema precisamente que Bo (y su cofundadora Tan Haiyin) hubieran asistido a la Harvard Business School, que también era el *alma mater* de Meg Whitman.

Pero eBay no solo quería respaldar a EachNet, sino que se proponía comprarla. El trato inicial[15] proporcionó a eBay un tercio de la empresa y también una opción para hacerse con el control total, algo que

---

12. Con la compra de una participación mayoritaria que le daba el control de Internet Auction Company.

13. eBay pagó 9,5 millones de dólares por el operador de subastas de Taiwán NeoCom Technology.

14. Por detrás de Estados Unidos, Japón, Alemania y el Reino Unido.

15. eBay pasó a ocupar dos asientos en el consejo de administración de EachNet. Bo ocupaba uno de los otros tres.

ocurrió quince meses más tarde, ascendiendo el desembolso total a 180 millones de dólares. Con un cambio de marca que la transformó en eBay EachNet, la compañía se convirtió en el buque insignia de las aspiraciones de eBay en China. Esa decisión de adquirir la propiedad plena de EachNet sentó las bases del triunfo de Alibaba y la humillación[16] de eBay.

Al principio todo parecía ir bien y, con EachNet, eBay logró una cuota de mercado del 90% del comercio electrónico enfocado al consumidor pero, al cabo de dos años, eBay había quedado reducida a la irrelevancia en China y obligada a emprender una vez más una humillante retirada de Asia.

¿Por qué fue todo tan mal tan deprisa? Incluso a pesar de que Whitman había concedido a Bo una generosa cantidad de opciones, convertir a EachNet en una filial supuso inevitablemente un cambio en la dinámica con los gestores de eBay. Al poco tiempo de la adquisición y por motivos familiares, Bo tuvo que mudarse a California, algo que Meg Whitman le facilitó mucho, dando prueba de gran generosidad, según me contó Bo en 2015. Siguió implicándose en el negocio pero la larga distancia que separaba San José de Shanghái empezó a dejarse sentir: como Bo ya no estaba en Shanghái, la dirección de marketing de Estados Unidos empezó a dictar al departamento de marketing de China lo que tenían que hacer, y algo parecido pasó con el departamento de tecnología.

Con la adquisición, eBay había hecho una muesca en la cultura emprendedora de EachNet, y el daño se hizo patente cuando otra empresa con espíritu emprendedor apareció en escena: Alibaba. Peor aún: Alibaba tenía el respaldo de SoftBank, responsable de la derrota de eBay a manos de Yahoo Japón.

Un ingeniero jefe de EachNet que perseveró en la empresa durante varios años después de la adquisición resumía así cuál había sido el prin-

---

16. El contraste entre las desventuras de eBay en China, donde había realizado una adquisición directa y su triunfo en América Latina, donde había realizado una inversión minoritaria en la empresa local Mercado Libre en 2001, hablaba por sí solo. En la actualidad, Mercado Libre, la empresa número uno de comercio electrónico en América Latina, está valorada en más de 6.000 millones de dólares y eBay tiene una participación de más del 18%.

cipal problema: «eBay pensó que era cosa hecha pero resultó que no». Al principio eBay dominaba el mercado, pero este crecía tan rápido que lo que de verdad importaba era hacerse con la mayor cuota posible de los millones de nuevos compradores en línea. Los usuarios incrementales, no los existentes, eran la clave.

Con su negocio B2B Alibaba.com, Jack había apuntado con toda la artillería hacia Merle Hinrichs y Global Sources pero, para la nueva incursión en el mercado de consumidor había escogido un blanco mucho más grande, un icono de Silicon Valley: eBay y su consejera delegada Meg Whitman.

## Al cuadrilátero

Alibaba comenzó los preparativos para entrar en el mercado chino del comercio electrónico orientado al consumidor en 2002, en un primer momento como un movimiento defensivo motivado por la llegada de eBay. Jack lo explicaría así después: «Tenía que detener a eBay para proteger a Alibaba». Pese a que EachNet se orientaba al consumidor final y no a las empresas, que eran el público objetivo de Alibaba, a Jack le preocupaba que algunos de los comerciantes más grandes que estuvieran activos en EachNet pudiera invadir el terreno de Alibaba: «En aquellos tiempos, solo había dos empresas en China que comprendieran los mercados en línea: eBay y Alibaba. A mí me preocupaba particularmente que los principales vendedores de eBay crecieran hasta el punto de empezar a competir en el segmento B2B».

El plan de Jack de orientarse al mercado de consumo se encontró con resistencia dentro de Alibaba. El negocio B2B todavía no era rentable y el mercado de capital riesgo permanecía cerrado por el momento. ¿Podía verdaderamente la empresa permitirse abrir un nuevo frente cuando todavía estaba librando la batalla del B2B? ¿Acaso no estaría Jack sencillamente volviéndose paranoico?

El director técnico, John Wu, se oponía firmemente a la idea e incluso fue a ver a Jack la noche antes del lanzamiento del nuevo proyecto para advertirle de que aquel movimiento perjudicaría a Alibaba: «¿Cómo vas a enfrentarte a eBay?» Jack respondió que el mercado seguía abierto: «En la actualidad hay cien millones de usuarios de Internet en el país, pero solo cinco millones compran en línea». Los ambiciosos planes de Jack para Alibaba le dieron además una perspectiva diferente: «eBay quiere comprar el mercado chino, nosotros en cambio queremos crear el mercado chino de intercambio comercial en Internet».

Guiado por su experiencia de primera mano como dueño de un pequeño negocio en Zhejiang, Jack estaba convencido de que la amenaza de eBay era real: «En China hay tanta empresa pequeña que no es fácil distinguir entre pequeños negocios y consumidores. El comportamiento de los unos y los otros es muy similar: una persona toma la decisión por toda la organización». Jack también comprendía cuál sería la tentación para eBay, como luego comentaría: «No lanzamos Taobao para ganar dinero, sino porque en Estados Unidos eBay obtiene muchos ingresos con los negocios pequeños y sabíamos que algún día eBay llegaría hasta donde estábamos».

Así que estaba decidido: Alibaba se dirigiría al mercado del comercio electrónico orientado al consumidor final. Jack volvió muy animado de un viaje a Tokio a finales de 2002 donde se reunió con un Masayoshi Son exultante: Yahoo Japón acababa de expulsar a eBay de sus costas, lo cual era un gran espaldarazo para SoftBank tras varios años duros de liquidaciones puntocom. SoftBank se comprometió a aportar 80 millones[17] de dólares a la nueva aventura de Alibaba.

El proyecto era altamente confidencial, pocos dentro de Alibaba siquiera sabían que se hubiera considerado la posibilidad de dirigirse a los consumidores chinos, y mucho menos que de hecho se había montado un equipo para crear un nuevo sitio web. Se logró la total confidencialidad y un cierto grado útil de folclore —típico de Alibaba— «secuestrando» a un puñado de empleados, incluido el cofundador Toto Sun, en el apartamento de Hupan Huayan donde había empezado todo.

Dos años más tarde, Jack recordaba la escena en que había llamado a una docena escogida de empleados a su despacho: «Estábamos el director de operaciones, el director financiero, la vicepresidenta de recur-

---

17. En un primer momento a través de una empresa conjunta con Alibaba en la que Soft-Bank invirtió 50 millones de dólares, con una inversión adicional de 30 millones en forma de bonos convertibles que más adelante podrían intercambiar por acciones ordinarias.

sos humanos y yo; fui hablando con todos uno por uno: "La empresa ha decidido enviarte a un proyecto pero tienes que marcharte de casa y no puedes hablar del asunto ni con tus padres ni con tu novio ni con tu novia. ¿Estás de acuerdo?" Confinado en el pequeño apartamento, el equipo se puso manos a la obra.

A la hora de enfrentarse a eBay, Jack quería contar con el factor sorpresa. Para explicar su estrategia recurrió a su fuente inagotable de historias de artes marciales: «He visto a mucha gente gritar "¡Enfréntate al Templo Shaolin!" a los pies del monte donde está el Templo Shaolin, lo cual es una tontería. Ahora bien, si llego hasta el umbral de tu puerta para desafiarte, puedo estar casi seguro de que te voy a derrotar. En el futuro no habrá necesidad de gritar porque, en cuento atravieses el umbral, la gente se asustará».

A lo largo de todo el proyecto, Jack insistió en que su objetivo no era EachNet, sino la propia eBay. Una vez que el proyecto se hizo del dominio público, quiso asegurarse de que se percibía la lucha como un enfrentamiento entre David y Goliat. Uno de los miembros del equipo[18] evocaba así el ambiente que se respiraba: «No éramos más que un puñado de pueblerinos y nuestro competidor era eBay». Reuters, por su parte, resumiría la cultura imperante entre ellos como «comercio estilo kung-fu con una pizca de teatro».

Para mantener alta la moral del pequeño grupo de ingenieros de software, estos hacían descansos de vez en cuando para dejar de codificar un rato y echar una partida de videojuegos o hacer ejercicio. Jack animaba al equipo a hacer el pino. Según les explicó, mirar el mundo cabeza abajo le había dado una perspectiva diferente de la vida.

El nuevo negocio iba a llamarse[19] «en busca del tesoro» o *taobao* en chino. La etiqueta de la página Taobao.com era «No hay tesoro que no pueda encontrarse y no hay tesoro que no pueda venderse».

Taobao se lanzó oficialmente el 10 de mayo de 2003, fecha que se celebra todos los años como el Aliday [día Ali], un día de «lleva tu fa-

---

18. Shou Yuan.

19. «Taobao» no era la primera opción a la hora de elegir un nombre para el nuevo negocio. El nombre original era «Alimama», que luego se utilizó para la plataforma tecnológica de marketing en línea de la empresa.

milia al trabajo» y la fecha en que se hace la famosa celebración de boda. Aliday conmemora el espíritu de equipo que ayudó a Alibaba a superar un reto inesperado que puso a sus empleados a prueba como nunca antes.

## Ataca el SRAG

En 2002, se produjo en China un brote del virus del SARS (siglas en inglés del Síndrome respiratorio agudo grave o SRAG) que comenzó en el sur del país y se propagó provocando focos de infección que resultaron en ocho mil enfermos y ochocientas muertes. Siete mil de los infectados y la mayoría de los que murieron se encontraban en la China continental y Hong Kong.

En Hangzhou, cuatrocientos empleados de las oficinas centrales de Alibaba se sometieron a medidas de aislamiento voluntario en sus domicilios después de que una de sus compañeras, Kitty Song (Song Jie), cayera enferma y se sospechase que podía tratarse de un caso de SRAG. Song había viajado a Cantón, el epicentro del brote, como integrante de un grupo de empleados de Alibaba que habían acudido a la Feria bienal de Cantón.

El SRAG hizo que una empresa que ya estaba muy unida se uniera todavía más. Como el origen y el impacto verdadero de la enfermedad eran una incógnita, el SRAG era una experiencia espeluznante (tal y como yo mismo pude comprobar en primera persona en Pekín) por aquel entonces. Además, el brote unió a la gente.

A principios de mayo, Jack se puso una de las máscaras que se habían distribuido por toda la empresa a los empleados y se inició un plan que recluía a todos sus trabajadores en casa durante una semana. Poco después de que se mandara a todo el mundo a casa, las oficinas se sellaron para evitar cualquier riesgo de infección debida a una potencial exposición al posible caso detectado. En una carta a los empleados que se hizo circular ese mismo día, Jack desplegaba al máximo su habilidad para inspirar a las tropas y mantenerlas centradas en los objetivos de la empresa: «Nos debemos los unos a los otros y nos apoyamos los unos a los otros. No olvidamos jamás la visión y la obligación de Alibaba, incluso enfrentándonos a los retos que plantea el SRAG. La tragedia pasará pero la vida seguirá adelante. Luchar contra la desgracia no nos impedirá luchar por la empresa que amamos».

Pese a que miles de personas cayeron enfermas y casi ochocientas murieron, curiosamente el brote tuvo un impacto positivo en el sector de Internet de China, incluida Alibaba. El SRAG sirvió para validar la telefonía móvil digital e Internet, y en ese sentido supuso un punto de inflexión a partir del cual Internet se convirtió en un verdadero medio de comunicación de masas en China.

El virus dio un increíble impulso a los mensajes de texto, lo que hizo que crecieran los ingresos de las empresas de telefonía móvil chinas como China Mobile. No obstante, el SRAG también generó tráfico hacia los tres portales chinos, gracias a acuerdos de reparto de ingresos a los que se llegó con la empresa de telecomunicaciones. A medida que las acciones de Sina, Sohu y NetEase empezaban a subir, el interés de los inversores en las empresas chinas de tecnología se reactivó de repente. El uso del teléfono móvil no fue el único beneficiario, el acceso a Internet de banda ancha creció mucho también, a medida que millones de personas, confinadas en sus hogares o residencias estudiantiles y similares durante días o semanas enteras utilizaban Internet en busca de información y entretenimiento.

Al cabo de unos días de estar recluidos en casa, se instaló Internet en los hogares de los empleados de Alibaba. Mientras las autoridades de Hangzhou les proporcionaban comida y realizaban un par de visitas diarias de desinfección, ellos siguieron trabajando, celebrando reuniones virtuales en salas de conferencia en línea.

Era difícil encontrar información fiable sobre el SRAG, sobre todo durante los primeros meses del brote, en los que los medios de comunicación oficiales, incluida la cadena estatal de televisión China Central Television, enmudecieron. Así pues, la gente recurrió a sus teléfonos y ordenadores en busca de información y las mejores maneras de protegerse. Además, el SRAG, de manera crucial para Alibaba, hizo que millones de personas, temerosas de salir al mundo exterior, se animaran a probar la compra en línea como alternativa.

El supuesto caso de SRAG dentro de la empresa resultó no ser tal al final, así que, para Alibaba, la cuestión del SRAG acabó siendo una bendición encubierta. Como el equipo secreto de Taobao se había mudado a trabajar al apartamento de Hupan Huayan, no se vieron afectados por la cuarentena de la oficina principal. Jack seguía recluido en casa y no pudo estar con el equipo de Taobao para el lanzamiento del 10 de mayo; así lo recordaba luego: «Unos cuantos acordamos hablar por teléfono a las ocho de la tarde y alzar cada uno nuestra copa donde estuviéramos para brindar diciendo "Por que Taobao llegue a buen puerto". El día que se lanzó Taobao publicamos en la página web una mención: "En recuerdo a los que trabajaron incansablemente durante el brote de SRAG"».

Durante el brote de SRAG, los empleados de Alibaba se autoimpusieron la cuarentena y trabajaron desde casa, 2003. *Cortesía de Alibaba.*

## Taobao

Pese a que Taobao se lanzó el 10 de mayo, los visitantes al sitio web no podían detectar la relación con Alibaba. Taobao convirtió en virtud su calidad de *start-up*, confiando en el marketing boca-oreja para popularizar el sitio web, lo que incluía las publicaciones en la infinidad de sistemas de tablones de anuncios gratuitos existentes y otros foros en línea populares en China en aquel momento.

La relación de Taobao con Alibaba se mantuvo tan en secreto que un buen número de empleados de Alibaba llegaron a expresar su preocupación a sus superiores por la entrada en escena de un potencial rival. Jack recordaba: «Tenemos una intranet muy activa. A finales de junio, alguien publicó un mensaje pidiendo a los altos directivos de la empresa que prestaran atención a una página web que podría convertirse en nuestro competidor en el futuro». La intranet de Alibaba no tardó en bullir con un animado debate sobre quién había detrás de Taobao y los empleados comentaron también la desaparición de algunos de sus colegas. Por fin, el 10 de julio de 2003, Alibaba anunció que Taobao era parte de la compañía: «¡Hubo un clamor de vítores!», recuerda Jack.

Se había levantado la liebre y, con todos los recursos de Alibaba a su disposición, ahora Taobao podía maniobrar para enfrentarse a eBay. Pero Jack deseaba que Taobao mantuviera una cultura innovadora de *start-up*, algo a lo que contribuyó la misma eBay con una maniobra preventiva que pretendía cerrar el mercado a cal y canto. eBay firmó contratos publicitarios en exclusiva para promocionar su página web en todos los portales principales de China, lo que suponía la prohibición de que estos mostraran anuncios de las páginas de los rivales. Así fue como Alibaba tuvo que adoptar toda una serie de estrategias de marketing de guerrilla que incluían optar por dirigirse a cientos de sitios web pequeños pero con rápido crecimiento y comunidades en línea que eBay había considerado poco importantes.

Con el respaldo de SoftBank, Jack realizó un movimiento inspirado en el repertorio de Yahoo Japón: en 1999, cuando lanzaron su negocio de comercio electrónico, el consejero delegado Masahiro Inoue pidió a sus 120 empleados que incluyeran ellos mismos artículos en los escaparates virtuales de la página web para que hubiera movimiento y diera la sensación de ser una web muy activa y popular. Cuatro años más tarde, Jack hizo lo mismo en China: «Teníamos en total siete u ocho personas [en el equipo de Taobao]... Todo el mundo debía encontrar cuatro artículos. Rebusqué por armarios y cajones. Casi no tenía cosas en casa... Sacamos unos treinta artículos e hicimos lo típico de «yo te compro a ti y tú me compras a mí». Así fue como empezó todo... Yo puse hasta mi reloj a la venta».

Jack también insistió en que Taobao mantuviera un claro sabor a cultura local, incluidos los seudónimos[20] sacados de las novelas de Jin Yong y otros relatos populares. Taobao desarrolló con éxito una cultura enigmática y llena de fantasía, unida a un espíritu de trabajo profundamente enraizado. Pero todavía pasarían años antes de que Taobao ganara dinero. Por suerte, una vez más Alibaba podía contar con el apoyo de SoftBank. En febrero de 2004, SoftBank lideró una nueva inversión de 82 millones de dólares que llenó de nuevo los cofres de Alibaba en previsión de la larga batalla que habría de librar Taobao con eBay.

Esta transacción también marcó el final del viaje de Goldman Sachs. Shirley Lin había dejado el banco en 2003 y, a falta de alguien que supervisara la inversión, Goldman había aplicado una depreciación que dejaba su valor a cero. Al año siguiente, justo antes de la nueva inversión de SoftBank, Goldman vendió su 33% de participación: el banco había pagado 3,3 millones de dólares en 1999 y la vendió por más de siete veces esa cantidad al cabo de cinco años, lo cual en su momento parecía un muy buen resultado, aunque ninguna de las personas que habían participado en el trato seguía en Goldman Sachs para apuntarse el tanto. Los inversores que compraron la parte de Goldman experimentaron rápidamente una apreciación de su inversión en cuanto entró el dinero de SoftBank para el desarrollo de Taobao. A Goldman, en cambio, todavía le esperaban tiempos peores cuando en 2014 tomó conciencia del pleno alcance de su error, ya que la participación por la que el banco de inversiones había pagado 3,3 millones de dólares en 1999 habría alcanzado un valor de más de 12.500 millones de dólares con la OPI y, lo que era aún peor: los socios del banco podían calcular cuánto les había costado a título personal; algunos estimaron que habían dejado de ga-

---

20. Toto Sun era conocido como «el Dios de la Riqueza» (o «Cai Shen» en chino). A sus empleados les gustaba llamarlo el «Tío Riqueza». Sun confiaba en que ese seudónimo traería suerte a esta nueva adición a la familia Alibaba. La vicepresidenta Zhang Yu, a cargo de operaciones, era conocida como Yu Yan, uno de los principales personajes femeninos de la novela de Jin Yong *Semi-Gods and Semi-Devils* [Medio dioses y medio demonios].

nar unos 400 millones de dólares (suficiente para unas cuantas mansiones en los Hamptons).

Además de SoftBank, entre el resto de inversores que invirtieron en Alibaba también se encontraban Fidelity Investments, Venture TDF y un nuevo inversor, Granite Global Ventures (más adelante GGV Capital), respaldado por Venrock, filial de Rockefeller. El trato se anunció como parte de un movimiento para realizar una «expansión agresiva» de Taobao que convirtiera la web en el «mercado en línea más popular entre los comerciantes y consumidores chinos para poner a la venta artículos en Internet».

Masayoshi Son respaldó públicamente la estrategia de Alibaba. Cuatro años después de la inversión inicial de SoftBank en Alibaba, se declaró «extremadamente satisfecho» y predijo que «Alibaba tenía potencial para convertirse en otro éxito extraordinario como Yahoo». Al mismo tiempo, Alibaba publicó los resultados de la web B2B Alibaba.com que había triplicado la facturación del año anterior, logrando por fin que ese negocio empezara a dar beneficios.

Pese al renovado apoyo financiero obtenido para Taobao, en eBay seguían ignorando la creciente amenaza que se cernía sobre ellos, pues se consideraban muy superiores a aquel estrafalario competidor local. Cuando en la primavera de 2004 *BusinessWeek* preguntó al vicepresidente primero de eBay Bill Cobb sobre sus rivales en China, este tan solo mencionó uno: 1Pai, una empresa conjunta de Yahoo y Sina.

A Jack le encantó que lo ignoraran. «Durante el primer año, eBay no nos consideró su rival, ni se les pasó por la cabeza que pudiéramos ser su rival. Pensaron: "Ni habíamos oído hablar jamás de Alibaba. ¡Qué nombre más raro!" Cualquier chino sabe lo que quiere decir *tao bao*. Los extranjeros no».

eBay confiaba en que su red global y su experiencia garantizarían que EachNet se distanciara fácilmente de sus competidores, pero la burocracia corporativa, agravada y amplificada por unas líneas jerárquicas que tenían que cubrir la larga distancia hasta San José y no funcionaban, acabarían por apagar el menor rescoldo de espíritu emprendedor que pudiera quedar de EachNet en Shanghái. La aventura china de eBay, que duró de 2003 a 2006, es hoy un caso clásico de cómo no gestionar un negocio en un mercado lejano.

El primer gran error de eBay fue decirle al mercado que China ya era un as en la manga. Hay que reconocerle a Meg Whitman que supo ver el potencial de China como mercado de Internet antes de que esa idea se hiciera popular. Su interés temprano en las oportunidades de negocio en China se vio impulsado por una conexión familiar con el país: «En la década de los setenta invitaron a mi madre a formar parte de un grupo de mujeres que, bajo el liderazgo de la actriz Shirley MacLaine, visitaron China. Había muchas razones para no ir: por aquel entonces China era un país subdesarrollado que había estado cerrado al mundo exterior durante muchos años. Mi madre no tenía más que diez días para prepararse pero, en vez de preocuparse por su seguridad, lo que hizo fue verlo como una gran aventura. Durante cuatro semanas, el grupo recorrió miles de kilómetros por toda China, sobre todo en tren, visitando escuelas, granjas y aldeas».

Whitman recordaba que «a mi madre —e indirectamente a mí—, ese viaje le cambió la vida, de hecho, se puso a estudiar mandarín y luego volvería ocho veces más al país. Después de aquel primer viaje nos dijo a mi hermana y a mí: "He visto a mujeres haciendo todo tipo de cosas maravillosas, así que daos cuenta de qué tenéis la oportunidad de hacer y ser lo que queráis"».

Mary Meeker, por aquel entonces analista de Internet en Morgan Stanley, donde la llamaban la «reina de Internet»[21] fue una de las principales partidarias de la estrategia de Whitman. El estallido de la burbuja de las puntocom había hecho mella en la reputación de prácticamente toda la comunidad de investigación tecnológica de Wall Street, pero China desempeñó un papel muy significativo en la redención de Meeker. En abril de 2004, Morgan Stanley publicó un informe de 217 páginas firmado por ella que analizaba el perfil del sector de Internet en China. El informe se imprimió más de 25.000 veces. Meeker tenía reputación de ir siempre a la contra: «Una de las grandes inversiones de nuestra época ha sido la compra de inmuebles en la ciudad de Nueva York —dijo en una ocasión—, y los inversores obtuvieron los mayores

---

21. Por el impacto de su publicación regular *The Internet Report* [El informe de Internet] que vio la luz por primera vez en 1995 en los preliminares de la rompedora OPI de Netscape Communications liderada por Morgan Stanley.

beneficios si compraron en los setenta y los ochenta, cuando atracaban a la gente por la calle... La lección que podemos aprender de todo eso es que cuando más ganas es cuando compras cosas sin tener en cuenta lo que diga el consenso generalizado».

## Quien gane China, ganará el mundo

Meeker ahora veía China como la Siguiente Gran Cosa. Escoger la empresa china correcta por la que apostar no era fácil —dijo—, así que recomendaba que en vez de eso los inversores aprovecharan el tirón de empresas de Silicon Valley con presencia en China: «Tanto Yahoo como eBay tienen posiciones interesantes en el mercado chino. Así que nuestro punto de vista bastante simplista es que una manera de manejarse en el mercado chino es ser propietario de Yahoo o eBay». El informe citaba a Whitman subiendo las apuestas al predecir: «Quienquiera que gane china, ganará el mundo».

El decidido apoyo a Whitman por parte de Meeker, incluida su valoración positiva de la estrategia seguida en China, contribuyó a que la cotización de eBay subiera un 80% en 2004. Pero ese aumento en el valor de los títulos no hacía sino ocultar los retos crecientes a los que se enfrentaba la empresa. Toda una serie de aumentos en las comisiones había desatado las protestas de los comerciantes de sus tiendas virtuales, decenas de miles de los cuales se habían unido para denunciar a «Fee-Bay» [ComisiónBay] o «GreedBay» [AvariciaBay]. Las quejas alcanzaron su punto álgido en febrero de 2005 cuando eBay incrementó las comisiones en casi un 3% (hasta el 8%) en su centro comercial mundial. Whitman seguía optimista: «La cuestión es que, desde el principio, la comunidad de eBay siempre ha sido de las que no se callan nada». Sí que reconoció, no obstante, que los comerciantes insatisfechos «tal vez habían alzado la voz un poco más que en ocasiones anteriores».

China se convirtió en una forma útil de distraer a los inversores de eBay de los problemas que tenía la empresa en casa y, peor aún: antes de haber afianzado su posición en el país, la actitud de «estamos ganando en China» tanto de eBay como de PayPal —que habían adquirido recientemente— resultó en una especie de negación colectiva de la realidad, incluso cuando empezaron a aparecer los primeros indicios de que las cosas no iban como debían. China se consideraba tan importante que los gestores de la empresa, deseosos de presentar una historia positiva a Whitman y otros ejecutivos de alto nivel, se aseguraron de que todo diera la impresión de ir bien en PowerPoint y sonara a las mil maravillas por conferencia. No obstante, gracias a sus propios pasos en falso, además de la estrategia competitiva desplegada por Alibaba, todo eso cada vez distaba más de la realidad sobre el terreno.

El error más grave que cometió eBay fue confundirse con la cultura. Una actitud de «déjaselo a los expertos» desmoralizó al equipo original de Shanghái cuando recibieron el desembarco de los ejecutivos de eBay procedentes de la central de San José u otros lugares del imperio de eBay. Por muy capacitados que estuvieran los recién llegados, la mayoría no hablaba chino y se enfrentaban a una empinada curva de aprendizaje si querían entender el mercado local. Empezaron a marcharse miembros clave del equipo de EachNet que comentaban en sus entrevistas de salida que les preocupaba que San José ya no los implicara en las decisiones clave. eBay había enviado a un buen número de ejecutivos nacidos en China, pero la mayoría llevaban muchos años estudiando y trabajando en Estados Unidos y al final se habían generado fricciones y malentendidos con el equipo local. EachNet acabó en una posición de seria desventaja frente a la 100% local Taobao.

Esta brecha se reflejaba en el diseño de las páginas web de los dos rivales: eBay se encargó rápidamente de alinear el sitio web de EachNet con su sitio global, reconfigurando por tanto la manera en que se dividían los productos por categorías y alterando el diseño y la funcionalidad de la página web. Todo eso no solo confundió a los clientes, sino que además sirvió para distanciar a toda una serie de importantes comerciantes que vieron como sus valiosos nombres de cuenta en China se habían borrado de repente, lo que invalidaba su historial de ventas y los obligaba a reaccionar tan rápido como pudieron para solicitar nombres nuevos en una plataforma global con la que no estaban familiarizados. Y lo peor de todo fue que el sitio web chino no tenía un número de atención al cliente. Para los usuarios locales, la página de eBay en China, un fiel calco de la de eBay en Estados Unidos, tenía un aspecto extranjero y daba la impresión de estar medio vacía en comparación con otras páginas locales.

En lo que a diseño de páginas web respecta, la cultura importa. En Occidente se han hecho muy populares las páginas del tipo Google por sus líneas limpias y el «espacio negativo» despejado. En cambio, en el mercado de masas de Internet en China, donde los usuarios están acostumbrados a los *pop-ups* y los *banners* publicitarios flotantes, eso les resultaba aburrido y estático. Tal y como se puede comprobar fácilmente con tan solo abrir taobao.com, los sitios web más populares de China suelen estar llenos de información y gráficos multimedia, haciendo necesario avanzar hacia abajo en repetidas ocasiones para ver la página completa. Desde el principio, Taobao ha sido una web creada por chinos para chinos. Y ha funcionado.

No han sido solo los elementos gráficos los que ha ayudado a Taobao a conectar con los consumidores. Taobao estructuró su página web como un bazar local, llegando incluso a incluir ideas innovadoras como incorporar un botón en el que, con tan solo un clic, compradores masculinos y femeninos accediesen a un despliegue de los productos que más se ajustaban a sus intereses personales. El diseño del sitio web es el heredero virtual del mercado mayorista de Yiwu, en el que Jack y muchos otros emprendedores de Zhejiang se han inspirado. El fundador de otro proyecto orientado a un nicho del comercio electrónico lo explicaba así: «Si vas a Yiwu, puedes hacer un pedido de tan solo tres pares de zapatos. Una fábrica se especializa en las suelas, otra en las palas de la parte superior, otra —o tal vez una pequeña localidad entera— se especializa en los cordones. Taobao supo aprovechar la motivación de esos pequeños comerciantes por hacer dinero».

Para empresas como eBay y Amazon, su experiencia en Estados Unidos y otros mercados occidentales resultó ser de muy poca utilidad. «El comercio electrónico en China es muy raro —continuaba explicando el competidor al que me refería arriba—: empezó con C2C (*consumer-to-consumer* [consumidor a consumidor] y con productos no estandarizados. Todo eso va totalmente en contra de lo que hace Amazon y de lo que dicta el sentido común, según el cual habría que empezar con productos estandarizados como los libros. Cuanto más estandarizada la cadena de suministro, más arriba se sitúa la barrera de entrada para los comerciantes en línea. Todas las tiendecitas de barrio que venden productos no estandarizados son mucho más flexibles, se adaptan más a la hora de ofrecer sus productos. Es algo único, específico de China. La falta de cadenas nacionales de suministro eliminó las barreras de entrada que existen en Occidente, haciendo posible que los individuos ganaran dinero.[22] Al empezar por el C2C, se hizo muy atractivo el precio de fábrica. Un individuo[23] se puede contentar hasta con sacar cinco *maos* (menos de 1 dólar estadounidense) en una venta».

Una vez más, inspirada por sus raíces en Zhejiang, Taobao le ganó la partida a la competencia porque comprendía mejor a los comerciantes del país, para los que registrarse como vendedor en su web ha sido gratuito desde el principio. De la misma manera que el registro gratuito era un principio fundamental para el sitio B2B Alibaba.com, también se convirtió en un arma competitiva clave para Taobao.com. Los compradores no pagan por registrarse ni realizar transacciones; los vendedores no pagan nada por registrarse, ofrecer sus productos o vender en línea.

EachNet había empezado ofreciendo la publicación gratuita del listado de productos pero, ante unos costes en imparable ascenso, en agosto de 2001 había empezado a cobrar a los vendedores comisiones de publicación de información de producto en escaparates virtuales, y al año siguiente había introducido una comisión en todas las transacciones. Esto provocó una acusada reducción del número de subastas que se realizaban en el sitio web pero, habida cuenta del estado en que se encontraba el mercado de capital-riesgo, los responsables de EachNet dedujeron que no había otra posibilidad. La decisión de empezar a cobrar comisiones, fundamental en el modelo de eBay, fue lo que —irónicamente— alimentó su interés en comprar EachNet; ahora bien, una vez que eBay empezó a dar las órdenes en China tras la compra, el hecho es que impulsó la cultura de comisiones de un modo mucho más agresivo que Bo y su equipo. El vicepresidente de marketing global de

---

22. Tratando de imaginar el aspecto que tendría un vendedor ambulante de la variedad Yiwu en Estados Unidos, me acordé de una película de mi infancia, la cinta de 1987 *Mejor solo que mal acompañado* protagonizada por John Candy y Steve Martin. Candy interpreta a Del Griffith, que intenta —y fracasa en el intento— ganarse la vida viajando por el país vendiendo aros de plástico para cortinas de ducha.

23. Era menos probable que los compradores —y vendedores— individuales que dominaban la plataforma pagaran impuestos como el IVA, lo que ponía a las páginas web B2C en posición de desventaja.

eBay, Bill Cobb, lo resumió así[24]: «Sobre todo, estamos interesados en asegurarnos de establecer una estructura que aporte sostenibilidad a largo plazo. Contamos con el formato eBay esencial —las comisiones de inserción, las comisiones de valor final y las comisiones de características—, solo que a un nivel más bajo».

Por otro lado, la decisión de Taobao de no cobrar comisiones no estaba exenta de riesgos, ya que obligaba a buscar otras fuentes de generación de ingresos, sobre todo si el sitio web se hacía popular y se incrementaban los costes de operarlo. Pero, al final, la decisión de permitir el uso gratuito de la página a compradores y vendedores resultó ser la clave del triunfo de Taobao sobre eBay. Un informe[25] de investigación que analiza los registros de transacciones en Taobao durante más de una década concluye[26] que en la fase temprana de la historia de la empresa, atraer a los comerciantes, que en China son particularmente alérgicos a pagar comisiones, tuvo más importancia que atraer a los compradores. La popularidad de Taobao hizo entrar a la empresa en un «círculo beneficioso»: cuantos más comerciantes y productos registrados en sus escaparates virtuales, más compradores atraía la web, lo que implicaba todavía más comerciantes y productos, y así sucesivamente.

Además de ser una política popular entre los consumidores, ofrecer los servicios gratuitamente garantizaba a Taobao que no se distraería con el problema —persistente en EachNet desde el principio— de tener que preocuparse de cómo evitar que los vendedores y los consumidores encontraran la manera de utilizar el sitio web sencillamente como un lugar donde conectar, para luego realizar la transacción según los métodos tradicionales o por otros medios. Como Taobao no cobraba comisiones, no había incentivo alguno para hacer un seguimiento de ese tipo de conductas sino que, muy al contrario, Taobao animaba abierta-

---

24. En 2004.

25. MIT, *Sloan Management Review*, 2012. Puneet Manchanda (Universidad de Michingan) y Junhong Chu (Escuela de Negocios de la Universidad Nacional de Singapur).

26. «En la fase introductoria, el crecimiento de la plataforma está impulsado principalmente por los vendedores: el crecimiento en vendedores genera registros de compradores, que a su vez lleva a que se registren más vendedores, que impulsa aún más el registro de compradores, etc.»

mente a ambas partes a comunicarse directamente, estableciendo para ellos tablones de anuncios y lanzando a principios de junio de 2004 un chat propio integrado en la web con el nombre—poco afortunado en inglés— de AliWangwang.[27] Los compradores utilizan este servicio para regatear con los vendedores, algo que evoca a la vibrante cultura del mercado local que existe en China. La comunicación es uno de los pilares fundamentales del comercio, pero a los usuarios de eBay les costaba comunicarse con los vendedores.

AliWangwang se diseñó incorporando los consejos de los propios usuarios de Taobao, un ejemplo temprano del tipo de «innovación impulsada por el consumidor» que es el motor del éxito de muchas empresas tecnológicas chinas en la actualidad, como por ejemplo el papel que desempeña el club de fans del vendedor de teléfonos móviles Xiaomi a la hora de sugerir nuevas características para los productos.

AliWangwang sigue siendo una herramienta popular de Taobao que permite a los consumidores llevar su propio registro personal de proveedores favoritos —por ejemplo uno para cosméticos, otro para alimentos de bebé...— que tienen a su entera disposición todos los días y en cualquier momento. La atención al cliente en Taobao es tan buena que puede llegar a resultar abrumadora: una compra en Taobao suele ir acompañada de una riada de mensajes en AliWangwang, toda una serie de reverencias virtuales dirigidas por el vendedor al comprador, al que puede que hasta le cueste un poco salir del chat.

Pero, sea cual sea el «tirón» de Taobao, una decisión tomada por eBay en septiembre de 2004 serviría para ahuyentar de forma definitiva a muchos clientes de EachNet. Los ejecutivos de eBay en San José decidieron «migrar» el sitio web de China a los Estados Unidos. En vez de tener la web alojada cerca de los clientes en China, la trasladaron a Estados Unidos. En el mundo sin fronteras de Internet, el lugar físico de alojamiento de una web no debiera importar, pero en la Internet de China sí hay fronteras. En la actualidad, el gobierno chino está promocionando activamente por todo el mundo su visión de la «soberanía de Internet», que rechaza frontalmente la idea de que las fronteras virtuales de una nación-Estado deban ser menos significativas que las físicas.

---

27. Que significa «Ali prospera».

En China, los efectos de los ya prolongados esfuerzos del gobierno por crear y expandir un «Gran Cortafuegos Chino» a menudo significan que los sitios web alojados en el extranjero son mucho más lentos que los alojados en China. Todo el tráfico web que accede a sitios alojados fuera de la China continental tiene que pasar por una serie de cuellos de botella donde se verifican las solicitudes de acceso. Esto se hace para asegurarse de que una página web extranjera no pueda mostrar materiales que el gobierno chino considere «sensibles», incluidas las «tres T» (Tíbet, Taiwán y plaza Tiananmen). Es una opinión ampliamente extendida que estos y otros temas sensibles, como los disturbios en Xinjiang, son el motivo por el que China ha bloqueado algunos de los sitios web más importantes del mundo, como Twitter, YouTube y Facebook y, cada vez más, Google.

Las compras en línea y el comercio electrónico por lo general no aluden a ninguno de esos temas sensibles, pero El Gran Cortafuegos parece atrapar y retener en ocasiones incluso las solicitudes o actividades más anodinas. Por ejemplo, una vez que eBay había trasladado sus servidores fuera de China, a un usuario que tuviera un «64» o un «89» en el nombre de usuario podían acabar con la cuenta bloqueada o no pudiendo acceder a Internet porque ambos números disparan inmediatamente la censura en China, como parte del esfuerzo que se vienen llevando a cabo para bloquear las menciones a los acontecimientos de la plaza de Tiananmen del 4 de junio de 1989 (06/04/89 en formato de fecha anglosajón, con el mes delante).

eBay tenía sus razones para migrar la web: a medida que crecía el negocio en China, a los ingenieros de San José les preocupaba que la plataforma creada por una *start-up* con sede en Shanghái no fuera capaz de responder. Resultó que EachNet había utilizado una tecnología robusta, capaz de grandes aumentos de escala, incluso de una multiplicación por cien de la escala. Pero, tras una serie de caídas del sistema en Estados Unidos que habían dañado su reputación, eBay se había obsesionado con la estabilidad de la plataforma y prosiguió con el plan de migrar la web de China. El atractivo de una página global unificada con un conjunto consistente de características era demasiado irresistible.

Algunos altos ejecutivos dentro de eBay sabían que la migración iba a ser un error —la empresa ya había visto las consecuencias negativas que acarrearía por propia experiencia en Taiwán— pero, por alguna extraña razón, los gestores de eBay en Taipei no pudieron con los gestores obsesionados con la migración de San José, que no les dejaron compartir su experiencia con el equipo de Shanghái.

Tal y como cabía esperar, en cuanto el sitio web de China se trasladó y se integró en la web global, el impacto sobre el tráfico de EachNet fue desastroso: se desplomó inmediatamente. Los clientes chinos empezaron a experimentar largos retrasos y en ocasiones la página se quedaba congelada. ¿Por qué iban a molestarse en esperar en eBay China —una web que cobraba comisiones— cuando en Taobao todo estaba disponible inmediatamente y no se pagaban comisiones?

La migración también tuvo un alto coste para eBay porque la empresa siempre realizaba el mantenimiento de sus servidores los jueves a medianoche en la costa oeste, justo antes del pico de tráfico del viernes, pero eso significaba que las perturbaciones que el mantenimiento generaba en el funcionamiento del sitio se producían en el momento de máximo tráfico en China, que iba quince horas por delante de San José. EachNet intentó que se adaptara el programa de mantenimiento pero fracasó.

Meg Whitman había convertido a China en la prioridad absoluta de eBay. Pero, cuando la migración provocó el desplome del tráfico en China, nadie se lo dijo. Se enteró un mes más tarde durante una visita a Shanghái y se puso furiosa por que no la hubieran mantenido informada.

Rápidamente todo se fue descontrolando cada vez más para la empresa en China: con el sitio web migrado, todas las solicitudes de modificaciones de los ingenieros chinos se iban acumulando en lo que la empresa llamaba un «sistema de tren» en virtud del cual los departamentos presentaban sus solicitudes de cambios y, como si se tratara de un proceso en una cadena de montaje, estas se alineaban y consolidaban en «trenes de necesidades». Cambiar una palabra de la web llevaba nueve semanas. Cambiar una característica o función podía llevar un año.

¿Cómo podía eBay ser tan ineficiente? Había dos explicaciones: primero, eBay tenía un monopolio de hecho en Estados Unidos y esto llevaba a la complacencia; en segundo lugar, pese al aura de Silicon Valley que envolvía a la empresa, eBay nunca había sido muy fuerte en tecnología. Un ejecutivo de eBay se hizo famoso por haber dicho en público en una ocasión: «Hasta un mono podría llevar este negocio». Tras el apuro de varias caídas del sitio web en bloque, la estabilidad y los procesos se impusieron a la tecnología.

En cuanto entró Taobao en escena, el «sistema de tren» de eBay se convirtió rápidamente en un descarrilamiento. Los ejecutivos de Each-Net intentaron desesperadamente alertar del peligro a los altos ejecutivos de San José, pero no sirvió de nada.

Pese a que Taobao tenía sus méritos, Alibaba apenas podía creer su suerte al comprobar la ineptitud de su rival, supuestamente admirado a nivel mundial. Jack comparó el torpe enfoque de eBay con un *jumbo*: «Una plataforma tecnológica global es algo que suena muy bien, igual que un Boeing 747 volando también suena fantástico pero, si el aeropuerto es el patio de un colegio, no puedes aterrizar. Incluso cuando quieres cambiar un botón, resulta que tienes que informar a catorce tíos».

Considerando en retrospectiva el fiasco al cabo de ocho años, desde su nuevo cargo de consejera delegada de Hewlett Packard, Meg Whitman se mostró compungida por los pasos en falso que dio eBay en China. «Tienes que tener un conjunto de productos diseñados específicamente para el mercado chino por chinos. No es un mercado al que puedas llevar un producto o un sistema que funciona en Europa o Estados Unidos y sencillamente exportarlo a China».

Whitman también reconoce que la migración fue el golpe de gracia a las ambiciones de eBay en China. «Cometimos un error gravísimo. Deberíamos haber dejado a EachNet en su propia plataforma en China. En vez de eso, lo que hicimos fue poner EachNet en la plataforma global de eBay porque había funcionado en todas partes. Había funcionado en Europa Occidental, había funcionado en todo el mundo... Habíamos comprado un montón de mini-eBays en pañales por todo el planeta y, básicamente, las habíamos migrado a una plataforma común, que suponía muchas ventajas. Una era el coste. La segunda era la velocidad de salida al mercado porque cuando desplegabas la función «¡Cómpralo ya!», lo podías hacer en treinta países en vez de tener que ir haciéndolo incrementalmente. Pero en China cometimos un error».

También reconoce los méritos de Alibaba en el diseño de Taobao para que se adaptara al mercado local: «Tenían una plataforma singularmente china, y por cierto, no cobraron nada durante años y años y años, y sencillamente supieron ejecutar la idea mucho mejor que nosotros».

Después de la salida de Bo, eBay tuvo dificultades para sustituirlo y pasaron por el cargo desde James Zheng hasta un estadounidense nacido en Taiwán, Martin Wu, que anteriormente había sido reclutado por Microsoft China y solo duró en el puesto doce meses.

Hoy Whitman lamenta haber perdido al emprendedor que había fundado EachNet: «Lo que debería haber hecho es dejar a Bo Saho al mando y comprar el treinta por ciento de China que compramos en un principio pero dejarle hacer a él».

Al percibir el desarraigo de eBay en China, Jack siguió adelante: en un evento de cuatro horas en un estadio en Hangzhou en septiembre de 2004 para celebrar el quinto aniversario de Alibaba, Jack arengó a los dos mil empleados de Alibaba, incluido el equipo en rápida expansión de Taobao, que sostenían en alto banderolas con la imagen de hormigas obreras, la mascota de Taobao. Se eligió la hormiga para ilustrar cómo incluso las criaturas más pequeñas pueden vencer a sus enemigos, siempre y cuando colaboren estrechamente. Entonces todos los presentes se tomaron de las manos y cantaron juntos una canción titulada «Héroes de verdad» cuya letra decía: «Tienes que pasar por la tormenta para ver el arco iris, nadie logra el éxito fácilmente», una referencia al reto que había supuesto el SRAG y cómo lo habían superado. A eso siguió la declaración de que «si las hormigas se unen pueden derrotar a un elefante» y acto seguido todos se marcharon juntos a la discoteca donde Jack bailó subido a la barra hasta las tantas.

El «elefante en la habitación» que nadie nombraba, obviamente, era eBay. Desde el momento en que surgió la idea de Taobao, Jack había mantenido de manera inquebrantable el enfoque en la compañía. En una analogía que luego se ha citado muchas veces, Jack comentó a la revista *Forbes* en 2005: «Tal vez eBay sea un tiburón en el océano, pero yo soy un cocodrilo en el Yantzé. Si nos enfrentamos en el océano, nosotros perdemos, pero si luchamos en el río, ganamos».

La tendencia del mercado se estaba invirtiendo y no precisamente a favor de eBay: de una cuota de mercado del 90% en 2003, había pasado a la mitad en un año hasta situarse a duras penas por delante de Taobao. Y además eBay tenía otro problema: el pago en línea.

El 18 de octubre de 2003, justo al cabo de cinco meses del lanzamiento de Taobao, Alibaba desplegó Alipay, su propia solución de pago. A pesar de ser bastante rudimentaria, evocadora de los registros de clientes de los primeros tiempos de Alibaba hacía tres años, tuvo un éxito inmediato entre los clientes.

Lucy Peng, una de las cofundadoras de Alibaba es en la actualidad la consejera delegada de Ant Financial, la filial de Alibaba que controla Alipay. En 2012, en una charla que yo moderaba para ella en la Universidad de Standford, Peng hacía la siguiente reflexión sobre el lanzamiento del servicio: «El sencillo modelo (de depósitos en garantía) estableció un sistema generador de confianza para las compras en línea de los primeros tiempos. Era un modelo muy primitivo... Durante las operaciones iniciales de Alipay, un departamento tenía un fax: cuando los clientes hacían una transferencia a través de un banco o una oficina de correos, estos debían enviar el justificante por fax a Taobao, y entonces nosotros verificábamos todo y confirmábamos el pago».

Pasarían tres meses antes de que eBay se despertara y viera la amenaza que suponía Alipay. En enero de 2004, PayPal reunió un grupo de trabajo en San José para retomar los esfuerzos infructuosos de EachNet por montar una solución de depósitos en garantía.

En Estados Unidos, eBay había pagado 1.400 millones de dólares para comprar PayPal en 2000, pero habían tardado en integrar la empresa y desplegar operaciones en China. Para ser totalmente justos con PayPal, los obstáculos regulatorios en China fueron un factor fundamental que contribuyó a los retrasos, ya que el sector bancario del país está estrechamente custodiado por el gobierno. Además, la moneda china no es libremente convertible, es decir, que los proveedores de pagos extranjeros tienen prohibido facilitar transacciones internacionales u ofrecer crédito. A PayPal le costó mucho identificar agujeros en el sistema por donde colarse y evitar estos desafíos, incluidas potenciales alianzas locales.

PayPal había nacido en Estados Unidos como un imponente corredor de riesgos, una empresa legendaria por la audacia de sus intrépidos fundadores y ejecutivos de sus primeros tiempos, que hoy se conocen como la «mafia de PayPal»: Peter Thiel, Reid Hoffman (cofundador de LinkedIn) y, después de que le compraran su empresa de medios de pago, Elon Musk (Tesla Motors, SpaceX, SolarCity). Pero, dentro de eBay y lejos de casa, PayPal iba a sufrir en China desde el principio.

Los intentos por identificar la manera de que la empresa siguiera avanzando en China se complicaron cuando AT&T demandó a PayPal en Estados Unidos por una supuesta infracción de patente, haciendo que el nuevo trabajo en torno a soluciones de depósitos en garantía o *escrow* tuviera que interrumpirse abruptamente. Para mantener el ritmo en sus esfuerzos por resolver el problema de China, el recientemente establecido China Development Center [Centro de Desarrollo para China] de eBay puso en marcha su propio producto de depósitos en garantía, llamado An Fu Tong (AFT). La idea era que, mientras PayPal estaba paralizada por el proceso legal que tenía en marcha en Estados Unidos, AFT podía lanzarse como una solución temporal. Por fin, en diciembre de 2004, eBay respondía a Alipay con su propia solución, lanzando AFT en China, pero para entonces PayPal había resuelto la demanda de AT&T y quería lanzar su producto y no AFT. Mientras tanto, Alibaba no había permanecido de brazos cruzados sino que se habían dedicado a ir aplicando un flujo constante de mejoras a Alipay, incluidas las populares notificaciones por mensaje de texto al móvil para informar a los clientes de que se había realizado el pago correctamente y, en colaboración con empresas logísticas locales, entregas también. El «triángulo de hierro» de Alibaba estaba empezando a cobrar forma.

Para Alan Tien, un ingeniero educado en Stanford que trabajaba para PayPal China desde 2004, la lucha interna entre AFT y PayPal y la desastrosa migración de los servidores a Estados Unidos fueron el principio del fin para eBay China. A través de una serie de memorandos internos que envió a la central, intentó dar la voz de alarma sobre la gravedad de la amenaza que suponían Alibaba y Alipay. En enero de 2005 escribió: «La situación no es buena. Hemos perdido impulso. Debemos poner en práctica un plan de recuperación para seguir peleando. —Y añadía—: No podemos permitirnos seguir engañándonos a nosotros mismos».

eBay, sencillamente no se tomó a Alibaba en serio y siguió cuestionando la fiabilidad de la creciente cantidad de datos que mostraban que Taobao vendía más artículos que eBay en China. Para entonces, la oferta de Taobao ya incluía más productos, pero eBay se convenció a sí misma de que, como la inclusión de productos en la web era gratuita, debían de ser productos de calidad inferior. Jack negó vehementemente esa tesis: «La supervivencia y el éxito de Taobao no se deben a la gratuidad de los servicios. 1Pai [la aventura conjunta de Yahoo y Sina] también es un servicio gratuito pero está lejos de obtener resultados equiparables a los de Taobao. Taobao es más eBay que eBay China (porque) Taobao presta más atención a la experiencia de usuario».

Intuyendo que la partida había terminado, Alan Tien concluyó que «el ciclo de desarrollo de producto de Taobao es mucho más rápido. Jack Ma tiene razón. No podemos pelear en estas condiciones».

Whitman había llegado a la misma conclusión y comenzó a buscar en secreto una manera de salir del embrollo de China. La ruta más evidente era poner una oferta sobre la mesa para comprar Alibaba, así que envió a tres altos ejecutivos[28] de San José a Hangzhou, donde se entrevistaron con Jack y Joe. La reunión empezó con mal pie cuando el vicepresidente primero de eBay, Bill Cobb, quitó importancia a los logros de Taobao, y el director financiero Rajiv Dutta hizo una oferta —tirando por lo bajo— de 150 millones de dólares por la compañía. Después de que Jack informara a la delegación de eBay de que no habían hecho más que empezar con Taobao, Joe contraatacó con un precio de 900 millones de dólares, momento en el cual se dio por terminada la reunión.

Al fracasar en el intento de comprar a su rival, Meg Whitman anunció[29] la inyección de 100 millones de dólares adicionales en la operación de China. La medida se debía al miedo a Taobao, pero Whitman la presentó a los inversores en clave positiva: «El mercado de Internet en China está creciendo más rápido de lo previsto... Vemos oportunidades incluso mayores en China de las que identificamos hace seis meses». Los

---

28. Bill Cobb, vicepresidente primero; Rajiv Dutta, director financiero y Bill Barmier, especialista en negociaciones.

29. En el día anual de la empresa dedicado a los analistas, el 20 de enero de 2005.

100 millones debían destinarse a mejorar el sistema de crédito, contratar personal y lanzar una nueva campaña publicitaria con la que pronto empapelarían las vallas de las principales ciudades de China.

Aquello era música en los oídos de Jack que, en declaraciones a la revista *Forbes*, bromeó diciendo que «eBay tiene un bolsillo inmenso pero lograremos hacer un agujero en ese bolsillo». En los medios chinos, ridiculizó la nueva inversión de su rival: «Cuando oí que eBay iba a gastar 100 millones para penetrar en el mercado, lo primero que pensé fue que carecían de la menor capacidad técnica. Si con el dinero se pudiera comprar la solución a los problemas, ¿para qué iba a seguir necesitando empresarios el mundo? Los empresarios saben cómo usar hasta el más mínimo recurso para seguir creciendo». Incluso con el apoyo de SoftBank, Jack no tenía los recursos que eBay podría haber llevado a China si hubiera querido. Continuando con el tono crítico sobre el enfoque de eBay, añadió: «Hay quien dice que el poder del capital es inmenso. Efectivamente, el capital tiene su importancia. Pero el verdadero poder es el de la gente que controla el capital. El poder de la gente es increíble. El poder de los empresarios es inagotable».

eBay había pasado de ignorar a Alibaba a prestarle mucha atención. Jack comentaría al cabo de un tiempo que habían considerado ese cambio como un momento decisivo: «En el momento en que vimos que ella [Meg Whitman] quería usar el dinero como estrategia supimos que perderían la batalla. Primero no nos consideraban un rival. Luego pasaron a tomarnos demasiado en serio como rivales. Ni la una ni la otra era la estrategia correcta. Cuando decimos que "si no hay sitio en tu corazón para tener enemigos, serás invencible" nos referimos a utilizar estrategias y tácticas diferentes. En términos de estrategias, debes prestar atención: siempre que esté surgiendo un rival, tienes que estudiar a fondo si podría convertirse en un competidor y, de ser el caso, qué hacer al respecto. Al enfrentarte a cualquier cosa que sea más fuerte que tú, debes aprender a no odiarla... Cuando te la tomas demasiado en serio como rival y te pones por objetivo eliminarla, estás desvelando tus técnicas... El odio solo te convierte en alguien miope sin visión a largo plazo».

En mayo de 2005, Meg Whitman y un grupo de ejecutivos de Silicon Valley, incluido Jerry Yang, viajaron a Pekín para asistir al Fortune Global Forum, donde Whitman se reunió con Jack y Joe, pero las conversaciones, que incluyeron una propuesta por parte de eBay para invertir en Taobao, no cristalizaron en nada.

En PayPal China, los ánimos iban a peor, hasta el punto que Alan Tien escribió a sus colegas: «Creo que es absolutamente espeluznante que eBay no se tome estas amenazas más en serio… Taobao/Alipay se han hecho con el liderazgo en el segmento de subastas/pagos de China. Una y otra vez, vienen pisándonos los talones y, sin embargo, en vez de dar un gran paso de gigante o incluso optar por defendernos por los flancos, lo que hacemos es intentar equipararnos, función por función, al cabo de entre seis y nueve meses».

Mientras eBay intentaba poner al mal tiempo buena cara, Whitman estaba cada vez más frustrada con las luchas internas entre AFT y PayPal. Y lanzó la advertencia de que PayPal China «pronto estará disponible cerca de ti, tanto si te gusta como si no. Aunque puede que no sea la situación óptima para el mercado, es bueno para eBay Inc. competir con dos caballos en la carrera».

En vez de escoger entre AFT y PayPal, eBay había decidido seguir con las dos, de modo que los clientes de China tendrían que vadear no ya una, sino dos páginas web cuando compraran en línea.

No es ninguna sorpresa que ofrecer en paralelo dos sistemas de pago en China resultara un desastre.

Hubo un aluvión de quejas de clientes del tipo «Mi experiencia en eBay fue penosa, no conseguí rellenar el cuestionario con la información de pedido. Soy un usuario con un cien por cien de comentarios positivos, nunca he cometido ninguna infracción y nunca he fallado en los pagos. El sistema de pagos solía ser bastante bueno». Otro cliente se desahogaba así: «Ya no lo aguanto más. ¿A esto es a lo que EachNet llama atención al cliente? Solo van a conseguir asustar a más clientes. ¿Han desaparecido mis dos pagos por un total de 5.000 yuanes? Una vez más, mi confianza en EachNet se tambalea».

Un consumidor incluso se quejó de que el Banco de China se había incautado en Nanjing de su cheque de PayPal en virtud de una ley para «evitar que los criminales extranjeros blanquearan dinero utilizando este método». Para mediados de 2005, Taobao había facilitado los pagos en línea del 80% de sus productos ofrecidos en sus páginas web, frente a apenas un 20% en el caso de eBay.

En un último intento de darle la vuelta a la situación, Whitman y un grupo de ejecutivos clave se trasladaron temporalmente de San José a Shanghái durante un par de meses. Con semejante concentración de altos ejecutivos, Shanghái no tardó en empezar a conocerse también como «Shang José» dentro de eBay. Pero su negocio en China cada vez tenía más visos de causa perdida.

eBay cambió el enfoque hacia nuevos horizontes, incluido el hito de la adquisición de Skype[30] por 2.600 millones de dólares en septiembre de 2005. En China, las cosas empezaron a ir de mal en peor cuando Taobao se reafirmó en su compromiso con un modelo sin comisiones y extendió su promesa de servicios completamente gratuitos tres años más, al tiempo que se comprometía a crear un millón de puestos de trabajo en China. El ejecutivo de relaciones públicas de eBay, Henry Gomez, lanzó un escueto comunicado de prensa titulado «Declaración de eBay en relación al reto de precios lanzado por Taobao» consistente en las siguientes tres frases:

> «Gratis» no es un modelo de negocio. El hecho de que Taobao haya anunciado hoy que no puede cobrar por sus productos durante los tres próximos años habla de manera muy elocuente sobre la fuerza del negocio de eBay en China.
>
> Estamos orgullosos de que eBay esté creando un negocio sostenible en China, al tiempo que ofrecemos a los consumidores y emprendedores chinos el entorno comercial global más seguro, profesional y emocionante que existe en la actualidad.

Whitman y su director de operaciones, Maynard Webb, ya sabían que el producto global no estaba funcionando en China, así que iniciaron un nuevo proyecto para lanzar de cero el mejor sitio de comercio electrónico de China. Llamaron a la iniciativa precisamente «de nuevo»

---

30. Como la adquisición de EachNet por eBay, esta también acabó en fracaso, resultando en una venta con una pérdida de 600 millones de dólares en 2009 a inversores entre los que se encontraban Silver Lake Partners, Index Ventures y Andreessen Horowitz. De manera bastante bochornosa para eBay, tan solo dieciocho meses más tarde, este equipo vendió Skype a Microsoft por 8.500 millones de dólares.

en castellano. Después de todo lo que se había hablado en eBay de ser más sensibles a la cultura china, bautizar el proyecto con un nombre en español no generaba confianza precisamente.

Para finales de 2005, la cuota de mercado de eBay se había reducido a un tercio del mercado mientras que la de Taobao se acercaba al 60%. Solo dos meses después de que eBay defendiera públicamente su modelo de negocio basado en comisiones, dejó de cobrarlas. Tras haber vendido tanto la operación en China a los inversores, los problemas de eBay en ese país empezaban a afectar a su cotización, que se desplomó estrepitosamente desde un máximo de más de 46 dólares a principios de 2006 a tan solo 24 en agosto de ese mismo año.

Jack no dejaba pasar una: «En China, son historia... Han cometido tantos errores en China... Hemos tenido suerte».

Tras fracasar en el intento de aliarse con Taobao, Whitman inició las conversaciones para vender el negocio de eBay en China al proyecto respaldado por Li Ka-shing Tom Online, abandonando así por fin su atribulada aventura al dejar el negocio en manos de una empresa conjunta en la que mantendrían una participación minoritaria junto con entre 40 y 50 millones de dólares en metálico. Se marcharon dejando tras de sí una nota en forma de comunicado de prensa que, fieles a sus formas habituales, trataba de presentar una situación claramente negativa como algo positivo. La empresa conjunta, según rezaba el comunicado, dejaba a eBay «incluso mejor posicionada si cabe para participar en este mercado creciente. Este acuerdo da testimonio de nuestro continuado compromiso para ofrecer las mejores experiencias de compra y venta en línea en China». La empresa conjunta no tardó en desaparecer del radar.[31]

eBay había perdido China. En cambio China, con Jack, había encontrado (ganado) un héroe popular. Cuando hoy se le pregunta a Whitman por la experiencia, tan solo puede quitarse el sombrero ante Jack.

«Si consideramos Japón y China, dos mercados importantes, es ahí donde no hicimos lo correcto a nivel estratégico. Pero no resultaba obvio entonces, de verdad. Así que eso le confiere todavía más mérito

---

31. Junto con Tom Online, que dejó de cotizar en bolsa poco después.

al logro de Jack Ma. ¡Qué franquicia tan potente ha creado! Y la verdad es que, en cierto sentido, es una combinación de eBay, PayPal y Amazon. Ha hecho un trabajo impresionante. Impresionante.»

eBay había perdido unos cuantos cientos de millones de dólares en su desembarco fallido en China, pero pronto esa cantidad le iba a sonar a calderilla a Alibaba, gracias a un trato de mil millones de dólares que Jack cerró gracias a otro gigante de Silicon Valley: Yahoo.

# 10

# La apuesta de mil millones de dólares de Yahoo

*Nadie conoce el futuro. Lo único que se puede hacer es crearlo.*

JACK MA

Alibaba acabó con las ambiciones de eBay en China, pero eBay no era la primera empresa de Silicon Valley que se había encontrado con problemas en el país, ni tampoco sería la última. Pese a ser uno de los sitios web más populares de China cuando la gente empezó a conectarse a Internet, Yahoo se quedaría luego atrás muy rápidamente hasta que un trato de mil millones de dólares con Alibaba lo cambió todo.

## Jerry Yang

El éxito fulgurante de Yahoo en Estados Unidos y los orígenes de Jerry Yang habían hecho que las expectativas estuvieran muy altas para Yahoo en su aventura en China. Conocido en la China continental como Yang Zhiyuan (Yang Chih-yuan en su taiwanés nativo), Jerry y la empresa que cofundó[1] sirvieron de inspiración a los fundadores de Sohu, Sina y NetEase. Su atractivo se extendió mucho más allá de la comunidad tecnológica. A los chinos les fascinaba cómo un joven ingeniero informático nacido en Taiwán había acabado fundando una compañía tan icónicamente estadounidense y convirtiéndose en millonario a una edad tan temprana.

Nacido en Taiwán en 1968, Yang adoptó el nombre de Jerry tras mudarse a Estados Unidos en 1978 con su madre Lily y su hermano pequeño Ken. Su padre, nacido en el continente, había muerto de una enfermedad pulmonar cuando Jerry tenía tan solo dos años. En Taiwán, su madre había sido profesora de inglés y arte dramático, y en California encontró trabajo enseñando inglés a otros emigrantes. La familia se estableció en una casa modesta de una planta cerca de Hostetter Road, en un suburbio de San José. Bill Otto, vecino de Jerry durante muchos años, lo recuerda como un niño «muy sociable», que jugaba con su perro huskie, *Bodie*, en el jardín a la puerta de casa y que cargaba con una inmensa mochila camino de clase en Sierramont Middle School.

Jerry llegó a Estados Unidos no sabiendo más que una palabra en inglés, «*shoe*» [zapato]: «Al principio se reían mucho de nosotros. Yo ni siquiera conocía las caras que aparecían en los billetes».

En un principio le costó bastante aprender inglés y se pasó sus dos primeros años en Estados Unidos en clases especiales de apoyo, pero Jerry destacaba en matemáticas y ciencias. En el instituto, Piedmont Hills High School, jugaba con el equipo de tenis, los Piratas, y lo eligieron presidente del consejo estudiantil. En su último año fue el estudiante encargado de pronunciar el discurso en la ceremonia de graduación y le concedieron una beca completa para estudiar en Stanford. Jerry se graduó en ingeniería eléctrica en 1990 tras haber cursado también un máster y, luego, entre salida y salida a jugar al golf, siguió estudiando hasta doctorarse. En una de las clases que impartía en Stanford, su asistente era David Filo, dos años mayor que él. David, que era muy tímido y reservado, había llegado a Stanford después de licenciarse en ingeniería informática en la Universidad de Tulane en Nueva Orleans. Nacido en Wisconsin, su familia se trasladó a Luisiana cuando él solo

---

1. Con David Filo.

tenía seis años y creció en una comuna en Moss Bluff. Jerry y David habían trabajado en el mismo equipo de investigación sobre software para diseño de automatización y, cuando impartieron clases en el campus de la Universidad de Stanford en Tokio, se hicieron buenos amigos, pues además compartían su afición al *sumo*.

De vuelta en Stanford, se instalaron en cubículos contiguos en una caravana desde donde iban a acabar lanzando lo que luego se convertiría en Yahoo con dos servidores: «Akebono» y «Konishiki», ambos nombres de luchadores de sumo hawaianos que habían triunfado en Japón.

Al igual que el apartamento de Hupan Huayan en Hangzhou desde donde Jack lanzaría Alibaba cinco años más tarde, la caravana donde Jerry y David crearon Yahoo era poco más que un cuchitril. El primer inversor de la empresa, Michael Moritz de Sequoia Capital, recordaba que «tenían las persianas bajadas y los servidores de Sun generaban un calor infernal, el contestador se activaba a cada poco, había palos de golf apoyados por las esquinas, y cajas vacías de pizza por el suelo y ropa sucia aquí y allá…, en una palabra: la idea que tiene cualquier madre en la cabeza del cuarto que nunca querrían que tuviera su hijo».

Yahoo empezó como un listado de otras páginas que Jerry y David habían marcado utilizando el buscador Mosaic, recientemente lanzado por Marc Andreessen. En un primer momento se conocía como Jerry's Guide to the World Wide Web [La guía de Jerry a la World Wide Web] y contenía cientos de páginas web catalogadas manualmente bajo epígrafes relevantes. Al principio, el tráfico del sitio era de unos mil visitantes a la semana pero, para principios de 1995, ya había alcanzado millones de visitas diarias. Stanford les pidió que movieran el sitio a sus propios servidores. Jerry y David tenían que captar fondos para pagarlos. La compañía se registró en enero de 1995 como Yahoo.com y se constituyó oficialmente en marzo del mismo año. Al mes siguiente, Sequoia invirtió 2 millones de dólares, adquiriendo así un 25% de la empresa. Los dos ingenieros nunca terminaron sus respectivos doctorados, recordaba Jerry: «Cuando le conté por primera vez a mi madre lo que estábamos haciendo, la mejor manera de describirlo que se me ocurrió fue decir que era como ser bibliotecario, y ella me respondió con un comentario sobre cómo me había tirado nueve años en la uni-

218 ALIBABA Y JACK MA

versidad para acabar al final de bibliotecario. Le sorprendió —por decirlo suavemente— mucho todo».

En el otoño de 1995, Jerry, David y el consejero delegado de Yahoo Tim Koogle iniciaron las conversaciones con nuevos inversores, incluidos Eric Hippeau, el consejero delegado de Ziff-Davis Publishing Company, una gran editorial de revistas sobre informática y tecnología. En noviembre, SoftBank adquirió Ziff-Davis y Hippeau presentó a Masayoshi Son a Jerry y David. Son y un colega volaron a California para conocer a los fundadores de Yahoo en su diminuta oficina de Mountain View, California, justo al sur de Palo Alto. Son y los dos fundadores congeniaron inmediatamente durante un almuerzo de trabajo a base de pizza para llevar y refrescos. Son accedió a pagar 2 millones de dólares por un 5% de Yahoo. En marzo, Son dobló la apuesta. En un movimiento bastante atrevido, Son accedió a pagar más de 100 millones de dólares para incrementar su participación, que acabó siendo del 41% de Yahoo, más de lo que Jerry y David (que sumaban un 35%) tenían entre los dos.

Jerry recordaba que «la mayoría de nosotros pensamos que se había vuelto loco... Poner cien millones de dólares en una *start-up* en marzo de 1996 era un movimiento muy agresivo, pero no creo que fuera suerte».

SoftBank vio el potencial de Yahoo en Japón y las dos empresas se embarcaron en una empresa conjunta. Jerry voló a Japón en enero de 1996 para supervisar los preparativos. El sitio web, responsabilidad del segundo de a bordo de Son, Masahiro Inoue, se lanzó tres meses más tarde y fue un éxito inmediato, alcanzando los cinco millones de páginas vistas al día para enero de 1997 y los 100 millones en julio de 2000.

El 12 de abril de 1996, Yahoo salió a bolsa en el Nasdaq, captando 33 millones de dólares. Tras una robusta ganancia del 154% en su primer día de cotización, los inversores valoraron la empresa en casi 850 millones de dólares. Yahoo apenas ingresaba[2] 1,4 millones de dólares y registraba unas pérdidas de más de 600.000 dólares. Tan solo un año después de la constitución de la empresa, Jerry Yang y David Filo «valían» cada uno 165 millones de dólares sobre el papel. Al cabo de tres

---

2. En los primeros nueve meses del año.

años eran multimillonarios. Su éxito llevó a SoftBank a salir a bolsa en enero de 1998 en el mercado primario de Tokio, lo que convirtió a Son en multimillonario también.

La popularidad de Yahoo se extendió rápidamente por todo el mundo. La empresa se desplegó por todo el planeta y localizó su sitio web en los lugares donde las oportunidades de negocio se presentaban con más fuerza. China no estaba muy arriba en su lista de prioridades, tal y como Jerry indicó durante una visita a Hong Kong en 1997: «Probablemente China es el último mercado al que queremos dirigirnos ahora mismo. Tal vez sea el más importante, pero es el último en lo que a la secuencia de lanzamientos se refiere. Para nosotros, todavía no hay suficiente gente utilizando Internet en el país».

En vez de entrar en China, Yahoo se centró en otros lugares de Asia y lanzó una web regional en Singapur en 1997, orientada a los usuarios de Internet del sureste asiático. Al año siguiente lanzó sitios regionales dirigidos a los usuarios chinos en el extranjero y por fin a los usuarios de la misma China.[3] El Yahoo chino, consistente en vínculos a decenas de miles de páginas, era el decimotercer sitio «espejo» que abrían por todo el mundo, alojado en servidores situados en Estados Unidos y operado desde la sede central de Santa Clara (California). Los visitantes podían bajarse un software chino gratuito que proporcionaba ayuda con los distintos grupos de caracteres. De inmediato la web se hizo muy popular en el continente. Varios cientos de miles de visitantes consultaban la página todos los días, algo impresionante si se tenía en cuenta que China tenía menos de un millón de usuarios de Internet.

A medida que Internet fue ganando popularidad en China, Yahoo comenzó a considerar la manera de involucrarse más en el país. Jerry, que hablaba mandarín perfectamente, todavía no había visitado China continental. A raíz de una reunión providencial en 1997, Jack acabó haciéndole de guía cuando todavía trabajaba para el ministerio de comercio en Pekín. Además de las reuniones de negocios con el MOFTEC y otros, aquel viaje fue una oportunidad para que Jerry visitara las atrac-

---

3. Lanzando gbchinese.yahoo.com (GB por *guo biao*, o estándar nacional) y otro chinese.yahoo.com en los caracteres complejos utilizados por los hablantes de chino fuera del continente.

ciones turísticas. Las habilidades de guía turístico voluntario que Jack había adquirido a orillas del Lago del Oeste en Hangzhou le resultaron muy útiles cuando él y Cathy se llevaron a Jerry, su hermano pequeño Ken y la vicepresidenta de Yahoo Heather Killen de excursión fuera de Pekín para visitar la Gran Muralla.

La imagen de Jerry sentado sobre la Gran Muralla es una metáfora muy apropiada del dilema a que se enfrentaba Yahoo en China: el mercado estaba creciendo rápidamente, ya había millones —que pronto serían decenas de millones— de usuarios de Internet. Yahoo se las había ingeniado para convertirse en uno de los principales participantes en el mercado japonés así que, ¿por qué no China? Pero China planteaba un dilema: cómo lidiar con un gobierno decidido a ejercer el control a toda costa.

En 1996, en una charla en Singapur, Jerry había compartido su opinión: «El motivo por el que Internet ha crecido tan rápido es porque no está regulada». Había un límite en el punto hasta el que el origen chino de Jerry podía traducirse en una vía de entrada en China para Yahoo: «La primera enmienda protege la libertad de expresión. Ahora soy más estadounidense, por lo menos en lo que respecta a cómo me he criado».

Yahoo, desde un principio, se centró en el contenido y eso iba a ser complicado en China, donde todas las formas de medios de comunicación estaban controladas muy de cerca. Cuando Yahoo abrió su oficina en Hong Kong, le preguntaron a Jerry sobre el tema de la censura y respondió que Yahoo «permanecería siempre del lado de la legalidad y trataría de mantenerse tan independiente como fuera posible»; también reveló que la empresa estaba en contacto con las autoridades chinas pero «para ser sinceros, la política que se sigue para establecer lo que es políticamente delicado, no queda muy clara», aunque también mencionó que les habían informado de que «si se limitaban a listar contenidos y no alojarlos, tenían vía libre».

Aunque Yahoo era inicialmente un simple directorio de enlaces a páginas web gestionadas por terceros, incluso la elección de qué enlaces se presentaban al público era una cuestión delicada. Además, Yahoo ya no solamente ofrecía enlaces. Tras montar una empresa conjunta con Reuters en los primeros tiempos, la compañía había añadido contenido de noticias a su sitio web, luego salas de chat y, tras una adquisición, el servicio de correo electrónico.

El alcance creciente de los negocios en que participaba Yahoo llevó a un examen más riguroso por parte del regulador de la China continental, que también tenía sus reservas sobre los vínculos de la empresa con Taiwán. Durante una visita a la isla en 1997, Jerry había sido tratado como un heroico conquistador, los medios lo habían acosado sin tregua y hasta el vicepresidente Lien Chan lo había recibido. Aquel viaje tuvo lugar justo después de que las relaciones entre Pekín y Taiwán hubieran tocado un nuevo fondo. ¿Cómo iba Yahoo a dar servicio cómodamente a usuarios tanto de Taiwán como del continente? Jerry Yang admitió que era un reto: «Tal vez seamos capaces de superarlo o tal vez no, porque ellos [el gobierno chino] nos pueden cerrar... La cuestión allí es adoptar una postura muy neutral. No sé si podré salirme con la mía. Ya nos estamos encontrando con problemas».

¿Podría Yahoo entrar en China en solitario? ¿O no sería mejor escoger un socio local, tal vez comprar uno de los portales pioneros, como por ejemplo el de Charles Zhang, Sohu? El nombre original había sido Sohoo, con lo cual no cabían dudas de su intención desde un principio de convertirse en el Yahoo de China.

¿Crear o comprar? Tanto una como otra opción presentaban sus complicaciones. Sencillamente, no había precedentes que Yahoo pudiera tomar en cuenta. AOL había optado en el verano de 1999 por invertir en la empresa con sede en Hong Kong China.com. Incluso después de volver bajo soberanía china en 1997, Hong Kong estaba exento[4] de las draconianas medidas restrictivas que hacían que invertir en China entrañara tantos riesgos para las empresas extranjeras. Pero China.com era un secundario en China y hasta Steve Case de AOL había reconocido que Hong Kong era sencillamente «un punto intermedio lógico de preparación para la entrada en China. Queremos lanzar en Hong Kong primero y ver qué pasa». (En el continente, la alianza de AOL con el fabricante de ordenadores Legend Holdings nunca logró despegar verdaderamente).

---

4. Durante un periodo de cincuenta años de conformidad con la Ley Básica, parte de la fórmula «Un país, dos sistemas» de Deng Xiaoping.

En septiembre de 1999, Jerry anunció en Pekín que Yahoo iba a desembarcar en China continental de la mano de Founder, un fabricante chino de ordenadores personales y software. Era una elección de socio poco atractiva pero segura: la empresa tenía su origen en la Universidad de Pekín y conservaba unos fuertes vínculos con el gobierno chino. Por fin Yahoo estaba en China propiamente dicha y podía añadir el codiciado sufijo «.cn» a su sitio web para formar www.yahoo.com.cn. El sitio empezó como un directorio con enlaces a unas veinte mil páginas chinas, más contenidos adicionales traducidos de páginas estadounidenses, el correo Yahoo Mail y la aplicación de mensajería instantánea. El director de operaciones Jeffrey Mallett admitió que China no sería fácil: «Somos plenamente conscientes de dónde nos metemos; el sitio web expande notablemente las características y funciones actuales del Yahoo chino que está en línea ahora mismo y se encuentra alojado en China por la empresa de propiedad estatal Beijing Telecom».

El lanzamiento de Yahoo en China llegó en el momento justo en que los portales pioneros del propio país habían sufrido un serio revés en sus aspiraciones de lanzar sus respectivas OPI: un anuncio de Wu Jichuan, el poderoso ministro de Correos y Telecomunicaciones parecía prohibir cualquier tipo de inversión extranjera en Internet: «Se trate o no de un ICP (Internet Content Provider, proveedor de contenidos de Internet) se trata de servicios de valor añadido y, en China, el área de servicios no está abierta».

Y, sin embargo, en lo que constituyó un claro ejemplo de la zona gris en que operaba Internet, la mano derecha[5] del propio ministro Wu apareció en el escenario junto a Jerry Yang para el lanzamiento de Yahoo China, siendo su presencia tan buena señal como cabía imaginar de que Wu daba su consentimiento tácito al proyecto. No obstante, un funcionario del ministerio describió el negocio de Yahoo como extraterritorial, siendo Founder un mero fiduciario: «No se ha establecido ninguna compañía en territorio chino». La admisión de que ese era el caso desveló que, como ocurre tantas veces en China, las negociaciones solo dieron comienzo una vez que se había firmado un acuerdo.

---

5. Qu Weizhi.

Tras la ceremonia de lanzamiento en Pekín, Jerry voló a Shanghái para asistir al evento Fortune Global Forum. Era uno de los sesenta consejeros delegados de la lista Fortune 500 participantes —entre los que se encontraban Steve Case de AOL, Jack Welch de GE y Sumner Redstone de Viacom—, junto con varios dignatarios de la talla de Henry Kissinger, todos reunidos en el nuevo centro internacional de convenciones de 100 millones de dólares que se había construido en el distrito de Pudong, en la margen derecha del río Huangpu, justo enfrente del icónico Bund (nombre que dieron los británicos en su día al malecón que hay a lo largo de la orilla del río). El presidente chino Jiang Zemin inauguró el Global Forum: «Pongan los ojos en China. China les da la bienvenida. La modernización de China necesita su participación y el desarrollo económico de nuestra nación les ofrecerá tremendas oportunidades».

El anfitrión estadounidense del evento era Gerald M. «Jerry» Levin, consejero delegado de Time Warner, que publicaba la revista *Fortune*. Haciendo valer sus credenciales como experto en China, Levin presentó al presidente de China como «mi buen amigo Jian Zemin» cuando lo invitó a subir al escenario. El foro desató un torbellino de tratos imbuidos del espíritu de Internet en China al que el mismo Levin acabaría sucumbiendo, pues poco después firmó la fusión valorada en 165.000 millones de dólares de Time Warner con AOL, un trato que se hizo famoso como «la peor fusión de la historia».

A diferencia de ese acuerdo, la alianza de Yahoo con Founder en China acabó teniendo muy pocas consecuencias. Founder no resultó ser la puerta de entrada en China que Jerry Yang había esperado que fuera. Los vínculos de la empresa con el gobierno chino, que Yahoo había considerado como una especie de escudo protector ante la incertidumbre regulatoria, también impidieron que cualquier atisbo de cultura emprendedora echara raíces. El contenido de Yahoo China era aburrido y los usuarios chinos de Internet se dieron cuenta y se sentían mucho más atraídos por las ofertas mucho más interesantes de Sina, NetEase y Sohu. Yahoo estaba perdiendo la batalla de mantener la relevancia en el mercado chino, justo en el momento en que la población de internautas despegaba.

Victor Koo, por entonces director de operaciones de Sohu[6], recordaba que «Yahoo China no nos podía alcanzar a nivel de escala, ubicación o inversión. Por eso perdieron el mercado chino». Sus OPI de 2000, facilitadas por la estructura conocida como VIE por sus siglas en inglés (*variable interest entity* [entidades de interés variable]) permitió a los tres portales sobrevivir al estallido de la burbuja de las puntocom. Al cabo de unos años, se convertirían en empresas que, por primera vez en su historia, daban beneficios.

Pero algo que ignoraban entonces era que la era de los portales de Internet en China tocaba a su fin y de hecho estaba a punto de dar paso a una nueva, la de los «Tres Reinos» del «BAT»: Baidu, Alibaba y Tencent.

Las dificultades y la retirada de Yahoo iban a proporcionar a Alibaba una vía directa de entrada en este exclusivo club. A continuación explico cómo.


## Tencent

Tencent supo canalizar dos tendencias que transformarían el sector de Internet en China: el contenido en el móvil y los juegos en línea para el ordenador. Fundada unos pocos meses antes que Alibaba, Tencent (*tengxun* en chino) comenzó su andadura a finales de 1998 con unos informáticos de veintisiete años que se habían conocido en la Universidad de Shenzhen al frente. Pony Ma (Ma Huateng) se convertiría después en presidente y consejero delegado de la empresa y es uno de los hombres más ricos de China. Pese a no estar emparentado con Jack, el apellido de Pony, Ma, coincide con el de Jack, y el nombre inglés que eligió es en realidad una broma, ya que «*ma*» significa «caballo».

Al igual que Jack, Pony venía de un entorno humilde y, pese a ser mucho más tímido que Jack, también podía presumir de ser «Cien por cien Made in China». Nació en la ciudad costera de Shantou, en la provincia de Cantón. Su padre trabajaba en el puerto de Shenzhen, colindante con Hong Kong.

---

6. Más adelante consejero delegado de la compañía china de vídeo en línea Youku.

Después de su graduación, Pony se puso a trabajar como desarrollador de software para buscas, un punto de entrada clave en el mercado de comunicaciones móviles que acababa de despegar y le permitiría amasar una fortuna. La revista *Time* lo nombró en su día como «el magnate de la movilidad en China». Pony bautizó a su empresa con el nombre de Tencent porque el coste de enviar un mensaje de texto por aquel entonces era de 10 céntimos chinos («*ten cent*» significa «diez céntimos), o sea, 1,2 céntimos de dólar estadounidense. El producto estrella de Tencent fue su cliente de mensajería instantánea OCIQ, que se podía instalar en ordenadores de sobremesa y en definitiva no era más que un clon del ICQ (que suena prácticamente como «*I seek you*» [te busco]), un producto desarrollado por la empresa israelí Mirabilis.[7] Enfrentándose a una posible demanda de Mirabilis, Tencent rebautizó su servicio como QQ, que se parece a *cute* [mono en el sentido de bonito] en chino. Con su logo de un simpático pingüino con bufanda roja, el servicio se hizo inmensamente popular entre los jóvenes internautas chinos, en su versión para PC en un primer momento y luego también en la de móvil. Cuando los operadores de telecomunicaciones de China empezaron a plantear alianzas con reparto de beneficios con empresas de Internet, el negocio para móviles de Tencent despegó de verdad. Las alianzas, inspiradas en el iMode de NTT DoCoMo en Japón, supusieron hasta el 85% de los nuevos ingresos generados. Tal y como ya he mencionado antes, cuando el SRAG golpeó el país, muchos chinos se pasaron a los mensajes de texto del móvil para obtener y diseminar información sobre la evolución del brote del virus.

Tencent es un participante fundamental del mercado chino de redes sociales móviles desde entonces, pero los mensajes a través del móvil por sí solos no explican su meteórico ascenso. El negocio más grande de la empresa son los juegos en línea.[8] El éxito de Tencent al ofrecer títulos de MMORPG (*massively multiplayer online role playing*

---

7. Adquirida en 1998 por AOL por 407 millones de dólares.

8. Un mercado que revertiría de manera dramática la fortuna de NetEase e impulsaría el surgimiento de otro participante en el segmento de los juegos en línea con sede en Shanghái llamado Shanda (Shengda en chino), que salió a bolsa en el Nasdaq en 2004.

*games* o juegos de rol multijugador masivos) como *The Legend of Mir 2* y *Lineage*, con los que fueron pioneros en Corea del Sur, abrió las compuertas del mayor flujo de ingresos jamás registrado en el sector de Internet en China.[9] El éxito del QQ, los juegos y más adelante WeChat impulsarían la capitalización de mercado de Tencent hasta los 200.000 millones de dólares en 2015, superando a la de Alibaba y generando una mina de oro de decenas de miles de millones de dólares para la compañía de medios sudafricana Naspers. En 2001, Naspers realizó una de las mejores inversiones en China de cualquier sector de todos los tiempos al comprar el 46,5% (el triple que la participación del fundador Pony Ma) de la empresa por tan solo 32 millones de dólares a inversores como Richard Li, el hijo del magnate de Hong Kong Li Ka-shing.

## Baidu

Baidu fue creada en Pekín en 2000 por Robin Li (Li Yanhong) y su amigo el doctor Eric Xu (Xu Yong). Robin, que nació en noviembre de 1968, es uno de los cinco hijos de un matrimonio de obreros de Shanxi, una inhóspita provincia de China central. Su inteligencia le permitió entrar en la Universidad de Pekín para estudiar ingeniería de sistemas de información. En junio de 1989, decidió que quería marcharse al extranjero: «China era un lugar deprimente... Me parecía que no había esperanza».

No logró ser admitido en ninguna de las tres mejores universidades de Estados Unidos, pero por fin la Universidad del Estado de Nueva York (SUNY) de Buffalo le concedió una beca completa para que estudiara un máster en ingeniería de sistemas. Allí se apuntó a un laboratorio informático donde se centraban en el diseño de tecnologías para la automatización, que se financiaba con una subvención concedida por el Servicio Postal de Estados Unidos. Su profesor Sargur N. Srihari

---

9. Hoy representan 18.000 millones en ingresos en línea —más que los 5.000 millones que se recaudan en taquilla en China— o un 13% de todos los ingresos de Internet del país.

recordaba después que «empezó haciendo extracción de información aquí en Buffalo, y desde luego íbamos muy por delante en términos de la importancia de los motores de búsqueda».

Después de SUNY, Robin trabajó para una filial de Dow Jones en Nueva York. A quienes visitan en la actualidad las instalaciones de casi 93.000 m$^2$ que ocupan las oficinas de la central de Baidu, se les muestra una copia de la solicitud presentada por Robin el 5 de febrero de 1997 —cuando todavía trabajaba para Dow Jones— para patentar un mecanismo de búsqueda que había bautizado como «extracción de hipertexto documental» y que establecía la popularidad de una página web en base al número de otras páginas web que se hayan enlazadas con ella. Luego Robin se mudó a California para trabajar para la empresa especializada en búsquedas Infoseek, antes de lograr recabar 1,2 millones de dólares de financiación para su *start-up* y de volver a China en enero de 2000 para fundar Baidu. La empresa empezó a operar desde una habitación de hotel cerca de su *alma mater*, la Universidad de Pekín, al principio como tercer proveedor de motores de búsqueda en chino para otras páginas web.[10] Pese a que no tardó en hacerse con el grueso del mercado, Baidu no daba beneficios.

Robin Li, consejero delegado, recordaba: «Yo quería seguir mejorando la experiencia de búsqueda pero los portales no querían invertir en eso... Ahí fue cuando supe que necesitábamos montar un servicio con marca propia». La propia página independiente de búsqueda de Baidu se lanzó en octubre de 2001.

Robin Li ha permanecido estrechamente involucrado en el desarrollo de la tecnología de Baidu. Para asegurar que su motor de búsqueda utilizaba la tecnología más puntera, a finales de 2001, Li dejó aparcado temporalmente su trabajo de consejero delegado para liderar un nuevo proyecto bautizado como «Proyecto Blitzen» y rebautizado por el equipo de ingeniería de la empresa como «Gran Salto Adelante». Li dormía a menudo en la oficina y la frecuencia de las reuniones se dobló hasta que finalizó el proyecto.

Li ha dicho que «una vez has identificado qué tienes que hacer, debes mantener la atención centrada en eso. Fue lo que hicimos duran-

---

10. Incluidos los portales principales como Sina, Sohu y Tom.

te los tiempos difíciles de 2000, 2001 y 2002. Mucha gente cree que las búsquedas se pueden dar por sentadas. Son un ámbito aburrido. Todo el mundo piensa en tecnología y producto, pero a nosotros en su día nos pareció que lo podíamos hacer mejor todavía. Resistimos la tentación de convertirnos en alguna de otras muchas alternativas que se planteaban, desde portal hasta proveedor de mensajería de texto, pasando por juegos en línea y todo tipo de cosas con las que se podía ganar dinero a corto plazo. Nosotros nos centramos en las búsquedas en chino. Así es como llegamos hasta aquí».

En 2002, el índice chino de páginas web en las que se podía realizar búsquedas de Baidu era un 50% más grande que el del rival más importante. Para 2003 se había convertido en el motor de búsqueda número uno de China. Antes de la OPI de Baidu en el Nasdaq en agosto de 2005, hasta Google invirtió 5 millones en la empresa. La cotización de Baidu creció más de un 350% en su primera jornada en bolsa. En cuanto a Google, cuando se hizo evidente que Baidu se había convertido en su principal competidor en China, vendió su participación el verano siguiente por 60 millones de dólares.

Baidu acabaría convirtiéndose en el mayor motor de búsqueda[11] de China. Pese a valorarse en aproximadamente en 70.000 millones de dólares, sigue siendo una empresa mucho más pequeña que Alibaba o Tencent, dos compañías que, curiosamente, tienen mejor relación entre sí que con Baidu.

## Yahoo y «AK47»

Pero, en 2003, había pocos indicios de la emergencia del «BAT» y Yahoo todavía creía que tenía una oportunidad de hacerse con el mercado chino. Para las búsquedas, se asoció con Baidu. Y, para enfren-

---

11. Para finales de 2009, Baidu había captado el 63% del mercado de búsquedas de China, casi el doble del 33% de Google. En marzo de 2010, cuando Google decidió dejar el mercado chino en medio de amargas acusaciones de piratería informática y una tremenda presión de la censura, Baidu reinaba desde su pedestal de cuota de mercado del 75% a finales de año.

tarse a eBay, Yahoo lanzó un proyecto de subastas en línea con Sina. No obstante, igual que ocurrió con la alianza con Founder, ninguna de estas otras dos surtió el menor efecto tampoco.

Cada vez más desesperada por encontrar una solución para su negocio en China, en noviembre de 2003 Yahoo anunció un trato que confiaba en que transformaría su fortuna, la compra de una empresa llamada 3721 Network Software.

Fundada cinco años antes por un emprendedor llamado Zhou Hongyi, 3721 había identificado un nicho de mercado. Los nombres de dominio para Internet solo estaban disponibles en caracteres alfanuméricos (uno de los motivos por los que había elegido para su propia empresa un nombre consistente en números en vez de un nombre escrito con alfabeto romano, teniendo en cuenta además que «3721» era un dicho para expresar que algo es muy fácil, tan «fácil como 3 por 7 igual 21»).

La compañía 3721 permitió a los millones de nuevos usuarios que entraban en línea en China hacer búsquedas utilizando caracteres chinos gracias a una barra de herramientas especial que enlazaba los caracteres chinos introducidos con la página web correspondiente. El software se descargaba, aunque el usuario no siempre era consciente de ello, y era difícil desinstalarlo. La competencia criticó el software de 3721 argumentando que suplantaba a los buscadores existentes. En 2002, Baidu —una de las muchas empresas de Internet que tuvo disputas con Zhou Hongyi— llevó a 3721 a los tribunales. 3721, por su parte, había realizado varias rondas de financiación con capital riesgo y para 2001 había logrado alcanzar el umbral de beneficio. Luego reunió una potente fuerza de ventas para comercializar los nombres chinos más valiosos de la barra de herramientas, y empezó a ganar mucho dinero, llegando a generar 17 millones de dólares en ingresos en 2002.

Nacido en 1970 en la provincia de Hubei, al sur de China, Zhou Hongyi se crio en la provincia eminentemente rural y agraria de Henan antes de marcharse a la Universidad de Xi'an Jiatong. Hizo dos intentos como empresario que resultaron sendos fracasos antes de entrar a trabajar para Founder, la mayor empresa china gestionada por una universidad. Al cabo de tres años, lanzó 3721 asociándose para ello con su mujer, Helen Hu (Hu Huan), y cuatro personas más.

Zhou sentía que con sus fracasos anteriores se había ganado el puesto como verdadero pionero del sector de Internet y estaba constantemente buscando pelea con sus rivales. Le encantaba la publicidad que generaban las demandas ante los tribunales y los enfrentamientos en público que tuvo con Jack, Robin Li, Pony Ma, William Ding y Lei Jun (Kingsoft y Xiaomi), entre otros.

Jerry Yang era conocido por su carácter afable y accesible y en cambio Zhou era el polo opuesto, se había creado para sí mismo el personaje de chico malo del sector de Internet en China. Le encantaban las armas. Después de que Yahoo comprara 3721, los nuevos colegas de Zhou en Sunnyvale (California), se quedaron espantados cuando vieron la foto de Zhou en el directorio interno de contactos... posando con un AK47. Inmediatamente, el equipo le adjudicó el nombre de la célebre arma como mote. A Zhou hasta le gustaba decorar las paredes de su oficina con las hojas plagadas de agujeros de bala de sus prácticas de tiro. Su principal inversor, Wang Gongquan de IDG, lo describe como un «idealista enloquecido», y un «chaval agresivo y salvaje».

A pesar de sus diferencias de carácter, Jerry Wang vio en la empresa de Zhou Hongyi la oportunidad de impulsar los ingresos de Yahoo. En 2003, Yahoo China tan solo había facturado unos cuantos millones, pero 3721, en cambio, se había llevado a casa aproximadamente 25 millones; era el cuarto sitio web en el ranking de webs chinas más visitadas, solo por detrás de Sina, Sohu y NetEase.

En noviembre de 2003, Yahoo compró 3721 por 120 millones de dólares (50 los pagó en el momento de la compra, los otros 70 se irían pagando en función de resultados a lo largo de los siguientes dos años). El trato fue un gran espaldarazo para el equipo de Yahoo China, que pasó de 100 a 300 personas. Pero, de manera similar a cómo eBay hizo una chapuza con la adquisición de su socio local EachNet, los esfuerzos de Yahoo por integrar 3721 también fracasaron en poco tiempo.

El choque de culturas fue inmediato. La antigua directora financiera de Yahoo, Sue Decker, lo recuerda así: «Por lo visto Zhou consideraba que los empleados que venían originariamente de Yahoo eran unos vagos y se les pagaba demasiado, mientras que por su parte el equipo de

Yahoo se sentía acosado y consideraba que Zhou no se centraba en las operaciones de Yahoo». La empresa había cortejado con sumo cuidado al gobierno para establecer unas buenas relaciones pero, un par de meses después de la compra de 3721, el gobierno chino demandó a Zhou Hongyi, pues la agencia pública encargada de los dominios de Internet, el China Center Network Information Center (CNNIC) acusó a 3721 de dañar su reputación.[12]

Después Zhou también se deshizo de Baidu —a quienes había puesto una demanda—, hasta ese momento el motor asociado a Yahoo en China, y lanzó una nueva oferta de búsqueda[13], pero el hecho es que Zhou no lo había consultado primero con ningún ejecutivo de la central de Sunnyvale. Zhou declaró: «Yo creía que con una inversión anual de tan solo unos cuantos millones de dólares, lograríamos adelantar a Baidu», así que Zhou empezó a frustrarse con la actitud de los ejecutivos de la central de Yahoo: «No querían invertir en el futuro de la empresa, pero esto es igual que ser agricultor: si lo único que te importa es cosechar pero no abonar ni arar, al final la tierra perderá su fuerza».

China era la menor de las preocupaciones de Yahoo. En Estados Unidos, la empresa estaba siendo eclipsada por Google, cuyo motor de búsqueda algorítmico estaba superando con creces el rendimiento del diseño en base a directorios de Yahoo. Yahoo además fue lenta a la hora de reconocer la amenaza que suponía Google, una empresa que, como Yahoo, habían montado dos doctorandos de Stanford. En 1997, Yahoo dejó escapar la oportunidad de comprar Google a Larry Page y Sergey Brin, pero su mayor error fue la decisión de 2000 de asociarse con Google para las búsquedas: a través del logotipo de Google que aparecía en su página principal, millones de clientes descubrieron un producto de búsqueda que ofrecía mejores resultados y una puerta de entrada a la Red más amplia, haciendo que Yahoo resultara cada vez más irrelevante.[14]

---

12. Zhou había acusado al CNNIC de carecer de los fundamentos legales necesarios.

13. Llamado Yisou.

14. Para mejorar su negocio publicitario al encajarlo con más precisión con las búsquedas de los usuarios. Yahoo adquirió una participación de 1.300 millones en Overture en 2010.

En julio de 2005, seis meses antes del final del plazo de dos años, Zhou anunció que se marchaba de Yahoo China. Al cabo de dos meses, había montado su propia compañía, Qihoo 360 Technology, donde adoptaría las mismas tácticas[15] agresivas que había utilizado en 3721.

No pasó mucho tiempo antes de que Zhou criticara abiertamente a Yahoo en los medios, llegando a declarar a los periodistas que lo que más lamentaba era haber vendido 3721 a Yahoo, que la cultura de empresa de Yahoo ponía cortapisas a la innovación y que era una empresa mal gestionada: «Los líderes de Yahoo tienen una responsabilidad ineludible en el retroceso que está experimentando la compañía. Tanto su líder espiritual Jerry Yang como su antiguo consejero delegado (Terry) Semel son buenas personas, pero no son ningunos genios. Carecen de verdaderas dotes de liderazgo. Cuando se tuvieron que enfrentar a la competencia de Google y Microsoft no supieron qué hacer y no vieron claro el camino que debía tomar la empresa».

Yahoo había fallado el tiro en China dos veces: primero Founder y luego 3721. Tras años de frustración, Jerry Yang tomó una decisión arriesgada: le entregó a Jack 1000 millones de dólares y las llaves del negocio de Yahoo China a cambio del 40% de Alibaba.

## Proyecto Pebble

Pese a que les llevó algún tiempo darse cuenta, el trato supuso toda una transformación tanto para Alibaba como para Yahoo. Alibaba se hizo con la munición necesaria para terminar con eBay en China y desarrollar Taobao y Alipay hasta convertirlos en los mastodontes que hoy son. En el

---

15. Qiboo 360, que salió a bolsa en el Nasdaq en marzo de 2011, acabaría siendo más conocida por su antivirus, que llevaría a Zhou una vez más a tener un conflicto con Baidu y otros, incluido Yahoo. En China y entre algunos antiguos colegas de Yahoo de Estados Unidos, Zhou Hongyi había adquirido una reputación como el «padre del malware en China», una etiqueta que discutía con vehemencia. En diciembre de 2015, Zhou lideró a un consorcio de inversores para sacar Qiboo de bolsa y devolverla a manos privadas por 9.300 millones de dólares, fraguando planes para sacar la empresa de la Bolsa de Nueva York en la primera mitad de 2016.

caso de Yahoo, el valor creciente de su participación[16] en Alibaba le proporcionó un argumento ante sus cada vez más frustrados inversores, preocupados por el deterioro de su posición en el mercado frente a Google y la decisión controvertida de rechazar la oferta de compra de Microsoft.

El acuerdo surgió a raíz de una reunión[17] en mayo de 2005 entre Jack y Jerry en el campo de golf de Pebble Beach en California. En el trascurso de una cena informal típica a base de marisco y bistec, en compañía de otras lumbreras estadounidenses y chinas del sector tecnológico, los dos fundadores, que tenían en común a Masayoshi Son como inversor, salieron a dar un paseo.[18] Jack recordaría luego que «hacía mucho frío ese día y al cabo de diez minutos yo estaba helado y no podía más, así que volví dentro a la carrera, pero en esos diez minutos nos dio tiempo a intercambiar unas cuantas ideas. Le dije claramente que quería entrar en el negocio de las búsquedas y que mi opinión era que los motores de búsqueda desempeñarían un papel fundamental en el comercio electrónico en el futuro».

A raíz de esa conversación inicial, al cabo de dos semanas surgió el esbozo de un acuerdo —que Yahoo bautizó como Proyecto Pebble— cuando Jerry[19] se reunió de nuevo con Jack y Joe durante el Global Fortune Forum que se celebró en Pekín.

---

16. En mayo de 2015, Yahoo inyectó sus 384 millones de acciones en Alibaba —valoradas en más de 33.000 millones de dólares, algo menos de la valoración total de Yahoo— en una nueva entidad, «SpinCo», en un esfuerzo por evitar pagar más de 10.000 millones de dólares en impuestos en Estados Unidos.

17. La reunión fue una cumbre fuera de las oficinas y quien ejercía de anfitriona era Hua Yuan Science and Technology Association (HYSTA), un grupo de emprendedores e ingenieros asentados en Silicon Valley, la mayoría chinos, antes de su habitual conferencia anual en el Centro de Convenciones de Santa Clara.

18. La transacción Yahoo-Alibaba ha resultado tener tanto éxito que muchos han dicho ser los responsables de orquestar todo para que se produjera el encuentro entre Jack y Jerry en Pebble Beach. Jack ha atribuido el mérito, entre otros, a Wu ying de UTStarcom, Liu Erfei de Merrill Lynch y Deng Zhonghan de Vimicro Corporation. Joe Tsai dice: «Claro que dieciocho personas distintas se apuntaron el tanto de organizar ese encuentro. Fue cosa del evento de Hua Yuan. De todo el mundo —y añadió—: Si te conocías, estabas en la misma conferencia».

19. Viajaron a Pekín con Jerry el consejero delegado de Yahoo Terry Semel, la directora financiera de la empresa Sue Decker, y el ejecutivo de desarrollo corporativo Toby Coppel.

Yahoo había visto hacía ya bastante tiempo que 3721 no iba a ser la receta mágica que resolviera todos sus problemas de China pero, tras un análisis exhaustivo en busca de otra compañía que sí pudiera ser la respuesta, Alibaba no había quedado la primera de la lista.

El objetivo más lógico era Sina: la empresa había empezado como portal de Internet y se estaba posicionando como el «líder indiscutible de los medios en línea en China». Bajo la dirección de su consejero delegado Terry Semel[20], Yahoo estaba intentando cada vez más convertirse en una empresa de medios y entretenimiento. Yahoo y Sina ya habían firmado un memorando de entendimiento para que Yahoo invirtiera en Sina, siempre y cuando el gobierno chino aprobara la operación. Los ejecutivos e inversores de Sina estaban preparándose para descorchar el champán cuando el consejero delegado de Sina, Wang Yan, se reunió con el jefe de propaganda del gobierno chino, Li Changchun.[21] Li rechazó la operación. Sina no tenía permiso para asociarse con un inversor estratégico extranjero.

David Chao, socio de la firma de inversiones DCM, relató después una conversación de 2004 con Hurst Lin, por aquel entonces responsable de operaciones en Sina: «Cuando su cotización llegó a los 3 dólares aproximadamente, Hurst me llamó y me dijo: "Acabo de conocer a Jerry y creo que por fin voy a poder deshacerme de mis acciones. Hemos hecho un trato". Estaba muy contento pero, por supuesto, como cabía esperar, "los de arriba" estaban nerviosos».

El segundo nombre en la lista de candidatos a socio de Yahoo era Shanda, el especialista[22] en juegos en línea con sede en Shanghái, pero el fundador y consejero delegado de Shanda —y originario de Zhejiang—, Timothy Chen (Chen Tianqiao), no estaba interesado.[23]

---

20. Con veinticuatro años de experiencia en Warner Bros, donde llegó a convertirse en presidente y coconsejero delegado.

21. Li, protegido de Jian Zemin, trabajaba para el Partido Comunista como responsable de la propaganda, un puesto al que accedió en 2002 y en el que se mantuvo durante una década, supervisando el extenso sistema de censura de Internet.

22. La empresa había salido a bolsa el año anterior y tenía una capitalización bursátil de más de 2.200 millones de dólares, con ingresos por valor de 165 millones.

23. En vez de eso, soñó con convertir la empresa en la Disney china, y adquirió un poco antes ese mismo año el 19,5% de Sina como un primer paso de una OPA hostil (que nunca se materializó).

Baidu tampoco era una opción para Yahoo porque ya iba camino de su OPI.

Un trato con Alibaba era atractivo a varios niveles: era una empresa privada, lo que significaba que se podía llegar a un acuerdo rápidamente. Además, Yahoo y Alibaba tenían un accionista en común, SoftBank, que detentaba el 42% de Yahoo y el 27% de Alibaba.[24]

Otro aspecto positivo era la buena química existente. Jerry y Jack se conocían desde hacía siete años y, desde su primer encuentro en Pekín, cuando Jack le había hecho de guía, no habían permanecido en contacto regularmente pero sí que había habido una buena comunicación.

Para Jerry, tratar con Jack era como un soplo de aire fresco después de las tempestuosas relaciones con el cascarrabias de Zhou Hongyi. Jerry, además, se llevaba bien con Joe Tsai: los dos habían nacido en Taiwán y se había educado en Estados Unidos. La directora financiera de Yahoo, Sue Decker recuerda que las dos compañías «experimentaron un alineamiento inmediato de las culturas de empresa».

No obstante, la lógica de la simbiosis no resultaba evidente a simple vista: Yahoo, una empresa de contenidos dirigidos al consumidor final, iba a dejar sus operaciones en China en manos de una compañía que, básicamente, se dedicaba a la información empresarial B2B, junto con otros dos negocios, Taobao y Alipay que había lanzado recientemente. Taobao estaba ganando potencia en el comercio electrónico, pero Alibaba se había comprometido recientemente a no cobrar comisiones durante los próximos tres años. ¿Cómo valorar algo que es gratuito? Susan Decker recordaba después así la preocupación de Yahoo: «En su momento se percibió como un gran salto al vacío: más de la mitad del valor de la operación —más de 2.000 millones de dólares— se atribuía a Taobao y Alipay, que por aquel entonces perdían dinero». La decisión de entregar el negocio de Yahoo en China fue muy arriesgada, según cuenta Decker: «Nos dimos cuenta de que teníamos que estar dispuestos a entregar completamente el control operativo y, a efectos prácticos, eso era poco menos que renunciar a nuestro antiguo deseo de mantener la propiedad de más del cincuenta por ciento de las operaciones locales.

---

24. Tras vender parte de su participación del 40% en Taobao a Alibaba por 360 millones de dólares.

También implicaba dejar la gestión del personal a nuestro socio local y permitir que gente sin ninguna conexión anterior con la empresa usara nuestro código. Aterrador».

Una década más tarde, Jerry Yang señalaba al recordar[25] el trato que, cuando Yahoo realizó la inversión en 2005, «el balance de Yahoo eran unos 3.000 millones, así que no había grandes cantidades de dinero en metálico disponibles en la empresa. Meter 1.000 millones de dólares en Alibaba —añadía— seguramente hizo que se arquearan muchas cejas». A pesar de que Yahoo realizó una investigación exhaustiva del negocio subyacente, el carisma de Jack y su visión para Alibaba también contribuyeron de manera importante, tal y como recordaba Jerry: «Viéndolo ahora en retrospectiva, seguramente fue una apuesta arriesgada pero, si conocías a Jack y lo tratabas y te explicaba su visión, te parecía que sin duda merecía la pena probar. Y además, verdaderamente tenía una vía de acceso directa al mercado desde dentro por ser una plataforma de comercio muy popular en China, que fue algo que nos tranquilizó bastante». Cuando se le preguntó qué empresa se había llevado la mejor parte del trato, respondió que «si consideras la alianza a lo largo de estos diez años, claramente Alibaba fue la que más se benefició del voto de confianza que supuso el acuerdo en 2005, y ahora Yahoo se beneficia de la inversión».

Para Alibaba, el acuerdo aportó inmediatamente la liquidez que necesitaba para apoyar a Taobao, que todavía daba pérdidas, en sus luchas con eBay. Yahoo y SoftBank ya llevaban casi una década de relación provechosa. La inversión de Yahoo en Alibaba añadió una nueva dimensión, creando un «triángulo de oro» que ha unido a Jack, Jerry y Masayoshi Son durante otra década más. A raíz del acuerdo, el *New York Times* coronó a Jack como «el nuevo rey de Internet en China», y Jack no pudo resistir la tentación de lanzar otro dardo a eBay: «Gracias eBay... tú has hecho posible todo esto».

Con la venta, Alibaba también pudo recompensar a sus empleados al permitirles liquidar un cuarto de sus acciones, y a sus primeros inver-

25. En una charla en el Museo de Historia de la Informática de Mountain View (California), con HYSTA —cuya conferencia había propiciado el encuentro original— haciendo de anfitriona.

sores, que vendieron aproximadamente el 40% de participación en la compañía a Yahoo a un precio de aproximadamente 4.000 millones de dólares en total. Y, pese a que ya habían sacado un beneficio impresionante, los inversores vieron como la propia Alibaba vendía una participación a Yahoo a un valor cuatro veces superior.[26]

Jack recalcaría más tarde que el impacto de la transacción fue más allá de la financiación y el reconocimiento de mercado aportados por Yahoo pues, pese a que Alibaba había demostrado su capacidad para desarrollar *start-ups* —Alibaba.com, Taobao y Alipay—, el trato con Yahoo aportó una experiencia en fusiones y adquisiciones que le era muy necesaria y adquiriría cada vez más importancia en el futuro.

La propiedad de Alibaba quedaría finalmente repartida así: Yahoo, 40%; SoftBank, 30%; ejecutivos de la empresa, 30%. En 1999, Jack había vendido el 50% de Alibaba a Goldman Sachs y otros inversores, algo sobre lo que solía bromear diciendo que era el peor trato que había hecho jamás. ¿Sentiría el malestar típico del vendedor al separarse del 40% que vendía a Yahoo? Al cabo de una década, echando la vista atrás hasta el momento de ese acuerdo diría: «Pedí mil millones de dólares y nos los dieron. Yo pensaba que la guerra entre Taobao y eBay duraría mucho tiempo y que necesitaríamos el dinero para la batalla». Al final, 1.000 millones de dólares bastaron para que eBay se asustara y saliera corriendo.[27] «Pedimos mucho, pero no sabíamos que eBay saldría corriendo, así que al final el dinero no se usó». Jack declaró después en respuesta a si volvería a firmar el acuerdo que sí, pero «un acuerdo mejor, más inteligente» y añadió que «nadie conoce el futuro. Lo único que se puede hacer es crearlo».

---

26. Yahoo también compró una participación de SoftBank en Taobao por 360 millones de dólares —que SoftBank utilizó para adquirir más acciones de Alibaba—, además de otros 30 millones de dólares para ejercer la opción de los bonos convertibles que había adquirido en 2003.

27. La cantidad era tan grande que, al oír las noticias de la inversión, un consejero delegado de un participante más pequeño del sector del comercio electrónico me comentó: «Pensé que debía de ser una noticia falsa, mucha gente lo pensó. Cien millones de dólares habría sido un número muy grande pero... ¿mil millones? Nunca me había ni imaginado semejante cifra».

El acuerdo dejó a Jack y Joe al frente de Alibaba, aunque el trato incluía una cláusula que pasó desapercibida, en virtud de la cual Yahoo tenía derecho a nombrar un miembro adicional del consejo, tal y como hizo en octubre de 2010. Si ese miembro del consejo se alineaba con SoftBank, entonces Yahoo contaría con la mayoría de votos y podría, en teoría, hacerse con el control de Alibaba.

Una vez acordados los principales términos y condiciones del acuerdo, Yahoo y Alibaba prepararon la presentación de este al público. Jerry Yang declaró a *BusinessWeek* que Alibaba pasaba a ser «la única empresa china que tiene comercio, búsquedas, comunicaciones y un equipo de gestores locales muy fuerte». La reacción de los medios fue variada. Andreas Kluth de *The Economist* no estaba convencido: «Yahoo no puede seguir siendo todo para todo el mundo. Me parece que la compañía debe decidir qué es, lo cual implica decidir lo que no es. ¿Se considera Yahoo una empresa de búsquedas, medios y comercio electrónico en estos momentos? ¿Y por qué no también fabricación, comercialización, banca, atención sanitaria...? Me hago un lío».

Yahoo tenía mucho interés en tranquilizar al mercado y a sus empleados asegurándoles que Alibaba era un socio de fiar para encargarle la gestión del negocio en China. Los empleados de Yahoo China en particular no estaban contentos con tener que cambiar de jefe. Un antiguo empleado de Yahoo China, Liu Jie, que se marchó a Qihoo al poco tiempo, recordaba el fenomenal cambio del estilo de gestión tras la llegada de Alibaba: «A medio día, los departamentos con un enfoque comercial de Alibaba cantaban y bailaban un rato, y a mí ese momento me tocaba bastante la moral».

En la sede central de Yahoo, la recepción fue más positiva. El antiguo vicepresidente ejecutivo Rich Riley[28] lo recuerda así: «Mercados como el de China habían resultado muy complicados para las empresas occidentales, así que parecía el movimiento correcto».

Pero, dejando a un lado el retorno financiero, ¿logró Yahoo sus objetivos?

Cuando se anunció el trato, Jerry Yang declaró a los medios que, a pesar de que Alibaba sería responsable de las operaciones en China, eso

---

28. Ahora consejero delegado de Shazam.

no implicaba la desaparición de la marca Yahoo en el país: «Todos los productos de Internet orientados al consumidor llevarán la marca Yahoo: motor de búsquedas, correo y cualquier cosa nueva que se les ocurra. Sin lugar a dudas, el nuevo equipo gestor considera no solo que la marca Yahoo aporta un toque global, sino también que produce un eco significativo en China».

Y, sin embargo, con Alibaba a cargo de la gestión, la marca Yahoo iría diluyéndose rápidamente y, efectivamente, acabaría desapareciendo por completo en China. Un año después de firmarse el acuerdo, los medios locales empezaron a referirse a Yahoo China como la «hija huérfana» no deseada, mientras Alibaba se centraba en alimentar a su propio bebé: Taobao. En mayo de 2007, Alibaba cambió el nombre del negocio de Yahoo China a China Yahoo, un fiel reflejo de quién mandaba.

Alibaba invirtió mucho en la marca Yahoo China al principio, dedicando 30 millones de yuanes (más de 4 millones de dólares) a crear unos anuncios de televisión para promocionar Yahoo Search. Jack no escatimó en gastos y acudió a los estudios Huayi Brothers, de los que más adelante adquiriría una participación, y contrató a tres de los directores más conocidos del país: Chen Kaige, Feng Xiaogang (que dirigió el especial de televisión de Alibaba para el Día de los Solteros de 2015) y Zhang Jizhong. Zhang era muy famosos por sus exuberantes adaptaciones para la televisión de las obras del autor favorito de Jack, Jin Yong.

No obstante, en el ámbito fundamental de las búsquedas, la superioridad del algoritmo de Google y Baidu les estaba ganando la partida. China Yahoo tenía problemas. Después del acuerdo, a Jack le desesperaba la lentitud con la que Yahoo trabajaba el tema del motor de búsqueda y otras mejoras tecnológicas que se había comprometido a proporcionar. La presión era tal que, en 2006, Jack tomó la decisión de remodelar la página de inicio de Yahoo para que recordara al estilo sobrio y despejado de Google, que Baidu ya había copiado. Pero Jerry Yang no estaba nada contento con el cambio y le pidió a Jack que anulara la remodelación de China Yahoo y recuperara el aspecto original, cosa que Jack hizo. Ni que decir tiene que, obviamente, los usuarios de Yahoo estaban confundidos con tanto cambio y la cotización cayó todavía más. De un 21% de cuota de ingresos por búsquedas en 2005, impulsados sobre todo por la barra de herramientas de 3721, la cuota de Yahoo cayó a tan solo el 6% en 2009, momento en que Baidu despegó y se hizo con prácticamente dos tercios del mercado, dejando a Google con tan solo un 29%.

## Salida desorganizada

Ahora bien, incluso si Yahoo hubiera seguido avanzando con disciplina militar en vez de vender su negocio en China a Alibaba, la compañía habría tenido que enfrentarse a dos grandes retos: el fundador de 3721, Zhang Hongyi, y una catástrofe ética y de relaciones públicas relacionada con el periodista chino Shi Tao.

Zhou Hongyi, al enterarse del acuerdo Yahoo-Alibaba, inmediatamente anunció su dimisión y se convirtió en un antiguo empleado resentido de manual: empezó a informar a los periodistas de que iba a iniciar su propio proyecto y se puso a contratar gente de Yahoo. En los años que siguieron, Zhou y su nueva empresa Qihoo 360, causaría muchos dolores de cabeza[29] a Alibaba, el nuevo dueño de China Yahoo.

Pero incluso después de haber vendido su negocio en China a Alibaba, la imagen de Yahoo se iba a ver empañada en Estados Unidos por el caso del periodista chino encarcelado Shi Tao. El asunto, fuente de mucha angustia personal para Jerry Yang, ilustraría los riesgos imprevisibles que aguardaban a cualquier empresa extranjera que se propusiera montar un negocio en el sector de Internet en China.

Shi Tao era redactor y reportero de un periódico de Changsha, la capital de la provincia de Hunan, llamado el *Noticiero Comercial Contemporáneo* (*Dangdai Shang Bao*), y también era cliente de Yahoo Mail. El 20 de abril de 2004, Shi participó en una reunión editorial interna convocada por el redactor jefe adjunto del periódico para hablar de un documento clasificado enviado por Pekín con instrucciones

---

29. Una vez que estableció Qihoo 360, utilizando los ingresos de la inversión de Yahoo, Zhou se propuso crear un producto diseñado para ayudar a los usuarios a desinstalar precisamente el producto que él mismo había creado en 3721, que para entonces había cambiado de nombre y era Yahoo Messenger, pero que él ahora describía como malware que debía eliminarse.

sobre cómo evitar los disturbios sociales, en un momento en que se acercaba el decimoquinto aniversario de la represión de las protestas de la plaza de Tiananmen, un 4 de junio. Pese a que no se entregaron copias del documento, Shi Tao tomó notas durante la reunión y esa noche utilizó una cuenta de correo electrónico de Yahoo China[30] para enviarlas a una página web china prodemocracia con sede en Nueva York. Dos días más tarde, el gobierno solicitó a Yahoo China que proporcionara los detalles del titular[31] de la cuenta, que se le entregaron ese mismo día.

El 23 de noviembre de 2004, la Agencia de Seguridad Estatal detenía a Shi en Changsha. El 15 de diciembre lo arrestaron acusado de haber revelado secretos de Estado. Tras un juicio de dos horas celebrado en marzo de 2005, Shi fue declarado culpable y condenado a diez años de prisión.

Los grupos activistas[32] se hicieron eco enseguida del caso de Shi, acusando a Yahoo de haber adoptado el papel de «informante de la policía». La publicidad y los llamamientos realizados por los amigos periodistas de Shi y su madre Gao Qinsheng no lograron que se revisara el veredicto. Tras lo que Amnistía Internacional denunció como un acoso intenso por parte del gobierno chino, la mujer de Shi se divorció de él.

Aquello fue una horrible pesadilla para Shi y su familia. Para Yahoo, fue un ojo morado. En cuanto a Alibaba, pese a que ahora gestionaba el negocio de China, los hechos se habían producido en la era de gestión de Yahoo. Cuando le pidieron a Jack que comentara el caso, dijo que «como negocio, si no puedes cambiar la ley, obedece la ley... Respeta al gobierno local. No nos interesa la política. Nosotros nos limitamos a centrarnos en el comercio electrónico».

---

30. huoyan-1989@yahoo.com.cn.

31. La Oficina de Seguridad del Estado de Pekín publicó un Anuncio sobre Recogida de Pruebas y solicitó a las oficinas de Yahoo China de Pekín «información de registro de cuentas de correo electrónico para la cuenta huoyan-1989@yahoo.com.cn y concretamente: todos los tiempos de conexión, la correspondiente dirección IP y contenido relevante de correos electrónicos desde el 22 de febrero de 2004».

32. Incluido Human Rights Watch, el Comité para la Protección de los Periodistas y Reporteros Sin Fronteras.

El 10 de septiembre de 2005, asistí a la fiesta de Alibaba, la Alifest en Hangzhou. El flamante acuerdo de 1.000 millones de dólares con Yahoo y la sensación creciente de que Taobao acabaría venciendo a eBay contribuían a la atmósfera festiva que se respiraba. Jerry Yang iba a aparecer en el escenario con Jack como parte de las celebraciones. La guinda del pastel era el ponente estrella que había invitado Jack ese año: el expresidente de Estados Unidos Bill Clinton.

Clinton había aceptado la invitación en julio, pero las noticias sobre la conexión de Yahoo con el caso de Shi Tao salieron a la luz unos días antes del evento de empresa, colocando a Clinton[33] en una posición incómoda. Clinton no se refirió al caso de Shi pero sí abordó en términos más generales el coste económico de la censura y la necesidad de que China desarrollara una mayor tolerancia a la discrepancia.

Cuando Clinton abandonó la sala escoltado por los miembros del Servicio Secreto norteamericano y los escoltas proporcionados por el gobierno chino, Jerry Yang subió al escenario para una sesión de ruegos y preguntas sobre el acuerdo con Alibaba. El reportero del *Washington Post*, Peter S. Goodman le preguntó directamente sobre el papel de Yahoo en facilitar información que había conducido a la encarcelación de Shi Tao.

Yang respondió: «Para hacer negocios en China, o en cualquier lugar el mundo, debemos cumplir con las leyes locales... No sabemos para qué quieren la información, no nos dicen lo que andan buscando. Si nos entregan los correspondientes documentos y órdenes judiciales, les hacemos entrega de información que cumpla tanto con nuestra política de privacidad como con las leyes locales». Y luego añadió: «No me gusta el resultado de estas cosas... pero tenemos que respetar la ley».

El público, formado principalmente por ejecutivos del sector de Internet en China e inversores, todos ellos chinos, se deshizo en aplausos, una respuesta que parecía de todo punto inapropiada si se tenía en cuenta la gravedad del caso, pero gracias al Gran Cortafuegos Chino, pocos entre el público asistente habían oído hablar de Shi Tao. Las cosas se pondrían todavía peor para Jerry Yang después de eso, culmi-

33. Quien ya había sido blanco de las críticas del rival de Alibaba, eBay, por comprometerse con el evento.

nando con su poco menos que linchamiento público en Washington D.C. en 2007, cuando el Congreso[34] lo citó para que respondiera a sus preguntas sobre el caso. El presidente de la comisión investigadora, el congresista californiano Tom Lantos, inició la sesión presentando a la madre de Shi Tao. Jerry Yang, de traje oscuro y corbata, hizo tres profundas reverencias en señal de respeto cuando la desconsolada mujer tomó asiento detrás de él entre sollozos. Lantos arremetió contra Yahoo por su «negligencia inexcusable (cuando menos) si no su conducta deliberadamente engañosa (en el peor de los casos)» y concluyó que «si bien tecnológica y financieramente son ustedes gigantes, moralmente son unos pigmeos».

Más adelante, Yahoo llegaría a un acuerdo con la familia de Shi —que demandó a la empresa—, por una cantidad que no ha trascendido. Shi Tao fue liberado en septiembre de 2013 tras ocho años y medio en prisión, al serle concedida una reducción de la pena de quince meses.

Los problemas de Yahoo pusieron de manifiesto que para empresas que trabajaban con contenidos de Internet, China era un mercado altamente peligroso, como también experimentaría luego Google en primera persona antes de cerrar casi todas sus operaciones en el país en 2010. Google había lanzado su motor de búsqueda en servidores alojados en China (como google.cn) en 2006, manteniendo los servidores para Gmail y otros productos que implicaban manejar información personal o confidencial en el extranjero. Pero a principios de 2010, en respuesta a un intento de ciberataque que sufrieron sus servidores y la presión acumulada por la necesidad creciente de censurar los resultados de sus búsquedas, Google anunció su retirada de China. En marzo de 2010, Google dejó de censurar los resultados de sus búsquedas en China y redirigió el tráfico a su sitio web de Hong Kong —al otro lado del «Gran Cortafuegos Chino»—, marcando así su salida del mercado.[35]

---

34. El Comité de Asuntos Exteriores de la Cámara.

35. Tras sortear una investigación de la embajada estadounidense sobre el trasfondo de la decisión de Google, me encontré con que se me citaba en un telegrama filtrado por Wikileaks aunque, para mi gran decepción, nadie pareció reparar en ello.

eBay, Yahoo y Google habían visto que el mercado de Internet de China acabaría siendo inmenso pero, a medida que ese mercado fue creciendo, también lo hicieron las barreras regulatorias y el reto competitivo que planteaban empresas con gran espíritu emprendedor y buen apoyo financiero como Alibaba, Baidu y Tencent.

En 2015, haciendo balance de la evolución del mercado de Internet en China, Jerry Yang dijo: «Tal vez en los próximos diez años alguna marca estadounidense o europea tenga éxito en China, pero en el periodo de 2000 a 2010, sencillamente nadie lo consiguió».

Las empresas occidentales de Internet que intentaron penetrar en el mercado chino experimentaron en carne propia el viejo dicho de que, en China, «es mejor ser comerciante que misionero». Y el comerciante más grande de todos era Alibaba.

# 11

# Dolores de crecimiento

*Si eres el propietario del 100% de un negocio que no funciona,*
*tienes el 100% de cero.*

JOE TSAI

Cuando eBay salió del mercado chino en 2006, Taobao tenía 30 millones de usuarios. En tres años, se habían convertido en 170 millones y las ventas de la plataforma de Taobao habían crecido en ese mismo periodo de 2.000 a 30.000 millones de dólares. Sin un competidor evidente en el horizonte, las perspectivas parecían inmejorables para Alibaba. La economía china estaba creciendo a un ritmo sin precedentes que alcanzó su máximo en 2007 con un 14%. La anticipación que despertaban los Juegos Olímpicos de Pekín en 2008 desencadenó una escalada de precios masiva en las bolsas. El capital occidental entraba en China a espuertas y la cotización de las acciones de los principales líderes del sector de la tecnología del país despegó. El precio de la acción de Baidu se triplicó en 2007, colocándose así la valoración de la empresa en más de 13.000 millones de dólares. Tencent, con más de 740 millones de usuarios del servicio de mensajería instantánea QQ y un negocio creciente de juegos, alcanzó los 13.500 millones de dólares de facturación. Una nueva ola de empresas chinas de Internet se estaba preparando para lanzar sus respectivas OPI. La especulación se centró en Alibaba. ¿Cuándo lanzaría la suya?

Antes de captar capital nuevo, Alibaba reorganizó su gestión[1] en preparación para una fase nueva, reforzando su equipo con nuevos ejecutivos de Pepsi, Walmart y KPMG[2] y con un nuevo jefe de estrategia, el doctor Zeng Ming. Alibaba también nombró al ejecutivo nacido en Shanghái, David Wei (Wei Zhe), que tenía experiencia en finanzas y comercio minorista, como consejero delegado del negocio B2B, Alibaba.com. Se quedaría en el cargo durante más de cuatro años[3], y supervisó la primera OPI de Alibaba.

Taobao gozaba de gran popularidad entre los consumidores pero su promesa de comisiones cero hacía que siguiera dando pérdidas. Así que, Alibaba decidió sacar a bolsa únicamente su negocio B2B original, Alibaba.com.[4] Fundada en 1999, la empresa no tenía ni ocho años de vida. Alibaba.com contaba con más de 25 millones de usuarios registrados en China y el extranjero. Era estable y daba beneficios, hasta el punto de resultar una empresa aburrida.

## OPI 1.0

Pero la emoción y la energía que se generaban en torno a Jack eran tales que la OPI de Alibaba.com en noviembre de 2007 en Hong Kong generó un revuelo nunca visto desde el *boom* de las puntocom. Un analista se cebó en la psicología de los inversores de Hong Kong que «compran y venden acciones como quien echa una partida de bacarrá». Era una descripción precisa de muchos individuos que hacían cola para comprar títulos, como el inversor de sesenta y cinco años Lai Ah-yung, que declaró a Associated Press: «La gente dice que hay que comprar, así que compro».

---

1. Un buen número de veteranos de Alibaba dejaron la empresa, incluido su cofundador Toto Sun, el director técnico John Wu, y el director de operaciones Li Qi, con quien Jack había trabajado por primera vez en China Pages.

2. Maggie Wu (Wu Wei), que aún continúa siendo la directora financiera.

3. Antes de crear su propio fondo de capital privado, Vision Knight Capital.

4. Y su sitio web nacional alibaba.com.cn.

Pese a que el negocio B2B de Alibaba.com era en realidad el número secundario de la función, la emoción que despertaba el *boom* de Internet en China —ya más de 160 millones de usuarios— y su vibrante economía era tal que pocos se molestaron en discernir lo que estaba pasando.

Jack describía el negocio de Alibaba con un lenguaje que sonaba bien en Hong Kong, un mercado obsesionado con la especulación inmobiliaria: «Somos casi como un promotor inmobiliario —explicaba Ma—, nos aseguramos de que el espacio esté despejado, las tuberías instaladas, los suministros básicos funcionando. La gente puede acudir a nuestro sitio web para construir en él su edificio». Pero había mucho más que todavía estaba por llegar, anunció añadiendo que si Alibaba hacía bien las cosas «tenían la oportunidad de construir una plataforma que podría convertirse en un ecosistema de Internet para toda China».

El grueso de las acciones se vendió a inversores institucionales en una agotadora gira mundial de diez días que culminó en San Francisco. El programa era tan apretado que David Wei no tenía tiempo para comer. Jack se escabulló de la última reunión con inversores de forma inesperada y llamó a David poco después para invitarlo a comer en un restaurante del aeropuerto donde pidió todos los platos con fideos que había en la carta.

Cuando aterrizaron de vuelta en Hong Kong sabían ya por cómo había ido la gira que su oferta sería un éxito muy sonado. La bolsa de Hong Kong ya había subido un 40% en los tres meses anteriores pero, para asegurar un comienzo con buen pie, Yahoo se había comprometido a suscribir[5] el 10% de la oferta, y otros siete inversores con categoría de «piedras angulares» entre los que se encontraban varios magnates[6] locales del sector inmobiliario hicieron lo propio.

La oferta de Alibaba.com que salió a bolsa con el afortunado número de abreviatura «1688» (que en chino suena como «ganar una fortuna») vendió el 19% de la empresa por 1.700 millones de dólares. Fue la

5. Y mantenerlo durante dos años.

6. Wharf de Peter Woo, Kerry Properties de Robert Kuok y Sun Hung Kai Properties de la familia Kwok.

mayor OPI del sector de Internet desde la de Google de 2004 y colocó el valor[7] de la compañía en 9.000 millones de dólares.

La demanda de los inversores individuales, para los que se reservó un 25% del total, superó la oferta a razón de 257 a 1. Quienes tuvieron la suerte de asegurarse una porción de ese pastel vieron cómo el valor de los títulos en su poder se triplicaba el primer día de cotización, pasando del precio de salida de 13,5 dólares de Hong Kong a 39,5 dólares de Hong Kong al cierre. El negocio B2B de Alibaba se valoraba por tanto en 26.000 millones, o sea, 300 veces sus ganancias.

Eso sí, los inversores más afortunados fueron los que vendieron inmediatamente, ya que el precio de la acción de desplomó un 17% al día siguiente.

La excitación en torno a Alibaba se centraba en Jack y los otros negocios de alto crecimiento, Taobao y Alipay, pero estos activos no eran parte de la OPI; de hecho, la mayor parte de las acciones emitidas en la OPI eran de la matriz de Alibaba.com, Alibaba Group, que necesitaba captar fondos para apoyar todos esos proyectos.

David Wei echaría la vista atrás más adelante y diría en relación a la OPI que «Taobao todavía estaba quemando dinero». De la inversión de Yahoo en 2005, Alibaba aún tenía «tal vez 300 o 400 millones de dólares, pero eso no bastaba. Seguíamos sin saber cómo monetizar Taobao». De los 1.700 millones de dólares captados en Hong Kong, solo 300 millones fueron al negocio B2B. Alibaba había rellenado sus arcas con los restantes 1.400 millones, situando sus reservas en casi 1.800 millones de dólares. «Es una cuantiosísima hucha —recordaba David— y nos duraría mucho tiempo para apoyar el desarrollo de Taobao. Por aquel entonces Alipay también seguía quemando dinero».

El antiguo consejero delegado de Alibaba.com añadió que la OPI de 2007, en su caso, le desveló dos interesantes datos sobre el enfoque de Jack. El primero fue algo que Jack le solía decir a menudo: «Capta fondos cuando no los necesitemos. No salgas a buscar dinero cuando lo necesites, para entonces ya es demasiado tarde». Y el segundo fue que la OPI

---

7. La oferta colocaba las acciones de Alibaba a un precio de más de 106 veces sus ganancias previstas para 2007 frente a las cuarenta veces del caso de Google y las cuarenta y cinco de su viejo rival Global Sources.

permitió a Alibaba tener un gesto con sus empleados: «Jack comprende a la gente más que cualquier negocio. Conoce bien el negocio, pero si me preguntas qué capacidades tiene a nivel de personas, negocio y TI, yo diría que lo que peor se le da es TI, luego negocio y por fin personas lo que mejor». El negocio B2B de Alibaba tenía ocho años. Jack sabía que necesitaba dar a sus empleados una oportunidad de liquidar sus acciones. David recuerda a Jack diciendo a su gente: «Te tienes que comprar una casa, te tienes que comprar un coche, estás deseando tener dinero para casarte, para tener un hijo… Que vendas las acciones no significa que no te importe la empresa. Os animo a que vendáis unas cuantas acciones para ir organizándoos la vida, para recompensar a vuestras familias, porque habéis estado trabajando tanto que habéis estado fuera de casa mucho tiempo; (las familias) necesitan algún tipo de recompensa».

Jack no vendió sus acciones durante los primeros dos años, pero cuando las vendió —por unos 35 millones de dólares— explicó a sus colegas que quería que su familia tuviera «una cierta sensación de logro» y no esperó un minuto para comprarse una casa[8] de 36 millones de dólares en Hong Kong.

La fama de Jack tiene su origen en la OPI de Alibaba.com: el amigo de la infancia con el que luego se siguió carteando, David Morley, en el aeropuerto de Hangzhou en 2008. *Cortesía de David Morley y Grit Kaeding.*

---

8. Cinco dormitorios en 650 m² por los que pagó más de 59.000 dólares el metro cuadrado. Compró el dúplex completo, con el jardín privado en la azotea, al promotor Kerry Properties, uno de los inversores fundamentales de la OPI.

En el folleto de emisión de la OPI figuraba como domicilio de Jack el pequeño apartamento de Hupan Huayan donde comenzó todo, pero ahora se mudaría a un apartamento de lujo en las alturas, por encima del distrito de Mid-Levels en la colina del famoso Pico Victoria de Hong Kong.

Jack se había convertido en un multimillonario (según el valor de sus acciones) pero el folleto de emisión de la OPI mostraba —gracias a las tres grandes rondas de financiación lideradas por Goldman Sachs, luego SoftBank y después Yahoo— que tenía una participación en su empresa mucho menor a la que detentaban en las suyas muchos de sus iguales. En sus respectivas OPIS, William Ding se había quedado con un 59% de NetEae y Robin Li con un 25% de Baidu.

## Crisis financiera mundial: la parte buena

Ahora bien, se acercaban las nubes de tormenta que trastocarían por completo la cotización de la empresa. Alibaba.com dependía del comercio con el extranjero y la economía de Estados Unidos se estaba debilitando, lo cual afectaba al negocio de las exportaciones de China que eran la columna vertebral del sector del B2B. La cotización de la acción de Alibaba emprendió un descenso que la llevó incluso por abajo del precio de salida de la OPI de marzo. Cuando la crisis financiera mundial alcanzó plena potencia en septiembre de 2008, provocando el colapso de Lehman Brothers, la cotización de Alibaba se hundió, situándose en un mínimo de tan solo un tercio del precio de la OPI al mes siguiente. Apenas unas semanas después de que Pekín hubiera sido sede olímpica, la empresa se estaba enfrentando a una crisis al desplomarse un 40% los volúmenes de comercio mundial.

El negocio B2B de Alibaba era vulnerable. Contaba con la muy impresionante cifra de 25 millones de usuarios registrados, pero solo un puñado pagaban por usar el sitio web: los 22.000 clientes de su máxima categoría de proveedor, el Gold Supplier, suponían el 70% de la facturación total.[9]

---

9. El año anterior Alibaba.com generó 170 millones de dólares en ingresos y 28 millones de dólares de beneficio neto.

Como consejero delegado de Alibaba.com, David Wei estaba esperando que la debacle en la cotización desencadenara una fuerte presión por parte de Jack, pero recuerda que: «Jack nunca levantó el teléfono ni vino a verme para hablar de la cotización. Ni una sola vez. Nunca me habló de la tasa de crecimiento del beneficio». En cambio, hubo otra ocasión en la que sí fue blanco de la ira de Jack. «La única vez que me ha llamado después de medianoche fue cuando nuestro equipo modificó ligeramente la página web. Estaba gritando por el teléfono, la única vez en mi vida que me ha gritado. Nunca lo he vuelto a ver tan enfadado: "¿Estás loco?"» Jack no le chilló por el precio de la acción en bolsa pero en cambio se puso furioso porque se diera menos prominencia en la web a un viejo foro de debate creado para que los comerciantes pudieran conversar entre ellos. Jack le exigió a David que el foro volviera exactamente a su sitio al día siguiente sin más tardanza. David se resistió argumentando que Alibaba se tenía que centrar en las transacciones y no en las conversaciones, y añadió que el espacio en la página de inicio era muy valioso para los anunciantes. Pero Jack se mostraba más empático con los usuarios: «Somos un negocio B2B, nadie viene todos los días a realizar transacciones. Somos más importantes como comunidad que como mercado. Y lo mismo ocurre con Taobao, nadie compra todos los días. Si le quitas prominencia a este foro te estás centrando demasiado en la ganancia. Cámbialo de vuelta de modo que sea un punto de entrada que no genera ingresos pero por el que se brinde acceso a una comunidad empresarial».

A pesar de que su cotización se resintió, Alibaba sobreviviría a la crisis financiera y, de manera similar a lo que ocurriera con el SRAG cinco años antes, la crisis reportó algunos dividendos inesperados a la empresa.

En primer lugar, Jack se dio cuenta de que el nefasto panorama económico le brindaba la oportunidad de alimentar la fidelidad de sus clientes de pago y para ello inició una dramática reducción de su coste de suscripción diciéndole a David: «Seamos responsables ante nuestros clientes; nos están pagando cincuenta mil yuanes; podemos devolverles treinta mil».

«La bolsa se volvió loca», recuerda David, a quien llamaban los inversores poniendo el grito en el cielo: «¿Qué está pasando? Estáis regalando el sesenta por ciento de vuestros ingresos». Pero el hecho es que la locura de Jack no era tal. Jack se tomaba muy en serio lo de poner al cliente en primer lugar pero David insistía mucho en que Jack no estaba adoptando «una ideología de "vamos a regalarlo todo"». Más bien, Jack «siempre estaba intentando comprender cómo obtener beneficio más adelante. Sencillamente no es avaricioso ni tiene prisa en obtener beneficios». Considerando el recorte de precios con la perspectiva que da el tiempo, David concluye que, de hecho, fue un movimiento muy oportuno. «Los ingresos no se redujeron en absoluto. El crecimiento del volumen de clientes compensó por completo la bajada de precios. Y, cuando terminó la crisis financiera, no los subimos sino que creamos una oportunidad de venderles más servicios de valor añadido, una estrategia más al estilo de Internet. La verdad es que Jack me dijo que llevaba tiempo queriendo cambiar el modelo y que la crisis le había proporcionado la oportunidad ideal de hacerlo».

El segundo dividendo fue el derrumbe de los mercados de exportación tradicionales de China, que obligó a los fabricantes del país a priorizar al consumidor nacional. Cada vez más, los artículos «Hechos en China» para la exportación acabarían siendo «Vendidos en China» también. Taobao estaba perfectamente posicionada para beneficiarse de ese cambio. Jonathan Lu, entonces presidente de Taobao, lo explicaba así en su día: «Hay cada vez más consumidores que acceden a Internet en busca de productos más baratos en un contexto de ralentización económica a nivel mundial y, al mismo tiempo, otros deciden reabrir una tienda en línea como segundo trabajo». Para finales de 2009, la cuota de mercado de Taobao se había catapultado hasta casi el 80%.

Por fin, Taobao comenzó a generar ingresos significativos con la venta a los comerciantes de espacio publicitario[10] para promocionar sus productos ante un número de compradores en línea en constante aumento.[11]

---

10. En su plataforma Alimama.

11. En septiembre de 2008, Alibaba lanzó la primera fase de su «Gran Estrategia para Taobao» al integrar Taobao.com y la plataforma de publicidad en línea Alimama para crear «el ecosistema de comercio electrónico más grande del mundo».

En septiembre de 2009, Alibaba ya estaba en la cresta de la ola. Para la celebración del décimo aniversario, Bill Clinton volvió a Hangzhou como ponente principal, pero esta vez acompañado de un grupo de figuras que eran verdaderos iconos para una nueva ola de consumidores, tales como el jugador de la NBA Kobe Bryant, enfundado en su camiseta de Nike, y el consejero delegado de Starbucks, Howard Schultz. Durante la celebración, Alibaba también lanzó su nueva filial de servicios en la nube, Aliyun.

A medida que adquiría velocidad, Taobao se fue convirtiendo en el principal foco de atención para Alibaba. El comercio electrónico orientado al consumidor estaba empezando a eclipsar al negocio histórico de la empresa, el B2B —que Alibaba acabaría retirando[12] de la bolsa de Hong Kong—, y al activo menguante que era el portal de Yahoo China.

Kobe Bryant regala a Jack un par de zapatillas Nike en Hangzhou. Septiembre de 2009. *Cortesía de Alibaba.*

---

12. Tras un periodo de vida de cuatro años y medio como empresa que cotiza en bolsa, en junio de 2012, Alibaba.com fue absorbida de vuelta por la matriz Alibaba Group, recibiendo los accionistas el mismo precio de la OPI original de 2007.

Desde el trato de 2005, a medida que Taobao fue ganando fuerza, Alibaba y Yahoo vivieron una larga luna de miel, pero un acontecimiento sorpresivo a principios de 2008 hizo que todo eso terminara de forma abrupta: el 31 de enero de 2008, Microsoft realizó una oferta no solicitada para comprar Yahoo por 44.600 millones de dólares.[13] Jack se dio cuenta de que, si el acuerdo salía adelante, Microsoft se convertiría en su principal accionista y, pese a que tenía una buena relación con Bill Gates, Jack vio claramente que en Microsoft encontraría un socio muy diferente con quien tratar, uno que era sabido que se implicaba mucho más que Yahoo en la gestión de las empresas en las que invertía. Y había otro riesgo: el gobierno chino había contactado con Alibaba para hablar del posible cambio de propiedad.

## Preocupaciones en torno al control

Microsoft y el gobierno chino llevan ya mucho tiempo disfrutando de una relación amor/odio totalmente imprevisible. Los puntos álgidos incluyen el tratamiento de alfombra roja dispensado por el presidente Jiang Zemin a Bill Gates cuando este visitó China en 2003 y la réplica de Gates al recién nombrado presidente Hu Jintao en una cena en la que el anfitrión era precisamente Bill Gates, en su casa de la isla Mercer, Washington, en 2006. Pero había habido tensiones también, como cuando Microsoft expresó su indignación ante la flagrante piratería[14] de sus productos, o cuando el gobierno chino acusó a Microsoft de conductas monopolísticas.

En público, Jack insistió en que Alibaba permanecería independiente pasara lo que pasara con la oferta. «Alibaba lleva nueve años siendo independiente... Pase lo que pase, seguiremos nuestro camino».

Pero, en privado, Jack estaba alarmado. Alibaba quería activar la cláusula de «derecho de adquisición preferente» del acuerdo de 2005 que le permitía comprar de vuelta la participación de Yahoo en caso de

---

13. Valorando las acciones de Yahoo con una prima del 61% respecto del precio de mercado.

14. Estimada en más del 99%.

que se diera un cambio de propiedad, como parecía ser muy probable. Alibaba contrató al Deutsche Bank y a unos asesores legales para prepararse. Pero, a principios de 2008, a medida que la economía global se debilitaba, se volvería más difícil obtener financiación, y además Alibaba era una empresa con muchos elementos distintos: Taobao y Alipay estaban creciendo rápidamente, aunque todavía no daban dinero; la compañía cotizada, Alibaba.com, estaba perdiendo valor. No obstante, si Alibaba no podía obtener el dinero o acordar un precio con Yahoo para comprarle su participación de vuelta, el acuerdo de 2005 estipulaba que el precio se establecería por arbitraje: un proceso largo e imprevisible.

Al final, en mayo de 2008, Jerry Yang —ahora consejero delegado de Yahoo desde la marcha de Terry Semel el año anterior— rechazó la oferta de Microsoft. Los inversores de Yahoo se pusieron furiosos al ver cómo los directivos de la empresa rechazaban una oferta que habría multiplicado su precio setenta veces. La cotización de Yahoo empezó a bajar, perdiendo el 20% en un día. Los accionistas más proactivos se agruparon[15] para representar juntos participaciones más grandes y así ejercer presión en un intento de forzar a la empresa a aceptar la oferta, pero no hubo manera. Cuando la crisis financiera se desató al cabo de unos meses, la decisión de Jerry de rechazar la oferta de Microsoft parecía el colmo de la locura. Los inversores querían su cabeza. El 17 de noviembre de 2008, Jerry anunció que dimitía de su cargo de consejero delegado, entregando las riendas a Carol Bartz, la antigua consejera delegada de la empresa de software Autodesk.

La decisión de Yahoo de rechazar a Microsoft le había costado a Jerry Yang su trabajo y también había magullado su orgullo. En cuanto a Alibaba, había esquivado la bala, o sea, la incertidumbre de que entrara un intruso en su relación con Yahoo —ahora en nada buenos términos con los inversores—, que seguiría siendo su accionista mayoritario.

En cualquier caso, la sensación de alivio se evaporó al cabo de unos meses cuando la sustituta de Jerry, Carol Bartz, asumió su cargo de consejera delegada de Yahoo.

---

15. Incluido Carl Icahn. Pero los esfuerzos de Yahoo para llegar a un acuerdo de búsquedas con el rival de Microsoft, Google, aniquilaron cualquier posibilidad de llegar a un acuerdo.

Bartz era en muchos sentidos todo lo contrario a Jerry. Jerry Yang era conocido por sus modales exquisitos, su afabilidad, incluso su deferencia. En cambio, Bartz era famosa por su estilo agresivo, por ser muy dada a soltar tacos en las reuniones.

Cuando Jack y una delegación de altos directivos de Alibaba se desplazaron a la sede central de Yahoo en Sunnyvale en marzo de 2009, Jerry[16] salió a recibirlos a la entrada, les dio la bienvenida y los acompañó a la reunión con Bartz, pero en cuanto llegaron a la sala Jerry se disculpó por no poder asistir a la reunión y se marchó: Bartz era la que mandaba ahora.

Alibaba procedió a poner a Yahoo al día sobre el avance de la empresa, incluido el crecimiento espectacular de Taobao pero, en vez de darles la enhorabuena, Bartz les echó una gran bronca por la menguante presencia de Yahoo —que ellos gestionaban en China— en el mercado, incluso parece ser que les dijo: «Voy a ser directa, ya que tengo fama de serlo... Quiero que quitéis vuestro nombre de ese sitio web». Jack declaró después a un periodista[17]: «Si tú no eres capaz de que el negocio mole, no tienes derecho a enfadarte conmigo por eso».

La relación entre Jack y Bartz se enfrió inmediatamente y no tardó en establecerse entre ellos una dinámica en la que podían pasar largos periodos de tiempo sin tener el más mínimo contacto.

Los esfuerzos de Alibaba por comprar la participación de Yahoo de vuelta cada vez se hacían más públicos, como fue el caso también de las constantes disputas entre ambos líderes.

En septiembre de 2009, en el mismo momento en que Alibaba celebraba su décimo aniversario, y en lo que constituyó un voto de censura público, Yahoo vendió[18] las acciones que había adquirido en la OPI de Alibaba.com. Luego en enero de 2010, cuando Google se enfrentó al gobierno chino en una agria disputa en torno a censura y piratería informática, Yahoo salió en defensa de Google: «Condenamos cualquier

---

16. Que todavía representaba a Yahoo en el consejo de administración de Alibaba.

17. Gady Epstein en *Forbes*.

18. La venta por unos 100 millones de dólares les proporcionó una plusvalía latente antes de impuestos de 98 millones de dólares. La venta generó una liquidez que Bartz necesitaba desesperadamente para apuntalar el apoyo de los inversores.

intento de infiltrarse en las redes de una empresa con la intención de obtener información de sus usuarios... Nos posicionamos del lado de Google y consideramos este tipo de ataques altamente preocupantes, además de estar convencidos de que la violación de la privacidad del usuario es algo a lo que todos, en tanto que pioneros de Internet, debemos oponernos».

Alibaba se enfureció al ver cómo su accionista mayoritario se posicionaba abiertamente en contra del gobierno chino. A través de un portavoz, John Spelich, Alibaba contraatacó: «Alibaba Group ha comunicado a Yahoo que su declaración de "posicionarse del lado de Google" de la semana pasada fue de todo punto temeraria, habida cuenta de la falta de datos y evidencia... Alibaba no comparte esa opinión».

La cosa se pondría todavía peor. En septiembre de 2010, el director ejecutivo de Yahoo Hong Kong anunció que estaba buscando anunciantes de China continental, poniendo así a Yahoo y Alibaba a competir directamente. Alibaba respondió declarando que procederían a reevaluar su relación con Yahoo.

El consejero delegado de Alibaba.com, David Wei, cuestionó públicamente la relación con Yahoo: «¿Para qué necesitamos un inversor financiero con el que no obtenemos la más mínima sinergia ni a nivel de negocio ni de tecnología?» Y además añadió: «El cambió más destacable ha sido que Yahoo haya perdido la tecnología de su motor de búsqueda, con lo que la razón principal de ser de nuestra alianza ya no existe».

Las relaciones con Alibaba jamás mejorarían bajo el mando de Carol Bartz, a quien despidieron finalmente en septiembre de 2011. Pero antes de que se marchase, hubo dos graves crisis que zarandearon a Alibaba fuertemente, amenazando incluso con erosionar el activo más preciado de la empresa: la confianza.

La primera crisis fue un incidente interno, el descubrimiento de un fraude en el negocio B2B de Alibaba, que perjudicó seriamente la reputación de Alibaba.com a ojos de sus clientes. La segunda, fue la controversia en torno al traspaso de Alipay fuera de Alibaba, que impactó negativamente en la reputación de Alibaba Group ante algunos inversores.

El fraude, en el que se estimó que habían participado aproximadamente un centenar de empleados de ventas de Alibaba, afectaba a 2.300

258 ALIBABA Y JACK MA

tiendas[19] virtuales que recibieron de los empleados corruptos la certificación de proveedor de confianza. Luego los comerciantes de esas tiendas habían aceptado pagos por valor de 2 millones de dólares correspondientes a pedidos de ordenadores y otros artículos en Alibaba.com —todos productos con superventas, ya que se ofrecían a precios muy bajos— para los que nunca realizaron los envíos correspondientes a los clientes, ubicados en el extranjero.

Alibaba se descubrió a sí misma, provocando con ello que la cotización bajara un 8%, pero Jack estaba sobre todo furioso por el daño que aquello provocaba en la confianza de los clientes. Se despidió a los comerciales implicados y se cancelaron las cuentas de más de 1.200 usuarios de pago. Pese a que una investigación eximió a la directiva de la empresa de cualquier responsabilidad en el asunto, debido a que el fraude se produjo bajo su liderazgo, Jack pidió la dimisión del consejero delegado David Wei y el director de operaciones.[20] Jack declaró a los medios que Alibaba «seguramente es la única empresa de China en la que los altos ejecutivos asumen sus responsabilidades», lo que llevó a *Forbes* a describir a Jack como «algo parecido a una especie exótica» en una nación «plagada por la corrupción». Cuando alguien lanzó la acusación de que el despido de sus directivos no era más que una farsa, Jack respondió airadamente: «¡Yo no soy el tipo que inventó el cáncer sino el que lo está curando!»

David Wei no se opuso a la maniobra, atribuyéndole el beneficio añadido de haber desencadenado una ofensiva similar en Taobao al poco tiempo. «La gente decía: "¡Vaya!, pero ¿es tan seria la cosa?" —me contó, añadiendo que—: Todo aquello provocó más limpiezas dentro del grupo. Empezó en B2B, luego consumidor… Estoy orgulloso de mi dimisión. Sin esa limpieza del negocio, la OPI de 2014 no habría tenido tanto éxito».

Pero la otra crisis, que afectaba a los inversores, tendría un impacto más pernicioso y duradero en la reputación de Alibaba. A pesar de que la empresa insiste en que no hizo nada malo, una postura que muchos

---

19. En 2009 y 2010.

20. Elvis Lee.

inversores apoyan, sus detractores siguen aprovechando la controversia como arma arrojadiza. La crisis se centró en quién era el propietario de Alipay.

## Tormenta de fuego

Alipay era una pieza fundamental en el engranaje de Taobao y gestionaba más de 700 millones de dólares diarios en transacciones, más de la mitad del total del mercado chino. Era parte tan integral de Alibaba que resultaba difícil atribuirle un valor específico al negocio, pero un analista estimó que Alipay valía alrededor de 1.000 millones de dólares.

Sin embargo, el 10 de mayo de 2011, transcendió que el activo que suponía Alipay se había trasferido fuera de Alibaba Group el año anterior. El propietario del negocio era ahora una empresa controlada personalmente por Jack, llamada Zhejiang Alibaba E-Commerce Company Limited. Jack poseía el 80% de la compañía, y el cofundador de Alibaba Simon Xie (Xie Shihuang) era el propietario del resto. Los inversores se enteraron del traspaso por un párrafo perdido en la página ocho del informe trimestral de beneficios de Yahoo. Decía así:

> Para acelerar la obtención de una licencia regulatoria clave, la propiedad de Alipay, el negocio de pagos en línea de Alibaba Group, se reestructuró de modo que el 100% de sus acciones en circulación pasaran a manos de una empresa local china cuya participación mayoritaria corresponde al consejero delegado de Alibaba Group. La directiva de Alibaba Group y sus principales accionistas, Yahoo y SoftBank Corporation, están participando en constantes conversaciones concernientes con los términos de la reestructuración y los correspondientes ajustes comerciales necesarios en relación al negocio de pagos en línea.

¿Había sencillamente desaparecido un negocio con un valor potencial de 1.000 millones de dólares? Los inversores se alarmaron. La cotización de Yahoo cayó a plomo —perdiendo un 7% el 11 de mayo y un 6% al día siguiente—, lo que supuso una caída de 3.000 millones de dólares en el valor de su capitalización bursátil. Esa noche, en un esfuerzo por contener los daños, Yahoo desveló que ni ellos ni SoftBank habían sido informados del traspaso del control de Alipay hasta después de que se produjera el hecho.

Pero la ignorancia no decía gran cosa en su defensa. Según el acuerdo de inversión de Yahoo de 2005, cualquier transferencia de activos o filiales de Alibaba Group valorados en más de 10 millones de dólares requería la aprobación del consejo de administración de la empresa o los accionistas.

En la asamblea general de accionistas de Alibaba.com celebrada en Hong Kong, Jack defendió el traspaso aduciendo que era «Cien por cien legal y cien por cien transparente». Además, añadió que estaban en conversaciones con Yahoo y SoftBank «en lo tocante a los ajustes y disposiciones comerciales necesarios en relación al negocio de Alipay, —añadiendo que—: si no hubiéramos estando haciendo todo como es debido, no estaríamos donde estamos en la actualidad».

Alibaba también publicó un comunicado confirmando el traspaso y explicando que se había realizado para cumplir con la normativa emitida por el Banco de la República Popular de China, el regulador bancario chino. Más concretamente, el banco central había publicado sus «medidas administrativas para los servicios de pago ofrecidos por instituciones no financieras» que exigían, según explicó Alibaba, que «una entidad nacional posea la participación de control absoluto de las instituciones no financieras».

En mayo de 2015, en un intento por calmar las aguas tras días de marejada, Alibaba y Yahoo emitieron un comunicado conjunto: «Alibaba Group y sus principales accionistas, Yahoo Inc. y SoftBank Corporation, están implicados y comprometidos con el desarrollo de unas negociaciones productivas para resolver las cuestiones pendientes relacionadas con Alipay, de un modo que beneficie a los intereses de todos los accionistas y tan pronto como sea posible».

Pero había una brecha entre las declaraciones públicas de Yahoo y Alibaba que suscitó toda una serie de preguntas que fundamentalmente se resumían en: ¿Quién sabía qué? ¿Cuándo?

Alibaba dijo que el traspaso de Alipay ya se había producido, pero Yahoo pasó meses —tal vez años— sin informar a sus accionistas.

¿Cuánto hacía que Yahoo (y SoftBank) sabían del traspaso? Alibaba insistía en que Yahoo y SoftBank habían sido informadas en julio de 2009 durante una reunión del consejo de administración de que «la participación mayoritaria en Alipay se había transferido[21] para que pasara a ser de propiedad china». La publicación china de negocios *Caixin* confirmó tras realizar su propia investigación que Alipay se había vendido en dos transacciones, en junio de 2009 y en agosto de 2010, a Zhejiang Alibaba E-Commerce Company Limited, empresa controlada por Jack. El precio total pagado fueron 330 millones de yuanes (51 millones de dólares). Las voces críticas argumentaban que Yahoo era o deshonesta o incompetente. Si Yahoo sabía del traspaso, ¿por qué no había informado a los inversores? Y, si no tenían noticia del traspaso, ¿por qué no?

La crisis también planteó otras preguntas preocupantes. ¿De verdad no tenía otra opción Alibaba más que transferir un activo tan importante fuera de la empresa? Más aún: ¿tenía que hacerse esa transferencia precisamente a una empresa controlada personalmente por Jack? ¿Y qué iba a pasar ahora?

Los accionistas de Yahoo estaban irritados, hasta hubo un fondo de inversión que llegó a declarar a la prensa: «Parece que todo esto ha evolucionado hasta convertirse en un duelo de comunicados de prensa del tipo "él dijo... ella dijo". No deja muy bien al consejo de administración de Yahoo, más bien da la impresión de que no se enteraban».

Los no partidarios de la estructura tipo VIE («entidades de interés variable» o *variable interest entity*, VIE, por sus siglas en inglés) y de invertir en empresas chinas en general, se lo estaban pasando en grande. Pero ¿era cierto que, tal y como argumentaba Alibaba, efectivamente no le había quedado más remedio que traspasar la propiedad?

Entre bastidores, cuando se desató la crisis, al principio Jerry Yang se disgustó mucho, pero no perdió la calma. Masayoshi Son, en cambio, estaba furioso. ¿En qué estaba pensando Jack? Para averiguar qué estaba pasando, Jerry se ofreció a volar a Pekín. Allí se reunió con altos repre-

---

21. Alibaba declaró que la propiedad mayoritaria se había transferido en 2009 para cumplir con la regulación vigente, y luego por fin se completó la transferencia completa de la propiedad en 2010.

sentantes del Banco de la República Popular de China que le aconsejaron que lo mejor era sencillamente «aceptar la situación». Cuando insistió en que le dieran una explicación, simplemente le informaron de que el asunto estaba «fuera de su control».

Era verdad que el Banco de la República Popular de China había introducido en junio de 2010 nuevas normas para controlar las plataformas locales de pagos de terceros en Internet. Las normas establecían un proceso de solicitud más largo para las empresas con financiación extranjera que para las que fueran nacionales en su totalidad. El Banco de la República Popular de China había estado debatiendo la cuestión de la propiedad extranjera de empresas dedicadas a los medios de pago desde 2005, pero las normas no excluían por completo la propiedad extranjera.

Los defensores de Jack argumentaron que sencillamente fue el primero en darse cuenta de la dirección en la que empezaban a soplar los vientos regulatorios, pues emplazar el activo Alipay en una empresa nacional que él controlaba podría aislar a Alibaba del riesgo de que las nuevas licencias pendientes de concesión por pare del Banco de la República Popular de China fueran denegadas a empresas con inversión extranjera. En 2014, en un esfuerzo por aclarar el asunto antes de su OPI, Alibaba justificó el traspaso explicando que aquel movimiento «permitía a Alipay obtener una licencia de negocio de pagos en mayo de 2011, sin retrasos y sin impacto negativo ni para nuestros mercados virtuales de minoristas en China ni para Alipay».

Efectivamente, el 26 de mayo de 2011, Alipay, ahora una empresa de propiedad nacional al cien por cien, fue la primera de veintisiete compañías en recibir una licencia[22] y se le concedió por tanto el número de licencia 001. Pero los críticos con la gestión de Jack en todo aquel asunto aducían que, habida cuenta de que el Banco de la República Popular de China también había concedido licencias a empresas de propiedad extranjera como Tenpay de Tencent, que era el número dos del mercado, el argumento de que Alibaba tenía que traspasar la pro-

---

22. Gobernando el pago de Internet, el pago a través del móvil, servicios relacionados con las tarjetas de crédito, emisión y aceptación de pago con tarjetas prepago y cambio de divisas.

piedad para que no siguiera en manos de extranjeros hacía agua. Los defensores de Jack respondieron a esos argumentos diciendo que la comparación con Tenpay y otras empresas con inversión extranjera no era válida: Alipay ya tenía una posición tan dominante en el mercado que habría sido impensable esperar tanta permisividad de las autoridades en su caso. Había miles de empresas activas en el segmento de los pagos de terceros, pero con la primera hornada de licencias emitidas en mayo, el Banco de la República Popular de China también establecía un plazo —1 de septiembre de 2011— para que todas las empresas, bien obtuvieran su propia licencia, bien se fusionaran con un titular de licencia. Inevitablemente, aquello generó mucha tensión. Las empresas que habían estado operando en una zona gris se encontraban de repente en una situación de blancos y negros en base a si tenían o no financiación extranjera y si les habían concedido una licencia. Los que todavía no habían obtenido una se enfrentaban al riesgo de tener que abandonar el negocio y, en cambio, a los que sí la habían obtenido pero tenían inversión extranjera les preocupaba que el movimiento que había hecho Alipay afectara a su propia capacidad de lanzar una OPI en el futuro, perjudicando por tanto a la valoración de su negocio y además —se temían muchos— socavando la estructura tipo VIE en la que confiaban tantas empresas de Internet.

Un buen número de rivales de Alipay me han contado que, durante una reunión organizada por el Banco de la República Popular de China poco después de que se emitieran las licencias, a la que también asistió Jack, muchos dieron rienda suelta a su descontento por lo que había hecho Alibaba pero Jack no dijo nada. Y sin embargo la realidad era que, incluso sin el tema de las licencias, muchas empresas andaban buscando el oasis de los cuantiosos beneficios que se podían obtener con los pagos. Resultó ser un espejismo: con comisiones tan bajas como un 1% del valor de la transacción, si las licencias no habían logrado reducir el número de contendientes en el mercado, la competencia lo haría en cualquier caso. En este sentido, el incidente de Alipay —y el régimen de licencias del Banco de la República Popular de China a que dio lugar— simplemente aceleraron lo inevitable: muchas empresas de pagos se encontraron abandonadas a su suerte en medio del desierto y no tardaron en quedarse sin financiación. Un ejecutivo me lo resumía así: «Había más empresas dedicadas a las "soluciones de pago" que compañías de comercio electrónico orientado al consumidor. Era como estar en una cocina donde había más chefs que comensales en el restaurante».

En vista de todo esto, ¿estaba justificado el traspaso de Alipay que había realizado Jack para poner la empresa bajo su control? ¿O están en lo cierto quienes —incluso hoy— lo critican? Ambos lados del argumento dependían de su propia interpretación de lo que el gobierno chino, representado por el Banco de la República Popular de China, tenía en mente. Algo que no estaba claro en absoluto. El Banco de la República Popular de China nunca había dicho que las entidades con inversión extranjera pudieran ser propietarias de plataformas de pagos; pero tampoco había dicho que no pudieran. Un influyente inversor con el que hablé me lo resumió así: «El Banco de la República Popular de China estaba cabreado. Pero Jack fue muy hábil enfrentando a las distintas facciones. Nadie podía hacer nada al respecto, para empezar, por lo vagas que eran las normas del Banco de la República Popular de China».

¿Estaba ocurriendo algo más que impulsaba a Jack a dar el arriesgado paso de traspasar Alipay fuera de Alibaba? La relación cada vez más deteriorada entre Yahoo y Alibaba desde luego no ayudó. Bajo el control de Carol Bartz, las relaciones eran tan malas que ella y Jack ni siquiera se hablaban, sino que habían empezado a comunicarse a través de los comunicados de prensa o las entrevistas en los medios.

Ocho meses antes de que estallara la crisis de Alipay, Bartz declaró que no tenía interés en vender su participación en Alibaba y que Jack únicamente intentaba «recuperar parte de sus acciones» antes de lanzar una OPI que haría que el valor de estas aumentara notablemente. Alibaba contraatacó inmediatamente a través de los medios, negando tener ningún plan de lanzar una OPI, y declarando que se proponía hacer el máximo esfuerzo posible para desplegar toda su buena fe en las negociaciones[23] con Yahoo para comprar su parte.

No obstante, la realidad para Alibaba era que si a Yahoo no le gustaba el precio que estuviera dispuesto a pagar Alibaba, poco podía hacer Jack al respecto.

---

23. Se habían iniciado las conversaciones con Jerry Yang y las continuaron los directores financieros hasta que se rompieron ese verano.

¿Fue la frustración que sentía un factor determinante? ¿O acaso fue la razón alguna otra cuestión inminente? Habían pasado cinco años desde la inversión de Yahoo. Parte del acuerdo de inversión, que Alibaba había aceptado tan solo tras intensas negociaciones, daba a Yahoo derecho a nombrar un segundo director que formaría parte del consejo de administración en 2010. Más aún: el acuerdo estipulaba también que la mayoría del comité de dirección podía nombrar un nuevo equipo directivo para Alibaba. Si una Bartz hostil se procuraba el apoyo de Jerry Yang, quien pese a no ser ya el consejero delegado sí seguía siendo miembro del comité de dirección de Alibaba, y obtenía también el apoyo de Masayoshi Son, podría contar con más votos que Jack y Joe, haciendo peligrar los puestos de estos. Era improbable —habida cuenta de la relación de Jack con Jerry y Masayoshi, por no mencionar lo difícil que resultaría para una empresa extranjera tratar de hacerse con el control de una empresa tan icónica como Alibaba—, pero no era imposible, sobre todo si Bartz lograba endurecer su posición en las negociaciones para la venta de la participación de Yahoo en Alibaba. Pero, el mero hecho de amenazar con un movimiento así, habría sido muy perjudicial para la misma Yahoo. «Su inversión habría pasado a no valer nada» me explicó otro de los principales fundadores de Internet en China con el que hablé.

En cualquier caso, la «amenaza nuclear» nunca llegó a materializarse. A medida que las críticas al traspaso iban en aumento, Alibaba no tuvo más remedio que llegar a un acuerdo con Yahoo lo antes posible. Toda una serie de voces críticas locales fueron incluso más duras que las que llegaban del extranjero: en su opinión, la disputa amenazaba los intereses de otros emprendedores en China porque mermaba la confianza en la estructura tipo VIE y la inversión extranjera en el país en general. Tras haber criticado primero al gobierno por el vago y largo procedimiento establecido para conceder licencias a los proveedores de servicios de pago, la respetada revista local *Caixin* centró sus ataques en Jack por «violar los principios contractuales en que se sustentaba la economía de mercado». Jack había mancillado su reputación empresarial a nivel internacional y había reducido las perspectivas de crecimiento a largo plazo de Alibaba —argumentaba *Caixin*— al traspasar un activo «a una empresa de la que él era titular y por un precio demasiado bajo para ser justo». El fundador de una de las principales empresas de Internet de China con el que hablé al cabo de cuatro años de la controversia me dijo que, incluso si ese hubiera sido el caso, Jack tenía motivos justificados para hacer lo que hizo: «Lo comprendo perfectamente. ¿Fue correcto? Si yo hubiera estado en la piel de Jack habría hecho lo mismo. Si no llega a resolver el problema del incentivo, Alibaba no estaría donde está hoy». Pocos líderes empresariales chinos respaldaban esa opinión en público. Un buen número de ellos sí que publicaron enlaces al artículo de *Caixin* en las redes sociales.

Poco después de su publicación, Jack se puso en contacto con Hu Shuli, la influyente redactora jefe de *Caixin*, a través de toda una serie de elaborados mensajes de texto enviados desde el móvil, con el objetivo de debatir las cuestiones que ella había puesto sobre la mesa en su artículo. Su primera sesión de intercambio de mensajes de texto duró dos horas. Jack le envió un mensaje para decir que estaba muy decepcionado al ver que *Caixin* había publicado aquellos comentarios sin conocer la historia al completo, y añadió que «no tenía el menor interés en la política», que solo quería «ser él mismo» y «responder ante sí mismo y ante los demás».

Jack dijo que «la actual situación, no la diseñamos nosotros, pero estamos obligados a hacerlo. La complejidad de la toma de decisiones por parte de los accionistas y el comité también será un problema de gobernanza corporativa en el futuro. —Y añadió—: Tengo tres principios que aplico a la hora de hacer las cosas: primero, cien por cien legal; segundo, cien por cien transparente; y tercero, debo dejar que la empresa se desarrolle de manera sostenible y sana».

Lo interesante es que Jack reveló a Hu que, en ese momento, la relación de Alibaba con Yahoo era más fuerte que con SoftBank: «los problemas que tengo con Yahoo son sencillos de resolver, son problemas de intereses. Pero las cuestiones que nos separan a mí y a Masayoshi Son no son simples cuestiones de intereses». Más allá de la disputa sobre Alipay, en el punto álgido de la controversia, Jack reveló[24] que

---

24. En una entrevista del 7 de julio de 2011 con la revista *China Entrepreneur* (*Zhongguo Qi Ye Jia*).

tenía desacuerdos muy fundamentales con Son sobre toda una serie de temas relacionados con recursos humanos, incluidos los planes de incentivos y formación para empleados:

> Él cree que los empleados se pueden sustituir en cualquier momento. Yo en cambio opino que deberíamos darles oportunidades a los jóvenes chinos, compartiendo el futuro con ellos. A él le parece que no es el caso en Japón, donde es más cuestión de: te pago el sueldo en cualquier caso, así que si quieres hacer el trabajo, perfecto, pero si no, siempre habrá otro. Lo primero de todo, no creo que lo que ocurre en Japón sea necesariamente correcto; en segundo lugar, esto es completamente incorrecto en China. Creo en poner a los clientes por encima de todo, y a los empleados en segundo lugar. No tendríamos empresa sin los empleados. Tenemos unos principios completamente distintos en lo que respecta a este tema... Es una cuestión que ha estado ahí desde el primer día.

Jack reveló que sus desacuerdos con Son venían de lejos, que habían estado «discutiendo por estos asuntos a menudo en los últimos años». Jack también habló de diferencias en su visión sobre la propiedad del capital. «Alibaba tiene diecisiete mil empleados y todos tienen acciones —dijo—, es bien sabido que, desde el día en que creé Alibaba hasta hoy, mi parte de la empresa se ha ido haciendo cada vez más pequeña». Jack comentó que Son, en cambio, «tenía una participación en Alibaba del «treinta por ciento el primer día, y ahora ya ha superado el treinta por ciento». Dando muestras de la tensión que se había desatado entre los dos hombres, invitó a los periodistas a considerar el enfoque de Son con sus propios empleados de SoftBank: «Podéis comprobar si les ha dado algo a sus empleados... Si le pides (a Son) que se quite un uno por ciento (de su participación), es como sacarle una muela a un tigre».

Si bien Jack declaraba su admiración por las habilidades de Son a la hora de negociar, también dijo que era el «gallo de hierro» (*tie gongji*) número uno del mundo, utilizando una expresión china que se usa para describir a alguien que es muy tacaño: en el sentido de que a un gallo de hierro no le puedes sacar ni una pluma.

Como muchos de los hechos mencionados eran discutibles, y había tanto en juego, los esfuerzos por resolver las diferencias se prolongaron durante semanas, incluso meses. En medio de la crisis[25], Jack describió las negociaciones sobre la compensación a pagar por el traspaso de Alipay como «muy complicadas», comparándolas con «negociaciones de paz en las Naciones Unidas».

Pero cada vez urgía más llegar a un acuerdo. A mediados de julio, la cotización de Yahoo había perdido un 22% desde el principio de la disputa. Unas pocas semanas antes, el importante inversor David Einhorn de Greenlight Capital había vendido toda su participación en Yahoo, que había ido acumulando por la presencia de la empresa en China, declarando que la disputa «no era para lo que habíamos firmado».

Por fin, el 29 de julio, se llegó a un acuerdo. La transferencia de activos se mantendría pero Yahoo, beneficiándose de la participación que mantenía, recibiría una compensación de entre 2.000 y 6.000 millones de dólares procedente de lo recaudado en cualquier OPI futura de Alibaba. Alibaba, Yahoo y SoftBank estaban dispuestos a olvidar la disputa. Pero los inversores en Yahoo no estaban precisamente entusiasmados, sobre todo con el límite de 6.000 millones[26], y su acción cayó 2,6% coincidiendo con la noticia. No obstante, durante el trascurso de una llamada en la que explicaba el acuerdo a los inversores, Joe Tsai había refutado intensamente las objeciones, argumentando que el traspaso se había realizado para alinearse con la normativa del gobierno: «Si eres el propietario del cien por cien de un negocio que no funciona, tienes el cien por cien de cero».

El episodio de Alipay dejó un amargo sabor de boca, pero el acuerdo de compensación puso punto final a meses de incertidumbre. Ahora Alibaba podría centrarse en su siguiente prioridad: comprar de vuelta tanto como fuera posible de la participación de Yahoo.

---

25. En una entrevista de junio de 2011 durante la conferencia All Things Digital [Todo lo digital] organizada por el *Wall Street Journal*.

26. En junio de 2015, cuando los inversores privados valoraban Alipay en 50.000 millones de dólares, el límite de 6.000 millones de dólares en una participación valorada en más de 18.000 millones de dólares parecería una injusticia para los inversores en Alibaba como Yahoo.

El 30 de septiembre de 2011, Jack aceptó una invitación de la Universidad de Stanford para ser uno de los ponentes principales de la serie de conferencias China 2.0, que yo había cofundado junto con Marguerite Gong Hancock unos años atrás. Después de presentar a Jack e invitarlo a subir al escenario, tomé asiento en la primera fila para asistir a lo que resultó ser una de sus legendarias intervenciones clásicas, llena de «Magia de Jack». Hablando en inglés, Jack empezó por reconocer que había un elefante en la sala: la relación de la empresa con Yahoo. Dijo que estaba agotado después de todo lo que había pasado en los últimos meses y luego, alzando la mano derecha y mirando de frente al público añadió: «Hoy es el día que todavía no sé lo que es una VIE, ¿sabéis?» Obviamente, Jack conocía perfectamente hasta las últimas características de la estructura de ese tipo de inversión —que había ocupado un lugar muy prominente en toda la controversia—, fingir ignorancia era su manera de ganarse al público, incluso si los abogados de entre los presentes no daban crédito a lo que estaban oyendo. Luego Jack se dirigió hacia un terreno más seguro utilizando algunas de sus historias de siempre y por fin yo empecé a pasarle las preguntas que iban llegando de los medios. A la pregunta «¿Va a comprar Yahoo?», Jack respondió «Sí, nos interesa». Cuando Kara Swisher de AllThingsD de Dow Jones le preguntó si quería simplemente comprar de vuelta la participación de Alibaba en Yahoo o todo Yahoo, Jack respondió, en una declaración que pronto daría la vuelta al mundo: «Todo. Yahoo China ya es nuestro, ¿no?» Y luego se metió la mano derecha en el bolsillo y añadió: «¡Ya la tengo en el bolsillo!», sentenciando por fin que la situación era compleja y llevaría tiempo.

Al final, todavía pasarían nueve meses hasta que el acuerdo de recompra se cerrara. El 21 de mayo de 2012, los términos del acuerdo se hicieron públicos: Alibaba pagaría 7.100 millones de dólares (6.300 millones en metálico y 800 millones en preferentes) para comprar de vuelta la mitad de la participación de Yahoo, es decir, el 20% de Alibaba, proporcionando a Yahoo un dinero que necesitaba desesperadamente: 4.200 millones de dólares después de impuestos. Alibaba también se comprometió a comprar de vuelta un cuarto de la participación restante de Yahoo para 2015, o permitir que Yahoo vendiera su parte en una futura OPI[27] del grupo Alibaba. Yahoo y SoftBank también accedieron a limitar por debajo del 50% sus derechos de voto en el consejo de administración de Alibaba. Jack y Joe podían sentirse seguros en sus puestos, así que pusieron rumbo a su OPI (2.0).

---

27. Tres meses antes, Alibaba había anunciado que devolvería su filial cotizada en Hong Kong —Alibaba.com— a manos privadas, pagando por las acciones el mismo precio que la empresa había fijado para su salida en 2007 (una prima del 60,4%). Esto despejó el camino para la OPI de todo Alibaba Group en 2014.

# 12
# ¿Icono o Ícaro?

*¡A los comunistas simplemente se les da mejor
que a nosotros el capitalismo!*

Jon Stewart

## OPI 2.0

El 8 de septiembre de 2014, dos días antes de que Jack cumpliera cincuenta años, Alibaba Group Ltd. lanzó su gira mundial en la ciudad de Nueva York.

Quince años después de subir por la empinada escalera de cemento del complejo de apartamentos de Hupan Huayan, me encontré ascendiendo por la escalinata de mármol pulido del hotel Waldorf Astoria en Manhattan. Había venido para presenciar el nacimiento de «BABA».

Los camiones de retransmisiones vía satélite de los canales de televisión y los todoterrenos negros abarrotaban toda la manzana del hotel. Dentro, Jack y Joe y el resto del equipo de alta dirección se preparaban para presentar su propuesta. Caminé pasando por delante de una hilera de inversores que se extendía desde la calle Cuarenta y nueve hasta los ascensores recubiertos de dorados del hotel. Ese día todo giraba en torno a la Nueva China. El lugar escogido era muy adecuado, ya que el venerable Waldorf Astoria mismo sería adquirido[1] poco después por una empresa china por 2.000 millones de dólares.

Al llegar al salón de baile de la planta de arriba, se daba a los inversores una pulsera identificativa en función de la cual asistirían a la presentación en la sala de baile principal o en uno de los salones adyacentes. Un inversor comentó que le recordaba al lanzamiento del iPhone.

Todos los ojos estaban puestos en Jack. Pese a que Jonathan Lu, como consejero delegado[2], era el principal ponente, Jack seguía siendo —y lo es todavía en la actualidad— la personificación de Alibaba. Cuando llegó su turno, Jack contó a los inversores la historia de su primer viaje con Joe a Estados Unidos para captar fondos que había sido un absoluto fracaso, quince años atrás. Contó que entonces se había propuesto captar 2 millones de dólares de capital riesgo y había vuelto con las manos vacías, pero que ahora volvía a la carga para pedir un poco más.

En ese primer viaje, Joe intentó sin conseguirlo convencer a Jack de presentar algo a los inversores que habían ido a visitar a Estados Unidos. Esta vez, en cambio, iban preparados. Todos los potenciales inversores recibieron un voluminoso folleto de emisión de trescientas páginas. Los gráficos estilo tira cómica de la cubierta de color naranja intenso le daban aspecto de libro infantil más que de documento serio para adultos, pero cuando hojeaban más allá de los dibujitos los inversores se encontraban con un texto —bien serio— en el que se detallaban los «Factores de Riesgo», tal y como es habitual en todas las ofertas públicas. La sección tenía treinta y siete páginas y en ella se detallaba los riesgos «tangibles» e «intangibles»[3], como la dependencia de la empresa de Alipay, un negocio que ya no era de su propiedad. Jack abordó directamente la cuestión del traspaso de la propiedad de Alipay, aduciendo que no le había quedado otra alternativa. La decisión —dijo—era una de las

---

1. Perdiendo en el proceso el antiguo acuerdo de hospedar a los presidentes de Estados Unidos cuando visitaran Nueva York.

2. Un año atrás, Jack se había convertido en presidente de Alibaba y Joe Tsai en vicepresidente ejecutivo. Jonathan Lu apenas duraría dos años en el puesto. Tanto él como su sucesor, Daniel Zhang, se enfrentarían a la nada envidiable tarea de tratar de estar a la altura del legado de Jack.

3. Incluido cualquier problema relacionado con el «estado de confianza del ecosistema» o la «cultura, misión y valores» de Alibaba.

más complicadas que había tomado en su vida pero, incluso con la perspectiva del tiempo, la volvería a tomar.

Los factores de riesgo también incluían un análisis de la controvertida pero duradera estructura de inversión tipo VIE. No obstante, además de la estructura VIE, la oferta había añadido otra capa de complejidad para los inversores: la «Alianza Alibaba». La alianza[4] incluía a treinta individuos, la mayoría[5] miembros del equipo de gestión de Alibaba. Seis[6] de ellos y Joe Tsai, eran cofundadores de Alibaba. El objetivo explícito de la alianza era ayudar a los altos ejecutivos de Alibaba a «colaborar y superar la burocracia y la jerarquía», para garantizar «excelencia, innovación y sostenibilidad». En diciembre de 2015, Alibaba nombró a cuatro miembros más de la alianza, haciendo que el total ascendiera a un total de treinta y cuatro.[7]

Por supuesto, la razón de ser implícita de la alianza era el control. Incluso después de convertirse en una empresa que cotizaba en bolsa, Alibaba quería asegurarse de que los fundadores seguirían siendo los dueños de su destino.

Esto ya había generado controversia en torno a Alibaba, haciendo que la bolsa de Hong Kong y su regulador[8] rechazaran la solicitud de

---

4. Las filas de la Alianza Alibaba se pueden actualizar y reponer con la admisión de nuevos socios cada año. Los nombrados suelen tener más de cinco años de servicio a sus espaldas y su elección queda sujeta a la aprobación del 75% de los socios. Un Comité de Alianzas de cinco miembros, incluidos Jack y Joe, administra la estructura.

5. Obtenidas de las filiales financieras y logísticas de Alibaba.

6. Jack, Lucy Peng (Peng Lei), Trudy Dai (Dai Shan), Jane Jiang (Jiang Fang), Jin Jianhang, y Eddie Wu (Wu Yongming).

7. Los nuevos miembros son: Yongfu Yu, presidente de la unidad de negocio móvil de Alibaba y su plataforma publicitaria Alimama; Junfang Zheng, directora financiera adjunta de Alibaba Group; Ying Zhao, vicepresidenta de Ant Financial; y Lijun Sun, director general del mercado rural de Taobao. Es la primera vez que Alibaba ha incorporado nuevos miembros a la sociedad desde la OPI de septiembre de 2014. En el folleto de la emisión, Alibaba mencionaba que, para ser susceptible de ser elegido como socio, los candidatos deben «prestar servicio de manera continuada dentro de Alibaba Group y/o nuestras empresas relacionadas o filiales durante, en la mayoría de los casos, no menos de cinco años», siendo en este sentido Yongfu Yu una excepción: Yu fue presidente y consejero delegado de UCWeb, una tecnología móvil de Internet y proveedor de servicios que Alibaba adquirió en 2014.

8. El Comité de Acciones y Futuros.

Alibaba para lanzar una OPI en su territorio. A Hong Kong le preocupaba que permitir la estructura indicara un debilitamiento de su compromiso con el sistema de «un accionista, un voto».

Alibaba respondió que la alianza no podía compararse con la estrecha concentración del control de estructuras accionariales como el «voto múltiple o privilegiado» (*dual class* o *high vote*) utilizadas por otras empresas tecnológicas en Estados Unidos como Facebook y Google. En vez de eso, lo que proponían era una nueva forma más sofisticada de gobernanza corporativa que daba a cada miembro de un grupo mayor de gestores un voto. No obstante, la distinción no logró convencer a las autoridades de Hong Kong, y Alibaba optó por lanzar su OPI en la bolsa de Nueva York.

Decirle «no» a Alibaba le costó caro a Hong Kong, pues privó a los banqueros y abogados de la ciudad de una jugosa oportunidad de negocio. Joe Tsai no se mordió la lengua: «La cuestión a la que deben responder en Hong Kong es si están preparados para seguir a lo suyo mientras el resto del mundo los adelanta».

Así que Alibaba acabó en Nueva York. Vendiendo el 12% de la empresa, obtuvo 25.000 millones de dólares, la OPI más grande de la historia. Credit Suisse y Morgan Stanley, dos de los seis bancos contratados para liderar la operación, ganaron 49 millones de dólares cada uno. El botín para el ejército de abogados que participaron ascendió a un total de 15 millones de dólares.

En Nueva York, el acuerdo llamó la atención del humorista Jon Stewart de Comedy Central, que primero hizo bromas sobre el negocio de Alibaba, conectar a compradores y vendedores: «Craigslist con mejores imágenes, ¿es eso?» Luego empezó a meterse con la complicada estructura de propiedad de Alibaba: los inversores que participaran en la OPI compraban acciones de Alibaba Group Holdings Limited, una empresa registrada en las Islas Caimán, controlada por una sociedad que en realidad no era la propietaria de los activos empresariales en China. «¿Así que he pagado por una participación de algo en una isla y resulta que no es mío? —seguía bromeando Stewart, y añadía—: Nos estáis vendiendo una multipropiedad, ¿es eso? ¿Es una multipropiedad en una empresa, pero sin darnos vacaciones pagadas para poder asistir a vuestra presentación?» Finalmente Stewart comentó que Alibaba salía a bolsa en Nueva York porque no podía salir a bolsa en China: «¡A los comunistas simplemente se les da mejor que a nosotros el capitalismo!», concluía Stewart fingiendo llamar a su agente en vano para que le consiguiera unas acciones de BABA.

Pero esta OPI[9] no giraba en torno a los inversores individuales, sino que se centraba en las grandes instituciones para las que se habían reservado el 90% de las acciones. Mil setecientos inversores institucionales suscribieron la emisión, y cuarenta de ellos realizaron reservas por más de 1.000 millones de dólares cada uno. Al final, la mayor parte de las acciones quedaron en manos de unas pocas docenas de instituciones.

La Magia de Jack y el atractivo del inmenso negocio de Alibaba funcionaron. La demanda[10] de acciones de BABA fue más de catorce veces superior a la oferta. Un sano estallido del primer día era inevitable. La demanda era tan fuerte que le llevó a la bolsa de Nueva York media hora incluso establecer la transacción de apertura. El precio de salida eran 68 dólares pero la cotización inicial se situó justo por debajo de 100 dólares. BABA cerró el día un 25% por encima del precio inicial, valorándose así la empresa en más de 230.000 millones de dólares, más que Coca-Cola. Entre las empresas de Internet, Alibaba solo estuvo superada por Google, situándose por delante incluso de Amazon y Facebook. En las siguientes semanas, la cotización siguió subiendo, llegando a estar valorada por encima de Walmart y Amazon, estando a punto de superar la barrera de los 300.000 millones de dólares a principios de noviembre. Como fiel reflejo de su compra récord de un piso de 36 millones de dólares en Hong Kong tras la OPI de Alibaba.com en 2007, menos de un año después de la OPI de 2014, Jack se compró otro activo-trofeo, por 190 millones de dólares esta vez, en la forma de una casa de tres pisos y más de 900 m² encaramada todavía más arriba en el Pico Victoria de Hong Kong.

---

9. En 2007 en Hong Kong, un cuarto de las acciones de la OPI de Alibaba.com fueron a parar a manos de inversores individuales.

10. Después de Nueva York, la gira mundial de Alibaba pasó por Boston, San Francisco, Hong Kong, Singapur y Londres. El equipo directivo se dividió en dos, uno liderado por Jack y otro por Joe.

Ahora bien, del mismo modo que la OPI de Alibaba.com en 2007 había echado chispas pero luego se había ido apagando, el BABA-boom pronto se convirtió en el BABA-batacazo: las acciones del Alibaba Group se hundieron un 50% antes de que terminara el verano de 2015. A finales de agosto, cayeron por primera vez por debajo de los 68 dólares del precio inicial de la OPI. Para el mes de septiembre, la valoración de Alibaba se derrumbó[11] en casi 150.000 millones en comparación con el máximo de 2014 en lo que Bloomberg describió como «la mayor destrucción de valor de mercado nunca vista».

El recién nombrado flamante consejero delegado Daniel Zhang recordó a los empleados: «Nuestros valores no fluctúan con la cotización en bolsa», y también insistió en que no estaban solamente librando una batalla sino una guerra que ganarían cuando llegaran a los 102 años de vida. Gracias a la anticipada futura OPI de la empresa matriz de Alipay, rebautizada Ant Financial[12], Alibaba continuaría además con su práctica de crear oportunidades regulares para que los empleados puedan liquidar algunas de sus acciones. Pese a que la OPI de Ant Financial (en una bolsa local) seguramente se hará esperar uno o dos años más, Alibaba ya ha empezado a distribuir acciones en la unidad financiera.

Después de unos primeros meses potentes, ¿por qué cayeron las acciones de Alibaba tan rápido y tan abajo? La caída más acusada la desencadenó un enfrentamiento público entre Alibaba y una agencia del gobierno chino, un acontecimiento que fue una verdadera sorpresa para los inversores extranjeros que habían asumido que Jack era el operador local perfecto, hasta el punto de ser inmune a ese tipo de embrollos.

---

11. A medida que se acercaba el primer aniversario de la OPI de la empresa, creció la preocupación de que expirara la «inmovilización» —acciones que los inversores clave no tenían permitido vender durante el primer año— de 1.600 millones de los 2.500 millones de acciones.

12. En noviembre de 2013, Zhejiang Alibaba E-Commerce Company Limited fue reestructurada para convertirse en Alibaba Small y Micro Finanncial Services Group. Jack vio cómo se reducía su participación accionarial, del 80% al 8% en la nueva empresa, es decir, no más que su participación en Alibaba Group.

## Lucha contra las falsificaciones

El 28 de enero de 2015, la Administración del Estado para la Industria y el Comercio (SAIC por sus siglas en inglés), la autoridad China para asuntos empresariales y concesión de licencias, publicó un informe[13] en su página web en el que detallaba quejas surgidas el mes de julio anterior en contra de Alibaba por haber vendido artículos falsos y acusaba a sus empleados de aceptar sobornos de los comerciantes para mejorar las valoraciones obtenidas en la clasificación general de productos. El informe también hablaba en detalle de una investigación posterior de la SAIC sobre la venta de artículos falsos en seis de los principales sitios web de comercio electrónico, incluidos Taobao y Tmall. La Administración descubrió que, de sus compras de prueba en Alibaba, solo el 37% eran artículos genuinos, añadiendo que «durante mucho tiempo Alibaba no ha prestado gran atención a la cuestión de las operaciones ilegales en sus plataformas y no ha abordado la cuestión de manera eficaz». Peor aún: el informe aseguraba que «Alibaba no solo se enfrenta a su peor crisis de credibilidad desde que comenzara su andadura, sino que también es una mala influencia para otros operadores de Internet que tratan de operar legalmente».

Cuando los medios se enteraron de la historia, la cotización de Alibaba se hundió otro 4%.

En Alibaba estaban furiosos, llegando a cuestionar la metodología de la SAIC y hasta sus motivos. Sorprendentemente, en esta ocasión, tanto el informe de la Administración como la respuesta de Alibaba se estaban desarrollando en público; era sorprendente porque en China los enfrentamientos entre el gobierno y las empresas se suelen desarrollar en privado, tal y como ya había hecho patente la opacidad de las intenciones del Banco de la República Popular de China y la naturaleza de sus interacciones durante la crisis de Alipay. Pero aquí estaba una de las empresas más grandes del país, criticando abiertamente al gobierno y, más espectacular si cabe: un artículo del representante del servicio de atención al cliente de Taobao en la cuenta oficial de la empresa en las

---

13. Descrito de maneras dispares, desde «libro blanco» hasta meras actas de una reunión.

redes sociales[14] llegaba incluso a señalar específicamente al funcionario de la SAIC implicado[15]: «¡Señor director Liu Hongliang! Está usted rompiendo las reglas, ¡deje ya de ser un árbitro deshonesto! —Luego el artículo continuaba—: Estamos dispuestos a aceptar su poco menos que omnipresencia divina, pero no podemos estar de acuerdo con los dobles raseros utilizados en varios procesos de muestreo, ni con su lógica irracional».

Pese a que Alibaba borró el artículo unas horas después, lo sustituyeron por un comunicado oficial que aun así no dejaba de sorprender por su franqueza: «Estamos abiertos a una supervisión justa y nos oponemos a la no supervisión, la supervisión mal concebida o la supervisión con fines maliciosos». Alibaba también indicó que había presentado una queja contra el funcionario de la Administración por mal uso de los procedimientos y utilización errónea de métodos para obtener una «conclusión no objetiva», según declaró, añadiendo además: «Creemos que la mala conducta procedimental del doctor Liu Hongliang durante el proceso de supervisión; su irracional celo en la tarea de asegurar el cumplimiento de la ley y obtención de conclusiones sesgadas, utilizando métodos erróneos, ha ocasionado un daño grave e irreparable a Taobao y a los negocios chinos en línea en general».

Para Alibaba, el momento en que tuvo lugar el enfrenamiento fue particularmente inoportuno porque se produjo un día[16] antes de la publicación trimestral de resultados. Alibaba informó de un aumento de ventas del 40%[17], pero aun así los inversores no se dejaron impresionar por los números, y la cotización de las acciones retrocedió un 8,8% adicional. El valor de la compañía cayó decenas de miles de millones de dólares en un par de días. En la conferencia trimestral para informar

---

14. Sina Weibo.

15. El responsable del departamento de comercio electrónico de la SAIC.

16. Y un día después Yahoo anunció que iba a crear una nueva estructura —que confiaba en que minimizaría sus obligaciones fiscales— para derivar una participación del 15% en Alibaba.

17. Los ingresos se incrementaron un 40% hasta situarse en 4.220 millones de dólares, pero quedaron por debajo de la media estimada de 4.450 millones de dólares, según Thomson Reuters.

sobre los resultados, Joe Tsai, ahora vicepresidente ejecutivo, lanzó el contraataque: «En Alibaba creemos en la justicia. Apoyamos la supervisión rigurosa de nuestra empresa, pero también sentimos que es nuestra obligación hablar cuando se producen imprecisiones y ataques injustos contra nosotros».

Y el intercambio de dardos todavía no había terminado. La SAIC reveló entonces que había mantenido los datos de la reunión de julio de 2014 en secreto para no «perjudicar los preparativos de la oferta pública inicial de Alibaba». Este comentario fue particularmente perjudicial para la ahora cotizada Alibaba porque planteó la desagradable posibilidad de que los gestores hubieran ocultado la disputa a los inversores antes de la OPI, cuando se trataba de información que debería haber formado parte del (ya voluminoso) capítulo de factores de riesgo del folleto de emisión. Pero Alibaba negó la acusación, argumentando que ni tenía conocimiento previo de la existencia de un libro blanco ni había solicitado a la SAIC que retrasara la publicación de ningún informe, añadiendo que las reuniones con los reguladores eran habituales. De manera nada sorprendente, todo esto desencadenó una demanda colectiva contra Alibaba a la semana siguiente.

Al final llegó un momento en que el fuego cruzado ya resultaba excesivo y la Administración retiró el informe de su página web. Jack voló a Pekín para reunirse con el jefe de los reguladores, Zhang Mao[18], y los dos hombres, por lo menos en público, enterraron el hacha de guerra. Jack prometió «colaborar activamente con el gobierno y dedicar más tecnología y capital» a erradicar la venta de productos falsos. Zhang Mao elogió a Alibaba por sus esfuerzos tendentes a defender los intereses del consumidor y se comprometió a que la SAIC estudiaría el desarrollo de nuevas herramientas para supervisar el sector del comercio electrónico.

Echando la vista atrás para considerar el incidente, uno de los antiguos altos ejecutivos de Alibaba me dijo que, para empezar, la empresa habría hecho mejor en no responder al anuncio de la Administración: «Alibaba es todavía relativamente joven, pero se han convertido en un

---

18. Zhang es el yerno de Gu Mu, un antiguo asistente cercano de Deng Xiaoping que lo acompañó en su gira por el sur de China, abriendo la puerta a los emprendedores.

monstruo de tales dimensiones que ni el gobierno sabe muy bien cómo tratar con ellos. Habrá muchos conflictos en el futuro. Es natural porque este gobierno nunca ha tenido que vérselas con una empresa tan influyente».

Para Alibaba, y cualquier otra empresa privada, el gobierno chino en sí es una hidra de muchas cabezas en forma de agencias, a menudo compitiendo entre sí para influir, cobrar licencias u otras formas de obtener ingresos que justifiquen su existencia, a menudo sin el suficiente apoyo del gobierno central para financiar sus operaciones. Estas agencias existen a nivel nacional y a múltiples niveles inferiores, algunas se replican hasta el nivel más bajo, descendiendo de provincias a municipalidades y por fin al de núcleos rurales.

Jack recibe a Xi Jinping, el secretario general del partido comunista, en las instalaciones de Alibaba en Hangzhou. 23 de julio de 2007. *Cortesía de Alibaba.*

Jack suele decir a menudo que su relación con el gobierno chino se resume como: «Enamórate del gobierno, no te cases con él; respétalo». Con tantos departamentos, si verdaderamente se casara con el gobierno cometería poligamia. Jack desveló[19] que Alibaba había recibido —solo en 2014— más de cuarenta y cuatro mil visitas de varias delegaciones del gobierno chino.

Pero, sin llegar a casarte con el gobierno, respetarlo ya puede suponer todo un reto. Jack le explicó una vez a un amigo que nunca estaba verdaderamente seguro de su agenda de un día para otro. Si el secretario del partido de Zhejiang, por ejemplo, solicitaba que viajara con él como parte de una delegación de negocios a Taiwán, no le quedaba más remedio que ir. Ser propietario de un avión Gulfstream G650 es un privilegio considerable pero, a diferencia de magnates como él, pero de Occidente, Jack siempre tiene la sensación de no saber dónde decirles a los pilotos que vuelen exactamente.

Respetar al gobierno implica también cultivar una buena relación con una gran variedad de funcionarios, incluidos los futuros líderes del país que podrían algún día ejercer gran influencia sobre la compañía. Una característica típica del vestíbulo de entrada de cualquier empresa en China, ya sea pública o privada, es una pared llena de fotografías a modo de recordatorio de las reuniones de los responsables con diversos dignatarios del gobierno. Alibaba no es ninguna excepción. A la entrada de su sala para invitados VIP hay una foto[20] de julio de 2007 donde se ve a Jack dando la bienvenida a Xi Jinping a Alibaba. Xi es hoy el presidente de China, pero por aquel entonces ocupaba el cargo de secretario general del Partido Comunista en Shanghái.[21]

En China, los emprendedores nunca pueden eliminar completamente el riesgo de que sus negocios se vean afectados por normas o acciones arbitrarias, lo que sí pueden hacer es tratar de proteger sus empresas ayudando al gobierno a hacer su trabajo.

Parte del cometido de la SAIC es poner fin al flujo de productos

---

19. En una cena en Londres en octubre de 2015.

20. Que, teniendo en cuenta las campañas contra la corrupción, requiere una conservación cuidadosa.

21. Xi había finalizado recientemente su breve etapa de secretario del partido en la provincia de Zhejiang.

falsos.[22] En línea y en el comercio tradicional, luchar contra la piratería es como una partida de Whack-A-Mole, el juego ese de «darle al topo» que cuando tapas una madriguera en una colina, los topos te salen por otra. Para cerrar el episodio con la Administración, Alibaba incrementó el número de empleados dedicados a combatir la piratería de 150 a 450, incluido un equipo de «compradores secretos», todo con el objetivo de acabar con la venta de falsificaciones. Alibaba tiene una política de «a la tercera estás fuera» para sancionar a los vendedores. Si un comerciante vende el mismo producto falsificado tres veces[23] se le expulsa de la plataforma. Y para eliminar a los comerciantes que luego aparecen por el agujero de una madriguera de otra colina, o sea, que vuelven con otro nombre, Alibaba ha adoptado algunas medidas muy creativas: de manera similar a cómo utilizan las pruebas de vida los negociadores en los secuestros, la compañía pide a los comerciantes que se identifiquen haciéndose una foto con su documento de identidad y el periódico del día en la mano; a veces incluso les piden que adopten la «pose del día» en la foto como medida adicional de seguridad.

Durante una cena a puerta cerrada en Londres en octubre de 2015, Jack resumió el problema de la siguiente manera: «Quizás el uno por ciento de los comerciantes de nuestra plataforma sean "de los malos"». Con nueve millones de comerciantes en Taobao, saldrían noventa mil «malos». Un inversor presente en la cena, David Giampaolo, resumió así el mensaje de Jack de esa noche: «Se centra en resolver el problema, pero creo que poca gente, en particular fuera de China, es consciente de la envergadura de la tarea».

---

22. China tiene reputación de ser como el salvaje oeste en el sentido de que no se respetan los derechos de propiedad intelectual y la piratería campa a sus anchas en el mercado. Ahora bien, esto no se debe a la falta de legislación que lo prohíba. Desde su ingreso en la Organización Mundial del Comercio en 2001, China ha establecido un elaborado marco legal en relación a marcas registradas, patentes y derechos de propiedad intelectual. Una encuesta realizada en 2015 por la Cámara de Comercio de Estados Unidos en China reveló que el 85% de los encuestados creían que la protección de los derechos de la propiedad intelectual en China había mejorado en los últimos cinco años, pero el 80% estaban preocupados en cuanto a la eficacia de la puesta en práctica de esa protección.

23. O vende una gama de falsificaciones en cuatro ocasiones.

En Pekín, el Día de los Solteros de 2015, Jack fue aún más lejos: «Por cada consumidor que compra una falsificación en nuestro sitio web, perdemos cinco clientes. Nosotros también somos víctimas (de la falsificación). Odiamos las falsificaciones… Llevamos años peleando con este problema, pero es a la naturaleza humana a lo que nos enfrentamos aquí, al instinto humano». También explicó que la piratería había campado a sus anchas en la venta al detallista en el comercio tradicional en China durante los últimos treinta años y añadió: «Estamos luchando contra el problema en línea y ayudando también a combatirlo en el comercio tradicional. Tenemos a dos mil personas trabajando en ello, a cinco mil setecientos voluntarios trabajando en ello. Con grupos de trabajo especiales, con la tecnología de que disponemos, estamos avanzando. Creo que la oportunidad está en que trabajemos todos juntos para luchar contra estos ladrones. Nosotros llevamos una plataforma para más de diez millones de negocios. Ellos (los piratas) son una proporción diminuta, pero están por todas partes». Algunos de los rivales de Jack se solidarizan con su problema; uno de ellos me dijo una vez: «Cuando gestionas una plataforma con nueve millones de comerciantes, estás llevando un país».

Un aspecto fundamental de la respuesta de Alibaba es su Equipo de Seguridad en Internet, capitaneado por el antiguo policía Ni Liang. El equipo opera un sistema de tipo «notificación y retirada» que los comerciantes pueden utilizar para señalar productos falsos[24] que se estén vendiendo en los sitios web de Alibaba. Utilizando técnicas como el «análisis de puntos de precio», los propietarios de una marca pueden identificar grandes cantidades de artículos de alta gama, como por ejemplo bolsos de lujo, que se estén vendiendo a precios imposibles por ser excesivamente bajos. Pero este método no funciona para productos de mucho volumen y poco margen como el jabón o el champú, en cuyo caso puede resultar difícil distinguir los productos legítimos de las falsificaciones. Así que Alibaba está recurriendo al poder del Big Data:

---

24. Cuando se sospecha que los comerciantes han cometido un delito, Alibaba remite el caso a la Administración Local de Industria y Comercio o a la policía, que tiene un oficial destinado en la sede central de Alibaba, dedicado a realizar un seguimiento de las ventas de productos ilegales, o la venta ilegal de productos como por ejemplo las armas.

nombres de empresas, direcciones, historial de transacciones y cuentas bancarias; datos que pueden ayudar a establecer patrones de distribución y a perseguir a los infractores. El poder que entraña denegarles el uso de Alipay como herramienta de pago en otras plataformas puede ser también un elemento disuasorio muy eficaz.

La realidad es que, para la piratería, el comercio electrónico es parte tanto de la solución como del problema. Internet es más eficaz para la distribución de productos falsos que el comercio tradicional, pero también es más eficaz a la hora de identificar y perseguir a los infractores.

Taobao, dominada en su mayoría por pequeños comercios familiares, es mucho más difícil de vigilar y controlar que Tmall. Así pues, en eventos como el Día de los Solteros del 11 de noviembre, Alibaba gasta más presupuesto de marketing en Tmall que en Taobao. Tmall pone el listón más alto[25] a los comerciantes. Además, Alibaba cobra comisiones en Tmall, con lo cual pasar el negocio de Taobao a Tmall resulta rentable para la empresa también.

Pero no todas las marcas están convencidas. Al cabo de unos pocos meses de la controversia con la SAIC, la Asociación de Moda y Calzado de Estados Unidos (AAFA por sus siglas en inglés), que representa a más de mil marcas, estaba presionando una vez más para que se incluyera a Taobao en la lista de mercados notorios de la USTR; la asociación se quejó de la «proliferación rampante» de productos falsos en Taobao y lo «lentos, trabajosos y enmarañados» que son los sistemas que Alibaba ha puesto en marcha para eliminar el problema. Pero, a pesar de la acción de la AAFA, un buen número de sus miembros, Macy's y Nordstrom entre ellos, siguen colaborando estrechamente con Alibaba en iniciativas como el Día de los Solteros, lo que indica que hay una falta de consenso en la asociación sobre cuál es la manera de proceder en un futuro. En noviembre de 2015, Juanita Duggan, la persona que como consejera delegada y presidenta de la USTR había impulsado la queja, dimitió.

---

25. Se solicita a los comerciantes de Tmall que proporcionen más pruebas de que están en posesión de una autorización para comerciar extendida por los propietarios de la marca.

Alibaba se enfrenta a las críticas de algunos propietarios de marcas europeas también. En mayo de 2015, el holding francés de productos de lujo Kering, entre cuyas marcas se encuentran Gucci e Yves Saint Laurent, presentó una demanda contra Alibaba, acusando a la empresa de violación del derecho de marca y las leyes contra el crimen organizado. Parte de la demanda incluía alegaciones de que cuando los clientes introducían en los motores de búsqueda de Alibaba la palabra Gucci, por ejemplo, se obtenían como resultados enlaces a páginas de productos falsos de la marca «guchi» o «cucchi». Alibaba se está defendiendo, aduciendo que Kering «ha escogido el camino de litigar inútilmente en vez de optar por la cooperación constructiva». En una entrevista con Bloomberg que tuvo lugar el Día de los Solteros de 2015, Jack fue incluso más categórico, desvelando su frustración con los abogados: «No envíen abogados, estos abogados no saben nada de negocios; no saben nada de comercio electrónico». Al mes siguiente, Alibaba redobló sus esfuerzos por proteger la propiedad intelectual nombrando a Matthew J. Bassiur como responsable de Protección Global de la Propiedad Intelectual. Bassiur había previamente supervisado las operaciones contra las falsificaciones en la farmacéutica Pfizer tras varios años en Apple Computer. Además, antes de iniciar su carrera en el mundo empresarial, Bassiur había sido fiscal federal del Departamento de Justicia de los Estados Unidos.

Los productos falsos no eran la única cuestión que lastraba la cotización de Alibaba tras su OPI. Algunos inversores estaban preocupados de que se estuvieran produciendo asimismo transacciones falsas, también conocidas como «*brushing*»: operaciones falsas en las que los comerciantes envían cajas vacías a clientes fantasma para subir en la clasificación de comerciantes.[26] Las marcas locales, sobre todo las de sectores altamente competitivos como ropa, cosméticos y electrónica, son las principales culpables. Estos comerciantes, en vez de realizar las transacciones falsas ellos mismos, suelen contratar los servicios de empresas dedicadas al «cultivo de clics» o «*click farming*», para que les generen las compras falsas. También pueden contratar a esas mismas empresas para que re-

---

26. Los algoritmos de búsqueda de Taobao y Tmall están fuertemente influenciados por el histórico de volúmenes transaccionales.

dacten críticas positivas falsas de sus productos con intención de influir en los compradores reales. Según estimaciones desveladas en entrevistas a cuatro de estas empresas[27] dedicadas al cultivo de clics, estas declararon controlar por lo menos cinco millones de cuentas de compradores en Taobao. Sin duda exageran —para hacerse más atractivas a ojos de sus potenciales clientes— pero, estas compañías declaran que, en su conjunto, en 2015 sus actividades supusieron porcentajes de dos dígitos del volumen total de mercancías vendidas en el Día de los Solteros. Alibaba y otros agentes que operan en el sector del comercio electrónico están constantemente buscando este tipo de empresas, haciendo un seguimiento del tráfico y los patrones transaccionales que les permita atajar de raíz las actividades sospechosas. (Las granjas de clics declaran poder soslayar estos controles, pero también están de acuerdo con que estos métodos no se pueden aplicar rigurosamente). Al igual que ocurre con la lucha contra las imitaciones en el sector de la alimentación, Alibaba y otros operadores del sector del comercio electrónico se encuentran inmersos en un juego del gato y el ratón. Como con la piratería, el *brushing* no se puede eliminar por completo a no ser que se abandonen los algoritmos que clasifican a los comerciantes en función de su volumen de ventas. Los operadores del sector del comercio electrónico pueden actuar —y de hecho actúan— para incrementar los costes de las malas actuaciones. Los sistemas «*antibrushing*» de Tmall hacen un seguimiento de los comportamientos para establecer si un comprador es una persona real, por ejemplo asegurándose de que la sesión implique hacer clic en una gama de productos —sugiriendo que de hecho se eche un vistazo a los productos en oferta— y que se pase suficiente tiempo en cada página y se concluya con una compra por una cantidad que se considere plausible para el caso de una operación realizada por una persona. En respuesta a todo esto, las granjas de clics han sofisticado más sus servicios, llegando a cobrar hasta 30 yuanes (4,7 dólares) por pedido falso —en comparación con la franja habitual de precios entre 10 y 20 yuanes (1,56-3,12 dólares) por pedido—, dependiendo de los costes en que incurran, tales como comisiones de alta, comisiones de pago y los rela-

---

27. Conocido como las «Cuatro Grandes Asociaciones», con sede en Hangzhou y otros lugares.

cionados con generar información logística falsa. Tmall es más dada al *brushing* que Taobao debido a lo intensa que es la competencia que existe en esa web por asegurarse un alto nivel de ventas —y la publicidad que eso conlleva— en días señalados de promoción como el Día de los Solteros.

Las plataformas de comercio electrónico de Alibaba han crecido tanto que vigilar el ingente volumen de bienes y transacciones se está volviendo una tarea cada vez más compleja. Pero, precisamente su envergadura es también la gran fortaleza de Alibaba. Los comerciantes que operan en sus páginas web están cada vez más dispuestos a gastar dinero en subir sus cuentas de categoría. Incluso los comerciantes que prefieren vender en su propia página web, aun así mantienen su presencia en Taobao porque eso implica que los consumidores se fíen más.

## Competidores entre bambalinas

En cualquier caso, Alibaba se enfrenta a una competencia creciente en toda una serie de categorías como ropa[28], cosméticos[29], libros[30] y comida.[31] Para reforzar su posición en los segmentos de la electrónica y los electrodomésticos, Alibaba ha comenzado incluso a invertir en comerciantes minoristas tradicionales como parte de la nueva tendencia, ya mencionada anteriormente, llamada «omnicanal» o «en línea a comercio tradicional», que, en inglés, se conoce con la abreviatura «O2O» (*online to offline*). En agosto de 2015, Alibaba desembolsó más de 4.500 millones de dólares para comprar una parte[32] de Suning, un comerciante minorista de electrodomésticos y electrónica. Hubo analistas que cuestionaron la lógica de comprar una participación en una empresa que, como le ocurre a Best Buy en Estados Unidos, corre el riesgo

---

28. VIP Shop, Melishuo y Moguje.

29. Jumei.

30. Dangdang y Amazon.cn

31. Womai y Yihaodian, participada por Walmart.

32. 19,9%. Suning, con una aportación de 14.000 millones de yuanes (2.300 millones de dólares), se convirtió en propietaria de un 1,1% de Alibaba.

de que sus 1.600 tiendas repartidas por todo el país acaben convertidas en costosísimas salas de exposición donde los clientes vayan a probar los productos que luego adquirirán en línea. Alibaba hizo la inversión en Suning, en parte para competir con su rival más fuerte en el ámbito del comercio electrónico, una compañía bien establecida en el sector llamada JD.com[33], que salió a bolsa en Estados Unidos cuatro meses antes que Alibaba. JD es una amenaza para Alibaba, hasta cierto punto porque plantea una competición en ideas. A diferencia de Alibaba, JD sigue más de cerca el modelo de Amazon, comprando y vendiendo de su propio inventario. Además, mientras que Alibaba se ha mantenido a un grado de separación por así decirlo, JD posee y opera su propia red logística. Mientras que Alibaba aduce que JD nunca será rival en términos de escala debido a los costes que entraña tener tu propio inventario y mover productos físicos, JD responde que su modelo garantiza mayor calidad de producto y velocidad en la entrega al cliente.

Claramente, JD irrita a Jack quien, a principios de 2015 hizo blanco de sus dardos al fundador de JD, Richard Liu. Pese a que estaba hablando con un amigo en lo que creía era una conversación privada confidencial, las críticas de Jack acabaron publicadas en las redes sociales: «JD.com acabará en tragedia, y es una tragedia sobre la que llevo avisando a todo el que ha querido oírme desde el primer día... Así que le he dicho a todo el mundo en la empresa: "Ni se os ocurra acercaros a JD.com"». Poco después del incidente, Jack se disculpó bromeando con que «la próxima vez que tenga una conversación con alguien, va a ser en unos baños públicos».

## Los dos grandes

Otra razón por la que Jack ha dirigido su artillería contra JD es que esta cuenta con el apoyo[34] de Tencent, el principal rival de Alibaba en Internet. A medida que Alibaba se expande hacia nuevos territorios

---

33. También conocida como Jingdong, antes 360Buy.

34. Justo antes de la OPI de JD, Tencent, el rival de Alibaba, adquirió el 15%, integrando en la empresa su propia oferta renqueante de comercio electrónico.

más allá del comercio electrónico, se está encontrando cada vez más a menudo con Tencent, cuyo valor de mercado ha llegado a superar al de Alibaba en ocasiones durante 2015. La principal fuente de ingresos de Tencent son los juegos en línea, pero supone una amenaza para Alibaba por el tremendo éxito cosechado con WeChat[35], la aplicación móvil que lanzó en 2011 y con la que ha logrado más de 650 millones de usuarios regulares. WeChat es la primera plataforma de mensajería móvil de China, beneficiándose del *boom* de los teléfonos móviles en el país e incluso impulsándolo. Se ha descrito[36] a WeChat como «una app que las domina a todas». En China, un teléfono sin WeChat pierde mucha de su utilidad. La aplicación WeChat, de hecho, ha convertido la libreta de contactos en algo redundante. La mayoría de los usuarios se conectan a la aplicación por lo menos diez veces al día. Pero WeChat es mucho más. Los consumidores chinos la utilizan[37] para una gama mucho más amplia de servicios que los usuarios occidentales de aplicaciones similares (que utilizan iMessage, Facebook Messenger o WhatsApp). El poder de la habilidad para innovar de Tencent se puso de manifiesto de manera particularmente dramática en 2014 con la campaña del «paquete rojo» (*hong bao*) de WeChat para el Año Nuevo Lunar. En tan solo dos días, los usuarios de WeChat enviaron más de 20 millones de sobres[38] virtuales de efectivo. Jack llegó a comparar el impacto psicológico de la campaña de WeChat en Alibaba con Pearl Harbor. Alibaba contraatacó en 2015 pero, a pesar de invertir 100 millones de dólares en promociones con cupones y metálico, solo alcanzó un cuarto de los paquetes rojos enviados por los usuarios de WeChat.

---

35. *Wei xin* (micromensaje en chino).

36. Andreessen Horowitz.

37. La popularidad de WeChat se debe a su estilo personalizado, adaptado específicamente a las necesidades y mentalidad de las masas usuarias de dispositivos móviles de China. Los usuarios pueden controlar la información que comparten con desconocidos y, a diferencia de la copia de Twitter, Weibo, el número total de seguidores en WeChat se limita a 5.000. Aprovechando el éxito de Weibo, hogar natural de famosos y marcas, WeChat ofrece también más de 8,5 millones de cuentas públicas.

38. Un giro moderno en los tradicionales obsequios estacionales para familiares y amigos consistentes en dinero metálico.

WeChat hizo patente un agujero decisivo en la armadura de Alibaba que esta intentó tapar con su propia aplicación móvil de redes sociales, Laiwang. Poniendo todo su empeño y recursos en promocionar Laiwang, Alibaba incluso exigió a todos sus empleados que reclutaran a 100 usuarios cada uno si querían optar a cobrar la bonificación anual. Pero Laiwang salió dos años más tarde que WeChat y para entonces ya había perdido la batalla. Hoy en día, hasta los más altos ejecutivos de Alibaba utilizan WeChat y solo usan Laiwang para comunicaciones oficiales con compañeros de trabajo.

Alibaba está gastando miles de millones de dólares en inversiones, adquisiciones y marketing para apuntalar su estrategia móvil, desde invertir en su YunOS[39] hasta comprar parte de Sina Weibo[40] —un servicio similar a Twitter— y Meizu —un fabricante de móviles—, pasando por adquirir UCWeb —el primer buscador[41] para móviles de China— y AutoNavi —una compañía puntera de mapas en línea—, todo para afianzar el posicionamiento de Alibaba en servicios basados en la ubicación. Alibaba ya ha trasladado gran parte de su negocio básico a móvil. La mitad de todas las compras realizadas a través de las web de Alibaba se hacen con un dispositivo móvil. Pero Alipay, el proveedor líder de servicios de pago en línea en China, es el activo más importante de Alibaba en lo que se refiere a su rivalidad con Tencent a la hora de lanzarse a la conquista de la siguiente frontera: el monedero móvil.

Controla el monedero —dice la teoría— y controlarás el campo de batalla para un amplio abanico de nuevas oportunidades más allá del comercio electrónico, siendo los servicios financieros la más lucrativa de todas ellas. El éxito sin precedentes de Alibaba con el fondo Yu'e Bao (que significa «el tesoro que queda») es un buen ejemplo. Alibaba está apoyando muy activamente MYbank. Y Tencent está respon-

---

39. La iniciativa se encontró con ciertas resistencias en 2012, cuando su socio de lanzamiento, el fabricante taiwanés de hardware Acer, abandonó, supuestamente a raíz de la presión ejercida por Google, que lanzó acusaciones de que Alibaba estaba desplegando una versión «no compatible» de Android.

40. Alibaba adquirió el 18% de Sina Weibo en 2014. Pero para entonces WeChat ya le había arrebatado a Weibo gran parte de su brillo.

41. UCWeb.

diendo con WeBank, que ya ha empezado a conceder créditos[42] al consumo en quince minutos a través del móvil, por cantidades que van desde los veinte mil hasta los trescientos mil yuanes (de 3.100 a 31.000 dólares).

Se están abriendo además otros frentes en el conflicto de Alibaba contra Tencent, incluidas las guerras indirectas, canalizadas a través del enfrentamiento de sendas compañías apoyadas por los dos verdaderos contendientes. En 2014, la competición por las aplicaciones de reserva de trayectos con un servicio tipo Uber acabó convirtiéndose en lo que un analista describió como «la primera batalla en la guerra mundial de Internet». Alibaba apoyó a una compañía llamada Kuaidi Dache[43], mientras que Tencent por su parte respaldó a su rival, Didi Dache[44] en un conflicto que se acabó descontrolando con 300 millones invertidos en propinas y campañas de marketing. La batalla se hizo tan intensa que Kuaidi llegó a ofrecer a los taxistas una caja de cerveza de regalo si presentaban el negocio a otros taxistas. A medida que ambos bandos entraban cada vez más en territorio de números rojos, se convocó una tregua a principios de 2015 cuando ambas empresas de transporte se fusionaron en una transacción de 6.000 millones de dólares para convertirse en Didi Kuaidi, aunque mantuvieron las dos unidades operativas separadas. Con un valor de mercado de 16.000 millones de dólares y 3.000 millones de capital nuevo, la flamante entidad se enfrentó cara a cara a Uber, que había hecho su propia apuesta de la mano de Baidu.[45] Las «guerras del taxi» han adquirido incluso dimensiones internacionales, ya que tanto Alibaba como Tencent y Didi Kuadi han invertido en Lyft, el principal competidor de Uber con sede en Estados Unidos.

En 2015, Alibaba y Tencent decidieron combinar otros dos representantes suyos, dos empresas del estilo de Groupon, Meituan y Dian-

---

42. *Weilidai* («un pedacito de préstamo»)

43. Que significa «para un taxi rápido».

44. Que significa «bip bip, para un taxi».

45. Uber fue la siguiente empresa en asumir la necesidad de subvencionar y desembolsó unos mil millones en China en 2015 para captar conductores y clientes, y ello gracias a un ejercicio de captación de fondos que le reportó 1.200 millones de dólares.

ping, en una fusión valorada en 15.000 millones de euros que hubo quien interpretó como un mensaje dirigido a Baidu y Nuomi, su representante. Baidu también carece de una presencia significativa en el segmento de medios de pago, a diferencia del dominio compartido de Alipay y Tenpay.

En la actualidad, Alibaba y Tencent son empresas tan poderosas que, en vez de «los tres grandes» (con Baidu), está empezando a hablarse de «los dos grandes». Ahora bien, si la tendencia de Alibaba y Tencent uniendo fuerzas para crear representantes dominantes continúa, se corre el riesgo de alarmar a los consumidores si se dejan de subvencionar los servicios con promociones o se incrementan las comisiones que se cobran por servicios populares como reservar viajes en coche o pedir comida a domicilio, provocando una intervención del gobierno chino para restringir el poder que ejercen sobre el mercado.

Sin lugar a dudas, al ser muy consciente de los riesgos a raíz del incidente con la SAIC, Alibaba parece estar recogiendo velas, más expuestas que nunca a los perennes vientos gubernamentales. De hecho, en septiembre de 2015, promocionó su sede de Pekín a categoría de «segunda sede central» junto con la de Hangzhou. El simbolismo de que una poderosa compañía del sur de China anuncie una nueva organización de «cuarteles generales compartidos» con Pekín es obvio, aunque la ciudad es mucho más que un mero[46] centro político. Alibaba describe el movimiento de «hermanar» Pekín con Hangzhou como la creación de un «centro doble», una estrategia para mejorar su penetración en las provincias del norte ante una competencia creciente: para finales de 2015, JD.com había adelantado a Tmall según algunas estimaciones, convirtiéndose así en el principal operador de comercio electrónico de Pekín.

Subir de categoría sus oficinas de Pekín es también importante a la hora de reclutar personal. Pekín, donde ya residen 9.000 de sus emplea-

---

46. Algunos observadores extranjeros cometen el error de creer que «Shanghái es la ciudad de Nueva York y Pekín es Washington D.C.», pero esa visión subestima grandemente la importancia de Pekín como centro empresarial y el hecho de que el gobierno local en Shanghái sea mucho más influyente en los negocios locales que en el caso de Pekín.

dos, ofrece un abanico de talento más grande donde escoger. La capital es donde se encuentran algunas de las universidades más prestigiosas del país y en ella viven aproximadamente un millón de estudiantes. Al competir para atraer al mejor talento, ofrecer la posibilidad de trabajar en Pekín reduce el riesgo de perder candidatos que prefieran no mudarse a Hangzhou[47], que en comparación resulta mucho más pequeña y provinciana.

No obstante, en el Día de los Solteros de 2015 también hubo indicios de que Alibaba está incrementando sus esfuerzos para procurarse el apoyo del gobierno. Horas antes del inicio del Día de los Solteros, Alibaba informó de que la oficina del primer ministro Li Kepiang se había puesto en contacto con Jack para «felicitarlo y animarlo a la creación e instauración de un gran evento del 11/11». Al comenzar el día en el Centro Acuático Nacional de Pekín, el Water Cube o «cubo de agua», la sección superior derecha de la pantalla, que registraba las transacciones en Tmall, se reservó para mostrar un mapa y un flujo de datos que informaba de las compras en países como Bielorrusia y Kazajstán, dos de las sesenta y cuatro naciones y regiones a lo largo de la zona «Un cinturón, Una Ruta» (OBOR[48] por sus siglas en inglés, de «*One Belt, One Road*»), también conocida como la iniciativa «*Belt and Road*» «El cinturón y la ruta», pieza central de la política exterior y económica del presidente Xi Jinping.

Sean cuales sean los riesgos, Jack confía en el futuro de Alibaba. Por más que el gobierno pueda desempeñar un papel fundamental a la hora de estimular las exportaciones y fomentar la inversión en la economía, Jack ha declarado que «el gobierno no logra estimular el consumo, son

47. Incluso contratar personal de Shanghái para las oficinas centrales de Alibaba en Hangzhou puede resultar problemático, ya que la oficina está a cierta distancia de la estación de tren. Para atraer y retener el talento residente en Shanghái, Alibaba ofrece un servicio especial de autobuses lanzadera desde y hacia Shanghái a los empleados de esta ciudad todos los fines de semana, que solo pasan en Hangzhou cuatro noches a la semana.

48. Describe la doble estrategia que incluye el «Cinturón económico de la Ruta de la Seda», toda una serie de rutas terrestres que van desde China hacia Asia Central y Oriente Medio, África y Europa, completado con la «Ruta de la Seda Marítima del siglo XXI» para reforzar las rutas comerciales existentes.

el emprendimiento y la economía de mercado, los que lo logran. Así que tenemos una gran oportunidad. Ahora es nuestro turno, no el del gobierno».

Alibaba va a hacer todo lo posible por aprovechar la oportunidad que se le plantea al sector privado. En años recientes, ha sido tal el frenesí con que Alibaba se ha lanzado a realizar acuerdos que un amigo periodista de Pekín se me quejó de que casi no le daba tiempo a cubrir a nadie más y se había pasado muchas noches o fines de semana escribiendo sobre las últimas conquistas de la empresa. Cubrir a Alibaba es complicado porque sus acuerdos a menudo implican toda una red de relaciones, incluidas las que se extienden al propio fondo de capital privado de Jack, Yunfeng Capital.

## Yunfeng: club masculino para multimillonarios

Yunfeng es un fondo de capital privado en el que Jack participa con aproximadamente el 40% y en el que asume funciones de socio.[49] Yunfeng[50] fue creado en 2010 por Jack, David Yu[51] (cofundador) y otros.[52] Es una «especie de club masculino para multimillonarios», un espíritu que el fondo promueve como una de sus fortalezas clave, autodenominándose el «único fondo de capital privado lanzado por empresarios de éxito y grandes lumbreras del sector». Ante quienes critican los acuerdos entre Alibaba y Yunfeng, este se esfuerza por señalar que Jack no participa en las decisiones de inversión de sus

---

49. Social colectivo.

50. Yunfeng se traduce al inglés como «nube y el filo cortante de una espada». La combinación del nombre de pila de Jack, «Yun» y el de David Yu, «Feng».

51. Yu se dio a conocer por primera vez con la venta de su empresa de expositores publicitarios Target Media al competidor Focus Media en 2006.

52. Otros socios incluyen a Shen Guojun de Intime Investment, Shi Yuzhu de la empresa de juegos Giant Interactive, Liu Yonghao de New Hope Group, Wang Yusuo de ENN Group, Jason Jiang de Focus Media, Xu Hang de Shenzhen Mindray Medical, Chen Yihong de China Dongxiang Group, Zhou Xin de e-House, Wang Jianguo de Five Star, Zhou Shaoxiong de Septwolves, Wang Xuning de Joyong Holdings y Zhang Youcai de Unifront Holdings.

diversos fondos. Alibaba, por su parte, resalta que Jack renunciará a cualquier ganancia que se produzca como consecuencia de su participación en Yunfeng.

El hecho de que la mayoría de los multimillonarios que participan en Yunfeng tengan raíces en Zhejiang o Shanghái es muy ilustrativo. Al igual que las «agrupaciones de ciudades» en la patria chica de Alibaba, estos emprendedores presentan una marcada tendencia a unirse. Ahora están surgiendo las «agrupaciones de inversión» en la Nueva Economía China, siendo Alibaba la más prominente. La compañía puede argumentar que, cuando compra empresas[53] donde Yunfeng ha invertido, está invirtiendo en empresas que Jack ya conoce, haciendo por tanto el fondo las veces de fuente de diligencia debida.

No obstante, cada nuevo acuerdo entre Alibaba y alguna empresa relacionada con Yunfeng incrementa la complejidad[54], lo que potencialmente empaña la visión de la verdadera naturaleza de las relaciones de Alibaba con el mundo de negocios exterior.

¿Es esta la manera en que Alibaba mantendrá su ventaja competitiva y su capacidad de innovación? Si las transacciones entre Alibaba y las empresas participadas por Yunfeng no se explican con cuidado y las valoraciones se justifican claramente, los inversores en Alibaba podrían no ser plenamente conscientes de los riesgos ocultos. Esta preocupación, además de ciertos indicios de tensiones entre Yunfeng y el equipo interno de fusiones y adquisiciones de Alibaba, parecen haber llevado a Jack a dejar su puesto de ejecutivo[55] en Yunfeng, manteniendo tan solo una participación pasiva como inversor[56] en el fondo.

---

53. Un ejemplo es el anuncio de septiembre de 2015 de que Alibaba había creado Alibaba Sports Group junto con Yunfeng Capital y Sina (la matriz de Sina Weibo, en la que Alibaba tiene una participación), en un esfuerzo por «remodelar el sector del deporte en China a través de Internet».

54. El cofundador David Yu, por ejemplo, también es miembro del consejo de Huayi Brothers Media Group (participada por Alibaba). Su madre, Wang Yulian, es asimismo socia en Yunfeng y, con una participación declarada del 4,6%, la mayor accionista de Ant Financial después de Jack y Simon Xie.

55. Como socio colectivo.

56. Como socio comanditario.

Durante la gira con motivo de la OPI, Alibaba hizo hincapié en tres motores fundamentales del crecimiento de cara al futuro: computación en la nube/Big Data; expansión en mercados rurales; y globalización/comercio transfronterizo.

## Tres motores fundamentales

La computación en la nube es una dirección fundamental hacia la que dirigir la andadura futura de Alibaba. Los inversores en Amazon valoran mucho las fuentes de ingresos «virtuales» de su negocio de Amazon Web Servicies [servicios de web]. Pese a que para Alibaba los servicios en la nube tan solo representan un 3% de sus ingresos actuales, está invirtiendo más de 1.000 millones de dólares para ampliarlos. Alibaba también habla a menudo de un paso de la era de la tecnología de la información a la era de la tecnología de los datos, «de la TI a la TD». Alibaba se centra en la «TD» para remar en la dirección de otro concepto favorito de la empresa: «C2B» o «*consumer-to-business*» [consumidor a empresa]. La idea fundamental es que la TD —incluidos el Big Data— pueden ayudar a los fabricantes chinos a mejorar la comunicación a lo largo de la cadena de suministro para predecir la demanda, logrando potencialmente eliminar el inventario. Explotando la información que fluye por la red de comercio electrónico, logística y negocios financieros de Alibaba —por ejemplo, anticipando tendencias de comportamiento del consumidor y oportunidades de inversión—, la compañía confía en sacar partido al «triángulo de hierro» de modo todavía más eficaz. Aliyun, el negocio de computación en la nube de Alibaba, opera centros de datos en Pekín, Hangzhou, Qingdao, Shenzhen, Hong Kong y Silicon Valley, así como un nuevo centro neurálgico recientemente establecido en Singapur. La compañía planea —según su presidente Simon Hu— «superar a Amazon en cuatro años, tanto a nivel de clientes como de tecnología o escala mundial».

En los mercados rurales, Alibaba confía en liberar nuevas capas de consumidores y comerciantes. En China más de 700 millones de personas viven en el medio rural, pero solo un cuarto de ellos tienen acceso a Internet. A medida que la penetración de Internet y el teléfono móvil va en aumento, Alibaba está abriendo centros de servicio en un formato tipo quiosco en las zonas rurales, un esfuerzo al que está dedicando más de 1.600 millones.

El primer proyecto piloto en el campo se ha abierto en el contexto de la iniciativa «Taobao Rural» de Alibaba que es Toglu, el lugar donde se inició la aventura estadounidense de Jack, y cuna de las mayores empresas privadas de mensajería del país. El departamento de investigación de Alibaba, AliReserach, predice que las compras en línea en el mundo rural alcanzarán los 460.000 millones de yuanes (72.000 millones de dólares) para finales de 2016.

No es sencillo hacerse con este mercado, ya que la situación se complica todavía más debido a la mala logística y los menores niveles de educación de los residentes en el medio rural.

El antiguo consejero delegado de Alibaba.com David Wei cree que la «transformación rural» del grupo es más importante que su «transformación global». «Si no entra en la India, Alibaba seguirá siendo Alibaba, pero si se pierde el campo de China, hogar de entre 600 y 700 millones de personas, entonces bien podría surgir otra Alibaba». El rival de Alibaba, JD.com, ha lanzado su propia iniciativa rural —«Fuego impetuoso de los Mil Condados»— y sus productos básicos, tales como lavadoras y neveras, se encuentran entre los más codiciados por los campesinos.

En cualquier caso, Alibaba no tiene mucha más opción que emprender una «transformación rural». El Consejo de Estado Chino ha desvelado una nueva iniciativa de gran calado para promover el comercio electrónico en el campo, de la que se hace eco asimismo la visión «Internet +» del primer ministro Li Kepiang y, tras la debacle del SAIC, Alibaba no se puede permitir el lujo de no apoyarlas. En julio de 2015, Jack lideró una delegación de ejecutivos de Alibaba a Yan'an, en la provincia de Shaanxi. Esta zona rural posee un significado muy particular en China porque se encuentra cerca del final de la Larga Marcha[57] y fue una base clave de la Revolución Comunista entre 1936 y 1948. La delegación de Jack incluía a más de treinta

---

57. La retirada militar del Ejército Rojo entre 1934 y 1935.

altos ejecutivos de Alibaba, incluidos Polo Shao (Shao Xiaofeng), un antiguo investigador penal que es vicepresidente primero y director de la Oficina del Presidente en Alibaba Group y se cree que también ocupa el puesto de secretario del comité del Partido Comunista en la empresa.

En el trascurso de sus conversaciones con el secretario local del Partido Comunista y los funcionarios del gobierno, la delegación exploró las maneras en que Alibaba podía contribuir a la promoción del desarrollo económico de la zona, desde establecer centros de datos para ofrecer préstamos a emprendedores locales hasta promover la venta de manzanas de variedades autóctonas. Pero Jack también aprovechó la visita para asistir a una charla a cargo de miembros del Partido Comunista local, al final de la cual dijo que «solo quería ir y echar un vistazo; las condiciones eran extremadamente duras en Yan'an por aquel entonces» y que también le movía el interés por ver cómo «se mantendría el Partido Comunista fiel al romanticismo y el heroísmo revolucionarios en esas condiciones».

Esos discursos no resultan particularmente útiles a la hora de promover el tercer motor fundamental de Alibaba, expandirse a mercados extranjeros. El hecho es que, al hacerlo, Alibaba se alinea con el llamamiento del gobierno chino a las empresas para que realicen una «trasformación global», animándolas a que vayan más allá de simplemente exportar y lleguen a extender sus operaciones e influencia en el extranjero. Esto no es nada nuevo para Alibaba, una empresa que ya nació con una orientación internacional en 1999. No obstante, con el éxito de Taobao que comenzara una década atrás, el centro de atención de Alibaba se trasladó hacia el interior. En 2010, el perfil de los mercados internacionales dentro de la empresa empezó a ganar fuerza con el lanzamiento de AliExpress para conectar a vendedores chinos con consumidores extranjeros. Al principio, Alibaba esperaba que Estados Unidos fuera el principal mercado de AliExpress, pero resultó que Estados Unidos era un mercado con participantes sofisticados, tanto en línea como en el comercio tradicional. Tras esa decepción de los primeros tiempos, el entonces consejero delegado de Alibaba.com, David Wei, puso a su equipo a considerar los países con las eficiencias más bajas del sector del comercio minorista.

La Magia de Jack visita el 10 de Downing Street. Jack (izquierda) deleita a una audiencia entre la que se encuentra el primer ministro David Cameron (segundo por la izquierda) y el autor, en una recepción en el 10 de Downing Street en Londres el 19 de octubre de 2015, poco después de que Jack fuera nombrado miembro del Business Advisory Group [Grupo Asesor Empresarial del Reino Unido]. *Cortesía de la oficina del 10 de Downing Street.*

Sin necesidad de que AliExpress abriera oficinas en Rusia ni Brasil pero añadiendo el ruso y el portugués como idiomas disponibles en el sitio web de AliExpress, los dos países se convirtieron en historias de éxito. En un momento dado, la demanda de los clientes de Alibaba en Brasil superaba los trescientos mil paquetes al día, antes de que la economía se ralentizara y el debilitamiento del real perjudicara el negocio de la empresa en el país. La demanda en Rusia —sobre todo de ropa y electrónica de consumo— era tal, que AliExpresss supuestamente desbarató el mismísimo sistema postal, provocando la dimisión de su jefe. En la actualidad, Rusia supone un quinto de las ventas de AliExpress.

En 2015, Alibaba nombró al antiguo alto ejecutivo de Goldman Sachs J. Michael Evans como su nuevo presidente, encargándole liderar el desarrollo internacional de la compañía, lo cual implicaba una presencia creciente en Europa occidental, donde Alibaba se propone convencer a las marcas para que se dirijan a los consumidores chinos a través de su sitio web.[58] En un evento celebrado en octubre de 2015 en Londres en el 10 de Downing Street con el primer ministro británico David Cameron como anfitrión, se nombró a Jack asesor empresarial de Cameron.

Alibaba anunció que iba a subir de categoría su oficina en la City londinense para convertirla en su sede central europea, bajo la batuta de Amee Chande, una antigua ejecutiva de Walmart. Además Alibaba va a abrir una red de «embajadas de negocios» en Francia, Alemania e Italia. París está a cargo de Sébastien Badault, antiguo empleado de Amazon y Google. Rodrigo Ciprianni Foresio, que había trabajado previamente en Buon Italia (una tienda virtual de alimentación) es quien lleva el timón en Milán; y el responsable de Múnich es Terry von Bibra, antiguo ejecutivo en el minorista líder alemán Karstadt. La presencia de Alibaba en Europa coloca a la empresa más cerca de los cuarteles generales de muchas de las marcas que más desean los consumidores chinos. Cualquier historia de éxito que pueda generar, atrayendo así a las marcas europeas al rápidamente creciente mercado de consumo en China, sin duda será también una oportunidad de reforzar su posición ante los críticos más vehementes, como Kering, la casa matriz de Yves Saint Laurent y Gucci.

Los Estados Unidos también son un mercado clave en la expansión internacional de Alibaba, sobre todo a la hora de elegir donde centrar sus inversiones internacionales. Alibaba ha invertido cientos de millones de dólares en empresas como Lyft, Snapchat, Zulily y toda una serie de compañías menores.[59] Pero estas inversiones se centran más en absorber nueva tecnología o conocimientos para su despliegue en China que en aglutinar un esfuerzo de equipo para intro-

---

58. Como señal de su compromiso para impulsar las ventas de productos importados en China, Alibaba puso al Día de los Solteros de 2015 el sobrenombre de «Festival Mundial de las Compras del 11/11». Pero la empresa todavía tiene que recorrer un largo camino para garantizar una gama suficiente de artículos importados que pueda competir con los sitios web extranjeros que muchos consumidores chinos ya han descubierto.

59. Incluida la empresa de búsquedas móviles Quixey, el competidor de Amazon Prime Shoprunner, el desarrollador de juegos Kabam y la app de mensajería móvil Tango.

ducirse en el mercado estadounidense. La maniobra de Alibaba apuntando abiertamente al mercado estadounidense, 11Main.com, fue un fracaso estrepitoso.[60] La especulación por parte de algunos analistas de que Alibaba podría hacer un movimiento arriesgado, incluida la adquisición de eBay o Yahoo, no ha resultado acertada de momento. En vez de eso, Alibaba sigue centrándose en el desarrollo del comercio transfronterizo.

Alibaba ha estado aumentando su presencia en Estados Unidos de forma deliberada, estableciendo cuatro oficinas a lo largo de la Costa Oeste: una oficina a la vuelta de la esquina de Market Street en San Francisco, donde se encuentra el equipo de comunicación corporativa internacional de Alibaba, liderado por el antiguo ejecutivo de PepsiCo, Jim Wilkinson[61]; unas oficinas nuevas de Alibaba Group en San Mateo (California), donde Michael Evans tiene su base; una oficina en Pasadena (California), que sirve de sede estadounidense para Alibaba Pictures; y una discreta presencia en el centro de Seattle, a una manzana de los edificios del U.S. Bank donde Jack se conectó por primera vez a Internet en 1995. En 2016, abrirá nuevas oficinas en la ciudad de Nueva York —lo que supone un acercamiento a las marcas, los minoristas y los anunciantes del país—, así como en Washington D.C., incrementando así su capacidad de presión y comunicación; esta oficina estará bajo el mando de Eric Pelletier, antiguo ejecutivo de GE y también antiguo miembro del personal de la Casa Blanca.[62]

Pese a su presencia física creciente en el país, durante una visita a Nueva York y Chicago en el verano de 2015, Jack descartó los comentarios de que fuera a producirse en Estados Unidos «una invasión de Aliba-

---

60. Aprovechando sus primeras inversiones en las empresas de comercio electrónico estadounidenses Auctiva y Vendio, Alibaba lanzó su propio sitio web en Estados Unidos, 11Main.com, en un esfuerzo por llegar directamente al consumidor estadounidense. Pero el esfuerzo fracasó y, en junio de 2015, Alibaba vendió la web.

61. También trabajó anteriormente en la administración durante el mandato de George W. Bush, entre otros cargos como asesor principal sobre asuntos exteriores de la secretaria de Estado Condoleezza Rice.

62. Asistente adjunto del presidente para asuntos legales durante el mandato de George W. Bush.

ba». Contó que le preguntaban a menudo: «"¿Cuándo va a invadir Estados Unidos? ¿Cuándo va a ponerse a competir con Amazon? ¿Cuándo va a ponerse a competir con eBay?" Bueno, yo lo que diría es que eBay y Amazon nos merecen un gran respeto, pero creo que la oportunidad y la estrategia para nosotros es ayudar a los negocios pequeños de Estados Unidos a ir a China, a vender su productos en China».

En ese mismo viaje a Estados Unidos, Jack también habló de las presiones de gestionar una empresa que cotiza en bolsa. Se quejó de que su vida después de la OPI era más difícil que antes, llegando a decir que «si tuviera otra vida para vivir, no saldría a bolsa con mi empresa». Hubo entre el público que lo escuchaba en Nueva York quien expresó su sorpresa de que Jack lamentara haber salido a bolsa tan pronto después de la fenomenal OPI de récord que había protagonizado. Pero esta habilidad para ir contra corriente es la marca de Jack.

## De filósofo a filántropo

Jack ya tiene una reputación de consejero delegado filósofo en China, y además cada vez se le ve más como filántropo y defensor del medio ambiente también. Seis meses antes de la OPI de 2014, Jack y Joe se comprometieron a destinar entre los dos un 2% de Alibaba Group —de su participación personal— a crear una fundación[63] filantrópica Alibaba. El compromiso adoptó la forma de opciones sobre acciones con un precio de ejercicio de 25 dólares (43 dólares por debajo del precio de la oferta inicial), creando de la noche a la mañana la que se ha convertido en una de las organizaciones filantrópicas más grandes de China. Jack también se comprometió a dotar a la fundación de fondos procedentes de su fortuna personal en el futuro.[64]

La fundación se centrará principalmente en el medio ambiente y la atención sanitaria en China, dos temas sobre los que Jack ha opinado

---

63. Ya que Alibaba donaba el 0,3% de sus ingresos anuales a una fundación de la compañía, pero la nueva fundación era mucho más grande.

64. Supuestamente para incluir los rendimientos de sus inversiones a través de Yunfeng Capital.

cada vez más abiertamente en los últimos años. La rápida urbanización e industrialización de China han causado el caos en el medio ambiente y la salud de las personas. En una conferencia para emprendedores en 2013[65], Jack hizo un llamamiento a las armas, con un mensaje que refinó en un artículo publicado después en la *Harvard Business Review*: «El cáncer, una palabra poco habitual en las conversaciones de hace treinta años, es ahora un tema cotidiano». Jack habla a menudo de la incidencia creciente del cáncer entre sus empleados y amigos y sus familiares[66], incluso en una sesión de ruegos y preguntas con el presidente Obama. «Sin un medio ambiente sano, no importa cuánto dinero ganes ni lo maravilloso que seas, te acabarás enfrentando al desastre».

Con su activismo, y el simbolismo del lago artificial que ha hecho construir en la sede central que tiene la empresa en la zona de los humedales de Hangzhou, Jack está demostrando que «alguien tiene que hacer algo... Nuestro cometido es despertar la conciencia de la gente».

Jack no se contiene a la hora de criticar el viejo modelo industrial: «Los chinos solían enorgullecerse de ser la fábrica del mundo. Ahora todo el mundo se está dando cuenta de los costes que entraña esa fábrica. Nuestra agua ya no se puede beber, nuestra comida es incomestible, nuestra leche es puro veneno y, lo peor de todo, el aire de nuestras ciudades está tan contaminado que muchos días ni podemos ver el sol».

En este artículo, Jack también denunciaba la falta de acción por parte del gobierno en lo que se refiere a la crisis medioambiental: «Antes, por mucho que reclamáramos a los privilegiados y los poderosos para que prestaran atención a la calidad del agua y el aire y la seguridad alimentaria, nadie quería escucharnos. Los privilegiados seguían bebiendo su agua privilegiada y comiendo su comida privilegiada.[67] Pero todo el mundo respira el mismo aire. Poco importa lo rico y privilegia-

---

65. En la ciudad nororiental de Yabuli.

66. En las redes sociales chinas se ha especulado mucho sobre el estado de salud de los miembros de la familia de Jack, pero Jack nunca ha hablado públicamente de este tema.

67. El Partido Comunista gestiona granjas especiales donde no pueden acceder los medios ni el público en general, para garantizar la alta calidad del suministro de alimentos para sus líderes máximos, que también gozan de acceso privilegiado a la mejor atención sanitaria a cargo de hospitales militares.

do que seas, si no puedes disfrutar del sol, no puedes ser verdaderamente feliz». Como otros muchos superricos de China, Jack se ha comprado un pedazo de paraíso terrenal en el extranjero. En 2015, con ayuda de Nature Conservancy, una fundación de defensa del medio ambiente creada por un antiguo banquero de Goldman Sachs, Jack adquirió por 23 millones de dólares la finca Brandon Park en la zona de las Montañas Adirondack en el estado de Nueva York; su propiedad es parte de unos terrenos que en otro tiempo pertenecieron a la familia Rockefeller. En el transcurso de su entrevista con Jack durante la reunión de la APEC en Manila en noviembre de 2015, el presidente Obama alabó a Ma por interesarse en el medio ambiente: «Sé que, además del trabajo que has venido realizando con organizaciones sin ánimo de lucro en los últimos tiempos, también has estado hablando con Bill Gates sobre el potencial de meter de verdad el turbo en la investigación y el desarrollo de las energías limpias». Poco después, en vísperas de la 21.ª Conferencia de las Partes de la Convención Marco de las Naciones Unidas sobre Cambio Climático (COP21) celebrada en París, Jack anunció su apoyo a la «Breakthrough Energy Coalition» [Coalición en favor del Avance Energético Definitivo] liderada por Bill Gates. Además de Jack, el inversor Masayoshi Son y la antigua *sparring* de Jack, Meg Whitman, Mark Zuckerberg y Jeff Bezos, también se encontraban entre los veintiocho inversores que se comprometieron a ayudar a financiar la investigación de nuevas tecnologías para reducir las emisiones de carbono.

## Salud y felicidad

El enfoque de Jack sobre el medio ambiente y la salud de las personas va más allá de su sentido de la responsabilidad empresarial: Alibaba también tiene aspiraciones de negocio. En 2014, la empresa invirtió en CITIC 21CN una empresa de datos farmacéuticos que cotiza en Hong Kong, que ha pasado a ser Alibaba Health. Su objetivo es beneficiarse de las ineficiencias de los proveedores de atención sanitaria del sector público, ofreciendo todo tipo de servicios, desde facilitar a los pacientes la concertación de citas médicas, hasta lograr que a médicos, clínicas y consumidores les resulte más fácil acceder a información relevante sobre fármacos e incluso realizar un pedido. La atención sanitaria es una de las dos grandes vías de inversión a largo plazo de Jack, una estrategia que él mismo resume como «de las dos H»: *health and happines* [salud y felicidad].[68]

Además de lograr que la gente esté más sana, su objetivo es hacer que «los jóvenes disfruten la vida, sean optimistas respecto al futuro. Todos los héroes de las películas chinas mueren. En las películas americanas, en cambio, el héroe siempre sobrevive. Y yo le pregunto a la gente: "Si el héroe siempre muere, ¿quién va a querer serlo?"» ¿De dónde le viene el interés en el sector del entretenimiento a una empresa de comercio electrónico?

Fiel a sus orígenes como profesor, Jack suele hablar de ocuparse de las necesidades de las generaciones más jóvenes. En el transcurso de una entrevista con Charlie Rose, compartió su opinión de que, en China, «mucha gente joven pierde la esperanza, pierde la visión, y empieza a quejarse». Alibaba es cada vez más activa en áreas que Jack confía en que podrían brindar una respuesta: el deporte y el entretenimiento.

En noviembre de 2015, Alibaba patrocinó el primer partido de la liga de baloncesto estadounidense universitario de la conferencia Pac-12, que se celebró en Shanghái entre los Huskies de la Universidad de Washington y los Longhorns de la Universidad de Texas, y anunció que organizaría un partido entre Stanford y Harvard al cabo de un año. Alibaba también había empezado a comprar equipos deportivos. En junio de 2014, invirtió 200 millones de dólares en el equipo de fútbol Guangzhou Evergrande, una operación que, según declaró después el antiguo propietario[69] del club, se cerró estando Jack borracho. Este, por su parte, justificaba así la inversión: «No creo que importe no entender de fútbol... Yo al principio tampoco entendía el comercio minorista ni el comercio electrónico ni Internet, pero eso no me detuvo», y añadió que no estaba invirtiendo en fútbol, sino que más bien «invertía en entretenimiento».

---

68. A Emily Chang de Bloomberg TV en noviembre de 2015.

69. El multimillonario del sector inmobiliario Xu Jiaxin.

306 ALIBABA Y JACK MA

Alibaba es uno de los principales inversores de China en cine, televisión y vídeos en línea. La mayor aportación de la empresa hasta la fecha han sido los 800 millones invertidos en un estudio[70] de cine y televisión de Hong Kong que se ha rebautizado como Alibaba Pictures. En 2014, Alibaba se puso en contacto con Zhang Qiang, el vicepresidente de la poderosa distribuidora de propiedad estatal China Film Group, para que se pusiera al frente de su negocio de entretenimiento en China. Alibaba también ha realizado una inversión conjunta[71] con Tencent en Huayi Brothers, un estudio de cine y televisión de Pekín, y ha adquirido Yulekei, una empresa dedicada a la emisión de entradas de cine. Ahora bien, Alibaba se ha reservado las mayores inversiones para los medios basados en Internet, incluida la inversión y eventual[72] adquisición de Youku Tudou, una empresa fundada por el antiguo ejecutivo de Sohu Victor Koo.[73] En China, más de 430 millones de personas ven vídeos en línea de manera regular, sobre todo en sus dispositivos móviles. Algunos programas alcanzan audiencias mayores que las que logran los canales terrestres de propiedad estatal. El mercado solía estar plagado de materiales pirata pero, en la actualidad, las grandes plataformas de vídeos en línea como Youku están haciendo lo imposible por convertirse en la versión local de Netflix, ofreciendo programas como una popular serie dramática coreana o grandes éxitos estadounidenses como *Dos chicas sin blanca*. El mercado de vídeos en línea de 4.000 millones de dólares —procedentes principalmente de la publicidad, pero también de suscripciones— sigue siendo un lugar complicado a la hora de hacer dinero, habida cuenta del coste de las licencias de contenido. Youku Tudou nunca obtuvo beneficios. Hay inversores que cuestionan el impacto de su compra en la estructura de costes de Alibaba, pero la empresa justifica la operación como necesaria para poder competir con las plataformas de rivales como Tencent, Baidu y otros. Además, Alibaba

---

70. ChinaVision.

71. 3.600 millones de yuanes (565 millones de dólares).

72. En un trato anunciado en octubre de 2015 en que se valoraba Youku en más de 5.000 millones de dólares.

73. Victor fundó Youku tras haber ocupado el puesto de dirección de operaciones en Sohu. Youku compró a su principal competidor y se convirtió en Youku-Tudou.

ya había anunciado que tenía planes de lanzar su propio servicio de emisión continua o *streaming*, «Tmall Box Office» o «TBO», en colaboración con el operador de televisión por cable Wasu Media, empresa en la que Jack ya había invertido personalmente. La idea que subyace a TBO es ser un participante rompedor en el mercado de la producción televisiva en China, del mismo modo que lo es Netflix en Estados Unidos. Casi quinientos millones de personas[74] ven ya vídeos en línea en sitios web controlados por Alibaba, Baidu, Tencent y otros. No obstante, en otro ejemplo ilustrativo de las limitaciones que el gobierno impone a los empresarios cuando invaden su terreno, en noviembre de 2015 este dictó nuevas restricciones a la cantidad de contenidos importados —anteriormente establecido en el 30%— que pueden ofrecer en sus plataformas. En un esfuerzo por potenciar la producción local de contenidos, Alibaba también está explorando nuevas formas de financiar los programas, incluida la canalización de la microfinanciación colectiva o *crowdfunding*, a través de una empresa que adquirió llamada Yulebao.

Establecida en su flamante nueva sede estadounidense de Pasadena (California), Alibaba Pictures tiene grandes ambiciones. Jack ha dicho que quiere nada menos que lograr que Alibaba se convierta en «la mayor empresa de entretenimiento del mundo». Quien lidera el cambio en las inversiones de Alibaba en el sector del entretenimiento en el extranjero es Zhang Wei, nombrada presidenta de Alibaba Pictures en 2015. Zhang es antigua alumna de la Harvard Business School y en su día presentó un programa de negocios de la China Central Television (CCTV) y trabajó como ejecutiva de medios para CNBC y Star Television antes de unirse a Alibaba en 2008. Alibaba Pictures aún no ha lanzado ninguna película propia pero ya ha financiado cintas como *Misión imposible – Nación secreta*. En una entrevista concedida a la revista *The Hollywood Reporter*, Zhang desveló la resistencia inicial de los estudios a trabajar con Alibaba: «Lo primero que todo el mundo se pregunta en el sector es qué puede hacer por ellos una empresa de comercio electrónico. Una de las grandes brechas de desconexión a que se enfrentan los estudios es que en realidad nunca saben con detalle y precisión

---

74. 461 millones de personas a mediados de 2015 según el CNNIC.

quién ve realmente sus películas. Hasta los realizadores querrían saberlo: ¿qué edad tienen?, ¿de dónde son?, ¿tienen hijos?, ¿qué les interesa?, ¿qué nivel de vida tienen?, ¿qué tipo de personas son? Hablamos del entretenimiento impulsado por la demanda. Profundizar en la integración de Internet en el entretenimiento es la mejor manera de componer ese rompecabezas». Zhang añadió que Alibaba puede usar Alipay, utilizado por la mayoría de la gente para pagar las entradas del cine en línea, para entender mejor a los que van al cine: «El público que acude a las salas en China es mucho más joven, ya que ir al cine supone un cambio de estilo de vida. La generación anterior iba al karaoke. Ahora van al cine como primera fuente de entretenimiento».

De modo más tangible, todos los productos de tipo *merchandising* derivados de las películas (y sus logotipos, personajes, grafismos, etc.) constituyen un área que vincula el comercio electrónico con el entretenimiento. Zhang lo explica así: «En Estados Unidos, las salas suponen entre el treinta y el cuarenta por ciento de la facturación mientras que, en China, sin duda suponen la mayor parte de las ventas. Y hay muchísimo valor sin desarrollar en el ámbito de los artículos de *merchandising*». Zhang pone *Misión imposible* como ejemplo de cómo seleccionar a los comercios adecuados para producir artículos con licencia: «En colaboración con el equipo de merchandising de Paramount, se nos ocurrieron unos treinta artículos y les fuimos mandando diseños y muestras durante todo el proceso; incluso le enviamos muchas directamente a Tom Cruise para asegurarnos de que estaba de acuerdo con cómo se presentaba la marca *Misión imposible*. Este es el valor que aportamos: conectar a ambas partes. En el pasado, ¿cómo podía un fabricante de mochilas de la provincia de Zhejiang conectar con Paramount y Tom Cruise de un modo tan eficiente y fiable? Era imposible».

De manera inevitable, dado que los grandes planes de Jack giran en torno al entretenimiento, se le ha preguntado si Alibaba tiene intención de comprar un estudio de Hollywood, de hecho se rumorea que Paramount Pictures de Viacom podría ser el objetivo, pues fue el estudio que produjo *Forrest Gump* y bien podría ser el que coloque a Jack en la atalaya —o más bien la plataforma— donde desea estar él en Hollywood. De momento Alibaba ha negado tener intenciones de comprar un estudio entero: «Bueno, no creo que ellos quieran vender. Es mejor que nos asociemos. No puedes comprarlo todo en esta vida».

Sin embargo, no pasa un día sin que se cite a Alibaba, o a Jack personalmente, como potenciales compradores de alguna empresa en el mundo. En diciembre de 2015, Alibaba confirmó que iba a comprar el *South China Morning Post (SCMP)*, el principal diario en inglés de Hong Kong. Algunos vieron la compra de la publicación de 112 años de antigüedad como una forma de que Jack afianzara sus credenciales de magnate, visto que el fundador de Amazon, Jeff Bezos, había comprado personalmente el *Washington Post* dos años antes. ¿Estaba Jack sencillamente siguiendo su estela?

Otros lo interpretaron como una señal de algo más profundo: que Jack compraba un periódico para ganarse el favor de Pekín. Casi dos décadas después de que el Reino Unido devolviera el territorio en 1997, el gobierno chino se enfrenta a una brecha[75] económica y política cada vez mayor en Hong Kong. En 2004, el territorio se paralizó debido al movimiento Occupy Central (también conocido como la Revolución de los Paraguas), un movimiento de protesta liderado por los estudiantes que denunciaban así la falta de democracia y otras libertades. Pese a que la crisis acabó de forma pacífica, las tensiones subyacentes que la provocaron no han desaparecido. El *SCMP* había informado con todo detalle sobre las protestas. Las voces críticas especulaban con la posibilidad de que Jack hubiera ofrecido sus servicios para doblegar al diario, o incluso que no le había quedado más remedio que cumplir la orden de hacerlo que le llegaba de Pekín.

Jack no ha dado el menor crédito a las teorías conspiratorias cuando se le ha preguntado por el asunto: «Siempre me he enfrentado a la especulación por parte de otros, si tuviera que molestarme en desmentir todo lo que se dice, ¿cómo iba a tener tiempo para dedicarme a nada más?» También declaró que respetaría la independencia editorial del

---

75. En 2014, el territorio se paralizó como resultado del movimiento Occupy Central [Ocupar el distrito central] —o la Revolución de los Paraguas, como también se la denominó—, un movimiento estudiantil de protesta en contra de la falta de verdadera democracia y otras libertades. Pese a que la crisis acabó de forma pacífica, las tensiones subyacentes que la alimentaron siguen estando presentes.

periódico: «Tienen su plataforma independiente y pueden tener sus propias opiniones».

Para el diario, el respaldo de un grupo empresarial del continente, bien financiado e influyente, indudablemente tenía sus atractivos, pues como era el caso de muchos otros medios escritos, el modelo de negocio basado en las suscripciones del *SCMP*, a pesar de que todavía era rentable, se había resentido debido a la competencia de los contenidos en línea. Siendo coherente con el ya viejo compromiso de Alibaba de ofrecer servicios gratuitos, ¿eliminaría la empresa las suscripciones, permitiendo una distribución más amplia y liberando así nuevas oportunidades de negocio? En una sesión de ruegos y preguntas con el periódico, el vicepresidente ejecutivo Joe Tsai lo explicaba de este modo: «Nuestra visión para *SCMP* es alcanzar una difusión global... Pese a que hay quien dice que el sector de la prensa escrita va camino de su ocaso, nosotros no lo vemos así. Nos parece que es una oportunidad de utilizar nuestros conocimientos tecnológicos expertos, nuestros activos digitales y nuestro saber hacer para difundir noticias de un modo en que nunca se ha hecho antes». En términos de negocio, los aspectos potencialmente negativos de la operación no revisten gran importancia relativa, y en cambio Jack podría cosechar grandes ovaciones si se produce una inversión de la tendencia.

Para Alibaba, el acuerdo no es tan importante medido en dinero —solo han pagado 200 millones por el negocio— pero, en vista de la atención que ha despertado, no es una operación exenta de riesgos. Durante la sesión de ruegos y preguntas, Joe explicó que si *SCMP* puede ayudar al mundo a comprender China mejor, Alibaba —una empresa con sede en China pero que cotiza en Nueva York— también se beneficiará: «China es importante; China es una economía que va a más. Es la segunda economía del mundo. La gente debería saber más sobre China». Pero, dejando translucir su frustración a la vez que proporcionaba munición a quienes eran críticos con la operación, luego añadió: «La cobertura de China debería ser equilibrada y justa. Hoy en día, cuando veo la forma en que los medios de comunicación de masas occidentales informan sobre China, me parece que lo hacen con una perspectiva muy limitada en virtud de la cual China es un estado comunista y todo lo demás ya se ve desde esa perspectiva. Muchos de los periodistas que trabajan con estos medios occidentales pueden no estar de acuerdo con el sistema de gobierno en China y eso afecta a la cobertura que dan al país. Nosotros lo vemos de otra manera; nosotros creemos que se deberían presentar los hechos, presentar las cosas como son, contar la verdad, y ese es el principio en base al cual vamos a operar».

Sean cuales sean los motivos que han llevado a Jack a la adquisición, al convertirse en el propietario de un periódico de Hong Kong está adentrándose en aguas más profundas. Pero él nunca se ha amedrantado ante los retos. Jack se ha hecho famoso porque la suya es la historia de cómo una empresa china se las ha ingeniado para ganarle la partida a Silicon Valley, un relato de Oriente imponiéndose a Occidente digno de una novela de Jin Yong. Sus constantes éxitos, sin embargo, están empezando a convertir el relato también en una historia del sur contra el norte más bien: de cómo una empresa enraizada en el espíritu emprendedor del sur de China está poniendo a prueba los límites impuestos por los amos políticos de Pekín.

Desde que Xi Jinping llegó a la presidencia de China en 2012, los emprendedores de perfil alto se han visto sometidos a un escrutinio cada vez más exhaustivo por parte del gobierno chino. Un empresario muy conocido del sector inmobiliario, Feng Lun de Vantone Holdings, incluso ha llegado a publicar en un blog —y luego borrar— el siguiente comentario: «Un magnate dijo una vez: "A ojos de un funcionario del gobierno, no somos más que cucarachas. Si quiere matarte, te mata. Si quiere que vivas, te deja vivir"». La desaparición temporal y aún inexplicable del presidente de Fosum, Guo Guangchag —en su día calificado de «Warren Buffet de China»— en diciembre de 2015, es otro ejemplo ilustrativo de los riesgos.

Jack es ya el portador del estandarte de la revolución empresarial y de consumo en China. Y ahora, además, está avanzando en nuevos frentes como las finanzas y los medios de comunicación, que han estado durante mucho tiempo dominados por el Estado.

Forjado en la fragua del espíritu emprendedor de Zhejiang e impulsado por su fe en el poder transformador de Internet, Jack es a fin de cuentas una persona pragmática. Al demostrar el poder que tiene la tecnología a la hora de ayudar a un gobierno que se enfrenta a unas exigencias crecientes de un mejor nivel de vida por parte de la población

—a nivel de medio ambiente, educación, atención sanitaria y acceso continuo a oportunidades económicas—, Jack se propone crear para sí mismo un espacio que le permita hacer realidad unas ambiciones que van incluso más lejos.

Uno de los principales emprendedores chinos en Internet lo expresa así: «La mayoría de la gente cree que Alibaba es una historia. No es solo una historia, es una estrategia».

# Agradecimientos

Para mi padre, David Clark, y mi compañera, Robin Wang.

Estoy profundamente agradecido por la inspiración, el aliento y la amistad de Amy Tan, Lou DeMattei y todo el equipo de Tandema.

Quisiera dar las gracias especialmente a Mei Yan, por su amistad y por trabajar tan incansablemente a lo largo de todo el proyecto, y a mis antiguos colaboradores de la Universidad de Stanford: Marguerite Gong Hancock, por animarme a escribir este libro, y Bill Miller, por sus perspicaces aportaciones sobre qué es lo que inspira a Silicon Valley.

Agradezco mucho su trabajo a nuestra asistente de investigación Chang Yu, de la Universidad de Pekín, que está ahora mismo finalizando su doctorado en Hong Kong; le deseo toda la suerte del mundo.

En BDA, Meiqinn Fang fue muy generosa con su tiempo y sus consejos, al igual que Dawson Zhang. Gracias también a Van Liu y Shi lei. Estoy igualmente muy agradecido a Wilbur Zou por su liderazgo en BDA, que me ha permitido dedicarme a este proyecto. Mi asistente Joyce Zhao siempre me ha ayudado a mantener el rumbo, independientemente del lugar del mundo desde donde estuviera escribiendo.

Los mapas han sido diseñados por el artista pekinés Xiaowei Cui.

Vayan también mis agradecimientos más sinceros para quienes me han proporcionado una ayuda de incalculable valor pero prefieren permanecer en el anonimato. Asimismo le estoy muy agradecido a David Morley, por regalarme su tiempo de manera tan generosa para compartir las historias y fotografías de la familia Morley-Ma; a Heather Killen, por sus recuerdos y fotos de los primeros tiempos de Yahoo China; a

Alan Tien por sus sabias apreciaciones sobre la historia de eBay/PayPal en China; a mi amigo y compañero mono Roger Nyhus, por su amable presentación a la comunidad de Seattle.

También debo agradecer el respaldo de todos los pioneros y veteranos de Alibaba que me han ayudado durante todo el proceso, el apoyo de Jennifer Kuperman y su equipo de San Francisco, y la generosidad con que Joe Tsai y sus colegas de Hangzhou han compartido su tiempo conmigo.

Gracias a mis hermanas Terri, Alison y Katie por su apoyo; a mi editora Gabriella Doob de HarperCollins; y al equipo de mi agente, Sandy Dijkstra Literary Agency.

Además, quiero recordar a mi madre ya difunta, Pamela Mary Clark; a mi mentor, el catedrático Henry S. Rowen de la Universidad de Stanford, que iba en bici por el campus hasta el día en que falleció en noviembre de 2015 a la edad de noventa años; y a Miles Frost, joven emprendedor lleno de talento del que me había hecho amigo poco antes de que su propia historia se interrumpiera antes de tiempo a la temprana edad de treinta y un años.

# ECOSISTEMA DIGITAL